로스쿨과 법학교육

양천수

publishing and culture
피앤씨미디어

머 리 말

필자가 영남대학교에 임용된 때가 2006년 9월이었다. 이후 18년이 넘어선 지금까지 필자는 법학전문대학원 체제와 함께 해왔다. 필자가 임용된 해의 이듬해인 2007년 7월 법학전문대학원 체제의 법적 기초가 되는 「법학전문대학원 설치·운영에 관한 법률」이 급작스럽게 제정되었다. 이후 전국의 법과대학이 법학전문대학원 인가 신청 작업에 뛰어들었다. 당시 (지금은 사라진 직급인) 전임강사였던 필자는 동료 교수들과 함께 법학전문대학원을 인가받기 위해 말 그대로 헌신적으로 인가 신청 작업에 매진하였다. 당시 필자는 법학전문대학원 설립추진단 총괄지원부 실무위원장과 총괄지원부장을 담당하면서 필자가 몸담은 영남대학교 법학전문대학원의 비전, 교육 목표, 특성화 목표, 발전계획, 학칙 등 기본 골격을 만드는 데 주도적으로 참여하였다. 법학전문대학원이 무탈하게 개원한 이후에도 필자는 법학전문대학원 인가 신청을 위해 함께 노력했던 동료 교수들과 함께 법학전문대학원 입학 상담, 면접, 평가 작업 등 법학전문대학원을 지탱하고 가동하는 데 필요한 여러 일들에 계속해서 참여하였다. 필자에게는 법학전문대학원이 마치 계속해서 보살피고 배려해야 하는 아이처럼 다가왔다. 그만큼 필자는 법학전문대학원 제도에 애정을 가지며 지금까지 함께 해왔다.

그런 법학전문대학원이 지금 여러 문제에 봉착하고 있다. 법학전문대학원에서 담당하는 법학교육 그리고 법학이 위기와 마주하고 있다. 법학전문대학원 제도가 안착하도록 헌신했던 많은 분에게 그러하듯이 필자에게 이는 아픔으로 다가온다. 고 노무현 대통령의 열정과 의지가 담긴 이 제도가 지금 휘청거리고 있다는 점에 안타까움을 금할 수 없다.

이 책은 바로 이러한 마음가짐에서 출발한다. 법학전문대학원을 설계하고 키우며 어떻게 하면 제대로 서게 할 수 있을까를 지금까지 고민한 지적 여정을 이 책에 담았다. 그 근원에는 현재 위기에 처한 우리 법학을 어떻게 구할 수 있을까 하는 문제의식이 자리한다. 물론 필자의 이 책이 법학전문대학원과 법학교육, 법학이 처한 문제를 만족스럽게 해결하는 대답을 제시하는 것은 아니다. 그렇지만 이 책이 우리 법학교육과 법학이 제자리를 찾아가는 데 미약하지만 하나의 매체가 된다면 필자로서는 그것만으로도 큰 보람을 느낄 수 있을 것이다.

많은 분의 가르침과 도움으로 부족하지만 이 책을 낼 수 있었다. 그중 몇 분에게는 특별히 감사 인사를 드리고자 한다. 먼저 이 책을 쓰는 데 직접적인 동기부여를 마련해 주신 조홍식 전 한국법학교수회 회장님, 최봉경 현 한국법학교수회 회장님, 김현철 한국법학교수회 부회장님 등 한국법학교수회 관계자 분들에게 감사 인사를 드린다. 필자와 함께 법학전문대학원 인가 신청을 위해 함께 고민하고 노력했던 영남대학교 법학전문대학원 설립추진단 교수님들에게도 진심으로 감사 인사를 드린다. 그때 느꼈던 열정과 동료애, 가르침 덕분에 필자는 (기초법학 전공자에게는 결코 만만치 않은) 법학전문대학원에서 지금까지 교육과 연구에 몸담을 수 있었다. 마지막으로 진정 어려운 출판 상황에서도 시장성이 없는 이 책을 출판할 수 있도록 배려해 주신 피앤씨미디어의 박노일 대표님과 필자의 부족한 원고를 멋진 책으로 만들어 주신 출판사의 모든 관계자 분에게 진심으로 감사 인사를 드린다.

2025년 2월에

법의 지배가 구현되는 그날을 기다리며

양천수 배상

차 례

제 2 부 법학전문대학원의 운영

제 3 장 법학전문대학원의 인재상

제 4 장 법학전문대학원의 특성화

제 5 장 법학전문대학원의 교육과정

제 6 장 법학전문대학원의 법학교육 방법

제 3 부 법학전문대학원을 둘러싼 논쟁과 해법

제 7 장 법학전문대학원과 평등

제 8 장 법학전문대학원 교육과정 법제 개선 방안

제 9 장 법률가 양성 체계의 개선 방향 모색

제 4 부 법학전문대학원 입학과 변호사 시험

제10장 법학전문대학원 입학

제11장 변호사 시험과 답안작성

제1장 서 론

1. 법학전문대학원과 법학교육 개혁

2009년 법학전문대학원 체제가 작동하기 시작하였다. 법학전문대학원 체제는 오랫동안 우리 법학교육을 지탱한 법과대학 체제를 근본적으로 변혁하는 것이었다. 법학전문대학원 체제가 출범하면서 법학교육을 포함하는 우리 법률가 양성 체계는 패러다임 전환을 맞이한 것이다.

법학전문대학원 체제는 크게 세 가지 의미를 담는다. 첫째는 사법개혁이다. 노무현 정부는 사법제도 개혁이라는 맥락에서 법학전문대학원을 도입하였다. 둘째는 법학교육 개혁 또는 정상화이다. 그동안 사법시험의 식민지로 전락한 법학교육 현장을 정상화하고 법학의 학문성을 회복하기 위해 법학전문대학원을 받아들인 것이다. 셋째는 지역균형발전이다. 그 어떤 정부보다 지역균형발전을 위해 노력했던 노무현 정부는 법학전문대학원을 인가할 때 지역균형발전을 적극적으로 고려하였다. 말하자면 참여정부는 법학전문대학원 제도를 활용하여 사법개혁, 법학교육 정상화, 지역균형발전이라는 세 마리 토끼를 잡고자 한 것이다.

2. 위기의 법학전문대학원과 법학교육

그러나 법학전문대학원이 개원한 지 10년 이상이 지난 현재 법학전문대학원 제도가 이 같은 본래 목적을 성공적으로 실현했는지에는 의문이 제기된다. 사법개혁이라는 목적은 어느 정도 달성한 것으로 보인다. 서울대학교 법과대학을 정점으로 하여 오직 소수의 법과대학만이 법률가를 배출하던 사법시험 시절 때와는 달리 현 법학전문대학원 체제 아래에서는 좀 더 다양한 학부 출신자들이 법학전문대학원에 입학해 법률가로 배출된다.

그렇지만 법학교육 정상화와 지역균형발전이라는 목적은 필자의 경험에서 볼 때 달성하지 못했다고 판단된다. 법학전문대학원이 개원한 초기에는 법학교육이 정상화되는 듯한 착시 현상이 나타나기도 하였다. 그렇지만 변호사시험 합격률을 둘러싼 경쟁이 격화하면서 사법시험의 식민지로 전락했던 법과대학 교육처럼 법학전문대학원에서 진행되는 법학교육은 변호사 시험의 식민지로 변질하였다. 이로 인해 법학전문대학원은 새롭게 제도화된 고시학원으로 전락하는 위험에 처했다. 법학교육과 법학의 정상화라는 목적은 현실의 요청 앞에 좌절되었다.

지역균형발전 역시 구현되지 못했고 상황은 점점 더 악화되고 있다. 수도권 집중화 현상은 법학전문대학원도 피하지 못한 벽이었다. 지방 법학전문대학원의 합격률은 점점 더 떨어지고 있고 재정적 부담은 더욱더 심화한다. 애초에 기울어진 출발점을 지방 법학전문대학원이 극복하기는 쉽지 않았다.

3. 이 책의 목적과 구성

이러한 현실, 즉 법학전문대학원과 법학교육이 위기에 처한 현실을 배경으로 하여 이 책은 법학전문대학원의 본래 취지와 현실을 정확하게 짚어보고 해결책을 모색하는 데 목적을 둔다. 법학전문대학원이 어떤 이상론에 바탕을 두어 도입된 것인지, 이는 현실에서 어떻게 왜곡되는지 분석한다. 더불어 현재 위기에 처한 법학전문대학원과 법학교육을 정상화하려면 무엇을 어떻게 해야 하는지 살펴보고자 한다.

이 책은 4개의 부와 11개의 장으로 구성된다. 4개의 부는 제1부 법학전문대학원의 도입, 제2부 법학전문대학원의 운영, 제3부 법학전문대학원을 둘러싼 논쟁과 해법, 제4부 법학전문대학원 입학과 변호사 시험으로 구성된다.

제2장 법학전문대학원 인가와 지역균형발전이 제1부를 구성한다. 제2부에는 제3장 법학전문대학원의 인재상, 제4장 법학전문대학원의 특성화, 제5장 법학전문대학원의 교육과정, 제6장 법학전문대학원의 법학교육 방법이 포함된다. 제3부에는 제7장 법학전문대학원과 평등, 제8장 법학전문대학원 교육과정 법제 개선 방안, 제9장 법률가 양성 체계의 개선 방향 모색이 포섭된다. 제10장 법학전문대학원 입학, 제11장 변호사 시험과 답안작성이 제4부를 구성한다. 각 장은 다음과 같은 내용을 다룬다.

제1장은 서론으로 이 책의 배경, 목적과 구성을 다룬다.

제2장은 법학전문대학원 인가와 지역균형발전이 어떤 점에서 서로 연결되는지 살펴본다.[1)]

제3장은 영남대학교 법학전문대학원을 예로 하여 법학전문대학원이 어떤 인재상을 지향하는지 검토한다.[2)]

제4장은 법학전문대학원이 추구하는 특성화 목표를 살펴본다. 이때 영남대학교 법학전문대학원을 예로 알아본다.[3)]

제5장은 영남대학교 법학전문대학원을 예로 하여 법학전문대학원이 어떤 교육과정을 편성해 운영하는지 살펴본다.[4)]

제6장은 법학전문대학원에서 적용되는 법학교육 방법을 이상론과 현실론의 측면에서 짚어본다. 이때 기초법학을 예로 활용한다.[5)]

제7장은 사법시험 존치를 둘러싸고 벌어진 법학전문대학원과 평등 문제를 다룬다. 특히 어떤 점에서 법학전문대학원이 평등과 충돌하지 않는지 규명한다.[6)]

---

1) 제2장은 양천수, “지역균형발전과 법학전문대학원 인가: 법정책의 관점에서”, 『영남지역발전연구』 제38집(2008), 17−30쪽을 대폭 수정 및 보완한 것이다.

2) 제3장은 양천수, “영남대학교 법학전문대학원의 인재상”, 『영남법학』 제39호(2014), 29−45쪽을 대폭 수정 및 보완한 것이다.

3) 제4장은 양천수, “영남대학교 법학전문대학원의 특성화 목표: 목표 및 교육과정을 중심으로 하여”, 『인권이론과 실천』 제2호(2007), 87−96쪽을 대폭 수정 및 보완한 것이다.

4) 제5장은 양천수, “영남대학교 인권교육연구 활동의 현황과 과제”, 『인권이론과 실천』 제22호(2017), 69−87쪽을 일부 활용한 것이다.

5) 제6장은 양천수, “이상과 현실 사이에 선 법학전문대학원 교육방법론: 기초법학을 예로 하여”, 『사회과학연구』 제27집(2008), 63−87쪽을 대폭 수정 및 보완한 것이다.

6) 제7장은 양천수, “변호사시험과 평등: 사법시험 존치를 둘러싼 쟁점을 중심으로 하여”, 『영남법

제8장은 현재 위기에 처한 법학전문대학원의 법학교육을 정상화하려면 법학전문대학원 교육과정을 어떻게 개선해야 하는지, 이를 위해 관련 법제를 어떻게 개정하는 게 필요한지 살펴본다.[7)]

제9장은 법학전문대학원과 법학교육 문제를 근본적으로 해결하는 방안을 모색한다는 측면에서 법률가 양성 체계의 방향을 재검토한다. 이를 위해 영국과 독일의 법률가 양성 체계를 분석한다.[8)]

제10장은 법학전문대학원에 입학하려면 무엇을 어떻게 해야 하는지 살펴본다. 이를 위해 영남대학교 법학전문대학원을 예로 분석한다.[9)]

제11장은 변호사 시험 등에서 출제되는 사례 문제를 어떻게 풀어야 하는지, 이에 관한 답안을 어떻게 작성해야 하는지를 법학방법론의 시각에서 다룬다.[10)]

학』 제37호(2013), 197－216쪽을 대폭 수정 및 보완한 것이다.

7) 제8장은 양천수, “법학전문대학원 교육과정 법제 개선 방안”, 『인권이론과 실천』 제36호(2024), 87－108쪽을 수정 및 보완한 것이다.

8) 제9장은 양천수, “법률가 양성교육 체제 정립기의 법학방법과 법학교육: 독일과 영국을 예로 하여”, 『법철학연구』 제9권 제2호(2006), 31－56쪽을 대폭 수정 및 보완한 것이다.

9) 제10장은 새로 집필한 것이다.

10) 제11장은 양천수, “법적 논증으로서 법학답안작성: 변호사시험을 예로 하여”, 『대구법학』 제14권(2017), 115－131쪽을 일부 활용한 것이다.

제01부

법학전문대학원의 도입

제2장 법학전문대학원 인가와 지역균형발전

I. 서 론

2009년부터 운영되기 시작한 법학전문대학원 제도는 노무현 정부의 산물이다. 노무현 정부는 사법개혁의 일환에서 법학전문대학원 제도를 추진하였다. 더불어 법학전문대학원을 도입할 때 지역균형발전을 함께 고려하였다. 사법개혁의 맥락과 지역균형발전의 맥락이 법학전문대학원 제도에 담긴 것이다. 이에 따라 노무현 정부는 지역균형발전을 고려하여 법학전문대학원을 인가하였다. 수도권과 지방을 6:4로 분할하여 법학전문대학원을 배정한 것이다.

그러나 이러한 법학전문대학원 인가 정책이 과연 타당한 것인지는 추진 과정 때부터 논란이 많았고 이는 지금도 진행 중이다. 과연 지역균형발전이라는 국가정책을 실현하기 위해 법학전문대학원을 지방에 골고루 분산해서 인가하는 것은 타당성을 지닐 수 있을까? 이는 새로운 '역차별'에 해당하는 것은 아닐까?

이 물음을 해명하려면 크게 다음과 같은 논점을 다루어야 한다. 우선 지역균형발전과 법학전문대학원 인가 사이에 일정한 상관관계가 있는지 검토해야 한다. 다음 지역균형발전을 위해 법학전문대학원을 인가하는 정책이 과연 타당하고 설득력이 있는지 살펴보아야 한다. 이 두 번째 논점은 지역균형발전 정책 및 이와 연계된 수도권 규제 정책과 밀접하게 맞물리는 것이기도 하다. 더 나아가 이러한 논점들은 '규제' 자체를 어떻게 이해하고 평가할 것인가 하는 더욱 근본적인 문제로 소급한다. 제2장은 바로 이러한 논점들을 다룸으로써 지역균형발전을 위해 법학전문대학원을 인가하는 것이 합리적인 법정책이 될 수 있음을 논증하는 것을 목표로 한다.

Ⅱ. 규제의 필요성과 합리성

1. 논의 필요성

지역균형발전과 법학전문대학원 인가 사이에 일정한 상관관계가 있다는 것은 법학전문대학원을 가능한 한 지방 소재 대학에 많이 인가해 주는 것이 지역균형발전에 기여할 수 있다는 점을 암시한다. 만약 이것이 사실이라면 우리는 다음과 같은 문제와 씨름해야 할 필요가 있다. 법학전문대학원 인가를 통해 지역균형발전을 꾀하는 것이 과연 타당한 정책인가 하는 것이다. 이 물음은 지역균형발전 정책이 과연 타당한 정책인가, 달리 말해 수도권 규제 정책이 과연 타당한 정책인가 하는 더 근본적인 문제와 맞닿아 있다. 이러한 문제는 끊임없는 이슈의 초점이 되는 '규제완화 정책'과 긴밀하게 연결된다.[1)]

그러나 필자는 지역균형발전이나 수도권 규제의 타당성 자체에 관해 전문적인 지식을 갖고 있지 않다. 따라서 제2장에서 수도권 규제의 타당성을 정면에서 논하는 것은 필자의 역량을 넘어서는 일이다. 그러므로 제2장에서 필자는 수도권 규제 정책의 타당성을 검토하는 대신 좀 더 일반적인 차원에서, 즉 법철학과 법정책학의 차원에서 '규제'의 개념을 검토하고 이를 토대로 하여 규제의 필요성과 합리성이라는 주제를 다루고자 한다. 이를 통해 간접적으로나마 수도권 '규제' 자체가 나름대로 타당성을 가질 수 있음을 논증하고자 한다. 더 나아가 '규제완화'만이 최선의 방식인 것은 아님을, 달리 말해 '규제' 자체가 해악에 해당하는 것만은 아님을 보여주겠다.

---

1) 이를 시사하는 김태윤, "관료왕국 벽을 깨라: '영원한 제국'엔 영혼이 살지 않는다", 『이코노미스트』 제923호(2008), 16-18쪽.

2. 규제의 개념

'규제'(Regulation)란 인간을 포함한 법적 주체의 행위나 소통, 활동 등을 제도적으로 제한하는 것을 총칭하는 개념이라 할 수 있다.[2] 흔히 규제하면 '법적 규제'를 지칭한다. 그 이유는 법치주의 또는 법치국가 원리를 국가의 구성원리로 채택하는 오늘날 국가가 중심이 되어 이루어지는 규제는 반드시 법에 근거를 두어야 하기 때문이다.[3] 이러한 법적 규제는 달리 '법적 제도화'로 지칭되기도 한다. 법적 규제 중에서 매번 논란이 되는 쟁점이 바로 '규제완화'라 할 수 있다. '수도권 규제'와 '지역균형발전'을 기본 대립축으로 하는 논란도 결국 규제완화 문제라 할 수 있다.

3. 법적 규제의 필요성

'규제완화'를 강하게 부르짖고 규제가 아닌 시장원리로 각종 정책적 문제를 해결하려는 신자유주의 진영은 규제 그 자체가 모든 악과 문제의 근원인 것처럼 말하기도 한다.[4] 이를 반영하듯 각종 경제신문이나 경제주간지들은 규제를 철폐하는 것만이 우리가 살길인 것처럼 외치기도 한다. 그러나 법적 규제 자체를 악의 근원으로 파악하는 극단적인 주장은 타당하지 않다. "사회가 있는 곳에 법이 있다."(ubi societas ibi jus)는 법언(法諺)이 대변하는 것처럼 인간 사회는 필연적으로 법적 규제가 필요하다. 크게 두 가지 측면에서 그 이유를 말할 수 있다. '행위 제한'의 측면과 '권리 및 체계 형성'의 측면이 그것이다.

(1) 행위 제한의 측면

법적 규제는 법적 주체가 지닌 자유가 남용되는 것을 막기 위해, 즉 타인의 자유 침해 행위를 제한하기 위해 필요하다.[5] 영국의 철학자 홉스의 법사상

---

2) 규제 개념에 관한 일반적인 논의는 최병선, 『정부규제론』 (법문사, 1992) 참고.

3) 이를 보여주는 헌법 제37조 제2항 참고.

4) 이에 관한 고전적인 저서로는 밀턴 프리드만, 심준보·변동열 (옮김), 『자본주의와 자유』 (청어람미디어, 2007) 참고.

5) 이는 독일의 사회철학자 하버마스(Jürgen Habermas)가 말한 '제도로서 법'이 수행하는 기능에 해당한다. 이에 관해서는 위르겐 하버마스, 장춘익 (옮김), 『의사소통행위이론 2』 (나남출판,

과 독일의 철학자 칸트의 법 개념에서 이러한 관점을 획득할 수 있다.[6)]

홉스는 인간에게 법이 없으면 인간은 '자연상태'에서 살아갈 수밖에 없다고 말한다. 자연상태에서 인간은 "서로가 서로에 늑대"가 되며 "만인에 대한 만인의 투쟁상태" 속에서 살아가야 한다. 이러한 자연상태가 지속되면 인간은 자신의 생존마저 보존하기 어렵게 된다. 이러한 이유에서 인간은 서로 사회계약을 체결하여 국가를 창설한 후 이 국가에 자신들의 주권을 양도한다. 각 인간으로부터 주권을 넘겨받은 국가는 법을 통해 각 인간의 행위를 규제함으로써 자연상태를 종식한다. 이러한 홉스의 시각에서 보면 법은 각 인간의 행위를 적절하게 제한하는 수단으로 기능한다.[7)]

이러한 시각은 칸트에서 더욱 정교하게 발전한다. 기본적으로 도덕과 법을 분리하는 칸트는 도덕 영역에서는 '내면적인 자율성'을 강조하는 데 반해 법 영역에서는 '외부적인 자유'를 강조한다.[8)] 칸트에 따를 때 법은 인간의 외부적인 자유가 남용되는 것을 규제하는 수단이 된다. 이는 "법이란 한 사람의 자연적 자유와 다른 사람의 자연적 자유가 자유의 일반법칙에 따라 양립할 수 있는 조건의 총체"라고 한 칸트의 언명에서 쉽게 읽어낼 수 있다.[9)]

이렇게 법을 행위 제한의 수단으로 파악하는 관점은 오늘날에도 여전히 유효하다. 왜냐하면 오늘날 법은 시장이 자유롭게 가동할 수 있도록 시장의 자유를 침해하거나 왜곡하는 행위를 규제할 필요가 있기 때문이다. 물론 만약 시장이 '보이지 않는 손'에 의해 자율적으로 자기 자신을 조종할 수 있다면 행위제한의 수단인 법은 필요하지 않을지 모른다. 시장 스스로가 시장에 참여하는 모든 이의 행위를 조종할 수 있기 때문이다. 그러나 19세기의 역사가 보여준

2006), 561쪽 참고.

6) 홉스와 칸트의 법사상에 관해서는 많은 문헌을 대신하여 심재우, "T. Hobbes의 죄형법정주의 사상과 목적형사상", 『법률행정논집』 (고려대) 제17집(1979), 119－142쪽; 심재우, "칸트의 법철학에 대한 현대적 조명: 칸트의 법철학", 『법철학연구』 제8권 제2호(2005), 7－26쪽 등 참고.

7) 이러한 법 이해는 동양 법사상에서도 찾아볼 수 있다. 예를 들어 심재우, "순자의 법사상", 『법학논집』 (고려대) 제29집(1993), 39－68쪽 참고.

8) 도덕과 법을 분리하는 칸트의 태도에 관해서는 이상영·이재승, 『법사상사』 (한국방송통신대학교출판부, 2007), 190－193쪽 참고.

9) I. Kant, *Metaphysik der Sitten* (1797), *Einleitung in die Rechtslehre*, § B, S. 337.

것처럼 시장은 '시장의 실패'에서 자유로울 수 없었다. 이는 2008년 세계 경제를 뒤흔든 미국의 '서브프라임' 사태에서도 확인할 수 있다.[10] 시장의 자율성을 존중하는 것은 시장경제의 '최적화'를 위해서 기본적으로 필요하다. 그렇지만 시장이 자유롭게 작동할 수 있도록 외부적인 행위 제한의 틀을 법으로 마련하지 않으면 시장은 한순간 좌초할 수밖에 없을지 모른다. 요컨대 자유 자체를 보장하기 위해서 법적 규제는 필요할 수밖에 없다. 자유 제한을 통한 자유 보장이라는 역설적 구조가 필요한 것이다.

(2) 권리 · 체계 형성의 측면

나아가 법적 규제는 권리나 체계를 형성하는 데 필요하다. 하버마스의 용어를 빌려 말하면 법은 사회의 하부체계를 형성하고 통합하는 '매체'(Medium)로서 기능하고 바로 이 때문에 우리에게 필요한 것이다.[11] 그 이유를 다음과 같이 말할 수 있다.

오늘날 자본주의 시장경제는 소유권 제도를 필수 불가결한 요소로 삼는다. 만약 소유권을 법적인 권리로 보장하지 않으면 자본주의 시장은 작동할 수 없다. 그런데 이렇게 자본주의의 기반을 이루는 소유권은 '선험적으로' 존재하는 것이 아니다. 물론 영국의 철학자 로크의 소유권 이론을 받아들인다면 소유권을 자연권으로 파악할 수도 있다. 자연권은 시간과 공간이라는 축에 의존하지 않는, 경험 이전에 존재하는 선험적인 권리라고 말할 수 있다.[12] 그러나 설사 소유권을 자연권으로 파악할 수 있다 하더라도 이러한 권리는 법적인 권리가 아니라 도덕적인 권리에 불과하다. 소유권이 법적인 권리로 체화되기 위해서는 법적인 규정, 즉 법적 규제가 필요할 수밖에 없다. 예를 들어 우리 법체계에서 소유권은 민법 제211조의 규정과 헌법 제23조를 통해 법적인 권리로 보장된다.

나아가 역사적으로 볼 때 이러한 소유권 개념이 오래전부터 인류와 함께

10) 이에 관해서는 양천수, 『서브프라임 금융위기와 법』 (한국학술정보, 2011) 참고.
11) 위르겐 하버마스, 앞의 책, 560-561쪽.
12) 이러한 로크의 자연권 이론에 관해서는 임재홍, "근대 인권의 확립", 인권법교재발간위원회(편저), 『인권법』 (아카넷, 2006), 27쪽 아래.

한 것은 아님을 확인할 수 있다. 만약 로크가 말한 것처럼 소유권이 본래 자연권이었다면 이 소유권은 인류 역사에서 언제나 동일한 모습으로 존재해 왔어야 한다. 그렇지만 오늘날 우리가 누리는 소유권은, 서구 법사(法史)에 한정해 본다면 비교적 최근에 정립된 것이다. 19세기 독일의 로마법학이 로마법 원전에서 개념법학적 방법을 통해 오늘날의 소유권 개념을 정립하기 전까지 서구 유럽은 오랫동안 오늘날과 같은 소유권 개념을 알지 못했다.[13] 이렇게 자본주의 시장경제의 기반이 되는 소유권 개념은 본래부터 존재했던 것이 아니라 역사적으로 형성된 개념이고, 이 개념은 법적인 제도화를 거쳐 비로소 법적인 생명력을 얻을 수 있다. 여기서 우리는 법적 규제가 권리를 형성하고 유지하는데 핵심적인 역할을 수행한다는 점을 알 수 있다.

그뿐만 아니라 법적 규제는 현대사회를 지탱하는 각종 사회적 하부체계를 형성하고 유지하는 데 필수적인 매체로 작용한다. 예를 들어 현대 사회국가의 중심을 이루는 행정체계는 법치주의에 따라 법적 규제, 더욱 정확하게 말해 법률유보를 통해서만 비로소 형성되고 기능할 수 있다. 법적 규제가 없으면 법치주의적 행정체계는 성립할 수 없다. 이는 사법과 입법에도 그대로 타당하다. 더 나아가 법적 규제는 경제체계와 의료체계 등 각종 사회적 하부체계를 형성하고 유지하는 매체가 된다. 예를 들어 현대 자본주의 아래에서 시장은 자연적으로 형성되기보다는 오히려 법적 규제를 통해 구성되는 경우가 많다. 말하자면 법적 규제에 힘입어 눈에 보이지 않는 관념적인 시장이 형성되는 것이다. 가령 증권시장을 필두로 하는 각종 금융시장은 '자본의 유동화' 경향에 맞춰 점차 관념화되는데 이때 법적 규제는 이렇게 관념화된 시장이 제대로 작동할 수 있도록 그 방향과 틀을 제공한다. 요컨대 오늘날 법적 규제는 각 사회적 하부체계를 구성하고 유지하는 데 핵심적인 요소인 '소통적 프로세스'가 형성되고 작동할 수 있도록 하는 '혈관'과 같은 역할을 담당한다.

---

13) 이에 관해서는 K. Kroeschell, 양창수 (역), "「게르만적」 소유권개념의 이론에 대하여", 『서울대학교 법학』 제91호(1993), 205-241쪽 참고.

4. 법적 규제의 합리성

위에서 살펴본 것처럼 법적 규제는 행위 제한의 측면과 권리·체계 형성의 측면에서 필요한 그 무엇이다. 따라서 법적 규제 자체를 해악으로 파악하여 일체의 규제를 배격하려는 것은 타당하지 않다고 말할 수 있다. 오히려 문제는 이러한 법적 규제가 '합리적인' 규제인가에 달려 있다. 그렇다면 필요성이 인정되는 법적 규제는 어떻게 합리적인 것이 될 수 있을까?

(1) 합법성과 정당성

이에 법학에서는 크게 두 요건을 제시할 수 있다. 합법성과 정당성이 그것이다. 물론 합법성과 정당성을 분리하지 않는 엄격한 법실증주의에 따르면 합법성과 정당성은 동일한 것이다. 일정한 규제가 합법성을 획득하면 이는 동시에 정당한 것으로 평가될 수 있다.[14] 그러나 합법성과 정당성을 구별하는 태도에서 보면 합법성과 정당성은 동일한 것이 아니다. 이 문제는 쉽지 않은 법철학적인 문제여서 여기서는 상론하지 않겠다.[15] 다만 필자는 합법성과 정당성을 개념적으로뿐만 아니라 내용적으로도 분리할 수 있다는 태도를 견지하는데, 제2장에서는 이러한 기본 태도에 따라 논의를 전개하겠다.

(2) 절차적 정당성과 내용적 정당성

한편 정당성 요건은 다시 두 가지 하부요건으로 구별할 수 있다. 절차적 정당성과 내용적 정당성이 그것이다. 절차적 정당성은 합법성을 획득하는 과정에서 관련자들이 자유롭고 평등하게 대화와 토론을 하였는가로 판단한다.[16] 내용적 정당성은, 이를 어떻게 판단할 것인가에는 논란이 있지만, 비례성 원칙을 통해 판단할 수 있다고 생각한다.

---

14) 이를 극명하게 보여주는 한스 켈젠, 변종필·최희수 (옮김), 『순수법학』 (길안사, 1999), 113쪽, 308쪽 참고.

15) 칼 슈미트의 이론을 중심으로 하여 이 문제를 다루는 문헌으로 양천수, "합법성과 정당성: 칼 슈미트의 이론을 중심으로 하여", 『영남법학』 제25호(2007), 91－115쪽.

16) 이 요건은 하버마스가 제시한 '법의 대화이론'(Diskurstheorie des Rechts)에서 이끌어낸 것이다. J. Habermas, *Faktizität und Geltung*, 2. Aufl. (Frankfurt/M., 1994), S. 138.

(3) 합리성의 기준으로서 합법성과 절차적 · 내용적 정당성

그렇다면 법적 규제가 합리적인 규제로 인정되려면 다음 세 요건을 충족해야 한다고 말할 수 있다. 합법성과 절차적 정당성 및 내용적 정당성이 그것이다.

이에 따르면 먼저 법적 규제는 합법적인 것이어야 한다. 헌법 및 법령에서 정한 절차에 따라 법적 규제가 정립 및 시행되어야 한다. 이는 법치주의가 요청하는 당연한 결론이라 할 수 있다.

나아가 법적 규제는 절차적 정당성을 획득해야 한다. 법적 규제를 정립할 때 이와 관련을 맺는 모든 이들이 가능한 한 자유롭고 평등하게 이 과정에 참여할 수 있어야 한다.

마지막으로 법적 규제는 내용적 정당성을 갖추어야 한다. 이는 법적 규제가 비례성 원칙과 합치해야 함을 뜻한다. 이때 비례성 원칙은 일정한 목적을 달성하기 위해 투입되는 수단이 목적에 대해 적절한 비례관계를 이루어야 한다는 요청을 뜻한다.[17] 이러한 비례성 원칙은 다시 적합성 원칙, 최소침해 원칙, 균형성 원칙으로 세분화된다.

Ⅲ. 지역균형발전을 고려한 법학전문대학원 인가의 합리성

1. 문제 상황

법학전문대학원 시스템은 미국에서 기원하는 것으로, 종전의 법과대학 시스템과 비교할 때 법학교육의 패러다임을 변경하는 획기적인 것이라 할 수 있다.[18] 노무현 정부는 이러한 법학전문대학원 시스템을 사법개혁의 연장선상에서 강력하게 추진하였고 2008년 2월 4일에 법학전문대학원 예비인가대학을 발표하였다.

---

17) 비례성 원칙에 관해서는 배종대, "보안처분과 비례성원칙", 김일수 · 배종대 (편), 『법치국가와 형법』 (세창출판사, 1998), 45쪽 아래; 이부하, "비례성원칙과 과소보호금지원칙", 『헌법학연구』 제13권 2호(2007) 참고.

18) 미국의 로스쿨 시스템을 소개하는 연구로서 최대권, 『법학교육 · 법학방법론: Law School을 중심으로』 (박영사, 2003) 참고.

법학전문대학원 시스템이 첫발을 내디딘 것이다. 그러나 이에는 논란이 전개되었다.

필자는 노무현 정부의 법학전문대학원 추진 정책을 두 가지 의미로 해석할 수 있다고 생각한다. 첫째는 법조인 양성시스템을 개혁함으로써 기존의 엘리트 중심주의에 기반을 둔 법조인 양성시스템을 지양하고, 이를 통해 국민에게 법률서비스를 제공하는 봉사자적 법률가 양성시스템을 만들자는 것이다. 둘째는 수도권 중심의 법조인 양성시스템을 전국으로 분산시키겠다는 것이다.

첫 번째 측면은 「법학전문대학원 설치·운영에 관한 법률」 제2조가 규정하는 교육이념에서 찾아볼 수 있다.[19] 두 번째 측면은 「법학전문대학원 설치·운영에 관한 법률 시행령」 제5조 그리고 2007년 10월 30일에 발표된 법학전문대학원 인가신청 공고 및 2008년 2월 4일에 있었던 법학전문대학원 예비인가대학 발표에서 찾아볼 수 있다. 이에 따르면 당시 교육인적자원부는 총입학정원을 2,000명으로 설정한 후, 전국을 고등법원 소재지 기준으로 5대 권역으로 나눈 다음 이에 따라 법학전문대학원을 인가하고자 하였다. 그리고 2008년 2월 4일 교육인적자원부는 강원도를 포함한 수도권 지역에서 15개의 대학에 그리고 나머지 지역에서 10개의 대학에 법학전문대학원 예비인가를 함으로써 수도권과 지방의 비율을 약 6:4로 결정하였다. 이를 통해 비록 본래보다 조금 후퇴한 면이 없지 않지만 수도권 중심으로 작동하던 법조인 양성시스템이 급격하게 전환되어 지방으로 분산될 수 있게 되었다.[20]

그러나 이러한 정책에 수도권에 소재하는 법과대학들은 강하게 반발하였다. 특히 법학전문대학원 인가를 받지 못한 법과대학이나 본래 신청했던 수보다 적은 수의 입학정원을 받은 법과대학에서 이러한 정책을 강력하게 비판하였다.

19) 「법학전문대학원 설치·운영에 관한 법률」 제2조는 다음과 같이 규정한다. "법학전문대학원의 교육이념은 국민의 다양한 기대와 요청에 부응하는 양질의 법률서비스를 제공하기 위하여 풍부한 교양, 인간 및 사회에 대한 깊은 이해와 자유·평등·정의를 지향하는 가치관을 바탕으로, 건전한 직업윤리관과 복잡다기한 법적 분쟁을 전문적·효율적으로 해결할 수 있는 지식 및 능력을 갖춘 법조인의 양성에 있다."

20) 애초에 지방여론은 수도권과 지방의 비율을 4:6으로 설정해야 한다고 주장하였다. 당시 교육인적자원부 역시 인가신청공고 초기에는 5:5의 비율로 법학전문대학원을 예비인가 하고자 한 것으로 보인다.

이들 비판의 핵심 요지는 이러한 정책이 새로운 역차별에 해당한다는 것이다. 사법시험 합격자 수라는 가장 결정적이고 객관적인 기준으로 볼 때 서울대를 정점으로 하는 수도권 소재 법과대학이 대부분 10위권을 차지하고 있는데 노무현 정부는 이러한 기존의 성과를 무시한 채 법학전문대학원을 배정하였다는 것이다. 단지 서울에 있다는 것만으로 역차별을 받았다는 것이다. 이러한 비판은 법학전문대학원 인가 구상에 대한 비판을 넘어 '수도권 규제를 통한 지역균형발전'이라는 정책을 정면에서 비판하는 것으로 읽을 수도 있다.

이러한 비판이 과연 타당한지 판단하려면 이 비판이 핵심적인 논거로 삼는 주장, 즉 지역 안배를 고려한 법학전문대학원 인가는 역차별에 해당하기에 합리성을 상실하는 것인지 검토해야 한다.

2. 지역균형발전을 고려한 법학전문대학원 인가의 합법성

먼저 지역균형발전을 고려하여 법학전문대학원을 인가한 것이 합법성을 갖는지 판단해야 한다. 이를 위해서는 이에 법적 근거가 있는지 찾아야 한다. 이 문제에는 당시의 「지역균형발전특별법」 제12조를 그 대답으로 제시할 수 있다. "지방대학의 육성 등"이라는 표제어를 지닌 제12조는 다음과 같이 규정한다.

> "국가 및 지방자치단체는 지방대학(수도권정비계획법 제2조 제1호의 규정에 의한 수도권이 아닌 지역에 소재하는 고등교육법 제2조 각호의 규정에 의한 대학을 말한다. 이와 같다)의 발전과 지역발전에 필요한 우수인력의 양성을 위하여 다음 각호의 사항에 관한 시책을 추진하여야 한다.
>
> 1. 지방대학과 산업체간 산·학 협동을 통한 고용촉진에 관한 사항
> 2. 지방대학 졸업생에 대한 채용장려제의 도입에 관한 사항
> 3. 지방대학 우수졸업인력의 지역정착을 위한 지원에 관한 사항
> 4. 지역의 인적자원 개발 및 산·학·연 협력사업의 활성화에 관한 사항
> 5. 그 밖에 지방대학의 육성 및 지역의 인적자원 개발에 필요한 사항"

이러한 법 제12조의 내용을 보면 지역균형발전을 고려한 법학전문대학원 인가 역시 「지역균형발전특별법」 제12조가 규율하고자 하는 규범 영역에 포함된다는 점을 확인할 수 있다.

이뿐만 아니라 당시 「법학전문대학원 설치·운영에 관한 법률 시행령」 제5조 "설치인가 등에 있어 고려사항"은 다음과 같이 규정한다.

> "교육인적자원부장관은 법 제5조 및 법 제6조에 따른 법학전문대학원의 설치인가 등에 있어서 지방대학의 발전과 지역발전에 필요한 우수 인력을 양성하기 위하여 지역간 균형을 고려하여야 한다."

이러한 법적 근거에서 볼 때 지역을 고려해 법학전문대학원을 인가한 참여정부의 법학전문대학원 인가 정책은 합법성을 가진다고 말할 수 있다.

3. 지역균형발전을 고려한 법학전문대학원 인가의 절차적 정당성

다음으로 지역균형발전을 고려하여 법학전문대학원을 인가하는 것이 절차적 정당성을 갖추었는지 판단해야 한다. 이를 위해서는 위에서 언급한 것처럼 지역균형발전을 고려한 법학전문대학원 인가 정책을 추진하는 과정에서 모든 관련자가 가능한 한 자유롭고 평등하게 이 정책 추진 과정에 참여하였는지 살펴보아야 한다. 그러나 이 판단 과정에는 약간의 문제가 없지 않다. 왜냐하면 법학전문대학원 인가 정책의 직접적인 근거가 되는 「법학전문대학원 설치·운영에 관한 법률」이 제정되는 과정이 과연 절차적 정당성을 충족하였는지 의문이 없지 않기 때문이다.[21]

주지하다시피 「법학전문대학원 설치·운영에 관한 법률」(이하 '법률'로 약칭)은 2005년 1월 18일에 출범한 사법제도개혁추진위원회('사개추위')가 마련한 법률안에 바탕을 두는 것으로, 2005년 10월에 국회에 제출된 것이다. 그렇지만 장장 22개월 동안 이 법률안은 국회 교육위원회나 법사위원회를 통과하지 못한

21) 이에 관한 문제 제기로는 변종필, "로스쿨법의 도덕적 정당성에 대한 의문", 『법철학연구』 제10권 제2호(2007), 349-374쪽 참고.

채 여야 간 정략 대결의 수단 혹은 쟁점으로 표류하였다. 소모적인 대립과 정쟁이 계속되면서 많은 이들이 과연 이 법률안이 통과될 수 있을지 의심하게 되었다. 그러는 과정에서 법률 제정에 대한 기대가 거의 사라질 즈음인 2007년 7월 3일, 6월 임시국회가 종료하기까지 불과 5분여를 남긴 상태에서 국회의장 직권 상정의 방법을 통해 법률안이 그야말로 '전격적'으로 통과하게 된 것이다. 이러한 과정만을 놓고 보면 과연 이 법률을 제정하는 과정에서 합리적인 대화와 토론이 진행되었는지, 과연 모든 관련자가 자유롭고 평등하게 참여하여 이 법률을 제정한 것인지 의문을 던질 수 있다.

그렇지만 필자는 그렇다고 해서 이 법률이 절차적 정당성을 완전히 결여한다고 판단하는 것은 너무 성급하지 않나 생각한다. 그 이유를 다음과 같이 말할 수 있다. 법학전문대학원이 우리 법학계에서 논의되기 시작한 것은 지난 세기의 90년대 중반부터이다.[22] 이미 10년 이상의 세월 동안 법학전문대학원은 끊임없는 토론과 논쟁의 대상이 되어온 것이다. 그리고 직접적으로는 2004년부터 사법개혁위원회('사개위')와 사법제도개혁추진위원회('사개추위')에서 법학전문대학원의 도입 여부가 집중적으로 논의되었다. 그 결과 제시된 것이 「법학전문대학원 설치·운영에 관한 법률(안)」이다. 따라서 이 법률안을 도출하는 과정에서 자유롭고 평등한 참여, 즉 대화와 토론이 전혀 없었다고 말하기는 쉽지 않다. 또한 이 법률안이 제시된 이후 법학계뿐만 아니라 법조계와 시민단체 등은 이 법률안에 나름대로 찬반의 견해를 제시하였다. 심지어 지방자치단체까지 이 논의 과정에 참여하기도 하였다. 이렇게 보면 이 법률이 완전히 날치기로 통과되었다고 말할 수는 없다고 생각한다.

다만 "법학교육위원회"가 출범하여 「법학전문대학원 설치인가 심사기준」(이하 '인가심사기준'으로 약칭함)을 마련하는 과정에는 절차적 정당성이 상당 부분 결여되었다고 평가할 수 있다. 왜냐하면 인가심사기준을 마련하는 과정에

22) 1995년 1월 김영삼 대통령의 지시로 세계화추진위원회가 조직되면서 법학전문대학원 시스템이 "법률서비스 및 법학교육의 세계화"라는 과제 아래 논의되기 시작하였다. 그동안 진행된 법학전문대학원에 관한 논의를 정리하는 문헌으로는 교육인적자원부, 『'법학전문대학원 설치·운영에 관한 법률' 제정법률안 설명 자료집』 (2005), 5쪽 아래 참고.

관한 자유롭고 평등한 참여와 토론은 상당 부분 배제된 편이었기 때문이다. 필자는 인가심사기준이야말로 법학전문대학원 정책을 추진하는 과정에서 가장 문제가 많았던 부분이라고 생각한다. 이는 상세한 논의가 필요한 문제이므로 제2장에서는 이 정도로 그치겠다.

결론적으로 말해 지역균형발전을 고려해 법학전문대학원을 인가한 정책은 절차적 정당성의 측면에서 문제가 없지는 않다. 하지만 그렇다고 해서 이 정책의 합리성 전체를 부정할 만큼 심각하다고 말할 수는 없다.

4. 지역균형발전을 고려한 법학전문대학원 인가의 내용적 정당성

마지막으로 지역균형발전을 고려하여 법학전문대학원을 인가하는 것이 내용적 정당성, 즉 비례성을 충족하였는지를 판단해야 한다. 만약 지역균형발전을 고려한 법학전문대학원 인가 정책이 합법적인 정책이라 할지라도 그 내용 면에서 정당성, 즉 비례성을 획득할 수 없다면 국민을 납득시킬 수 없을 뿐만 아니라 헌법이 요청하는 비례성 원칙(헌법 제37조)에 합치하지 않는 것으로, 그 정책은 헌법에 반하는 것이 될 수 있다. 그뿐만 아니라 지역을 고려하여 법학전문대학원을 인가하는 것이 새로운 역차별이 될 수 있다면 이는 헌법상 평등권(헌법 제11조)을 침해하는 것으로, 역시 헌법에 반하는 것이 될 수 있다. 판단의 핵심은 지역을 고려한 법학전문대학원 인가가 비례성을 준수하였는가이다. 이는 비례성 원칙의 세부 기준인 적합성 판단, 최소침해 판단, 균형성 판단이라는 세 가지 판단을 통해 결정할 수 있다.

(1) 적합성 판단

적합성 판단에서는 지역을 고려해 법학전문대학원을 인가하는 '수단'이 지역균형발전이라는 '정책 목적'을 실현하는 데 적합한 수단일 수 있는지를 판단한다. 이를 위해서는 두 가지를 검토해야 한다. 첫째, 지역균형발전과 법학전문대학원 설립 사이에 연관관계가 있는지, 둘째, 지방 법과대학은 법학전문대학원을 인가받을 만큼 교육경쟁력을 갖추고 있는지가 그것이다.

첫째, 지역균형발전과 법학전문대학원 인가 사이에 연관관계가 있는지를 판단하려면 그 전에 법학전문대학원이 어떤 의미를 갖는지 검토해야 한다. 법학전문대학원이 갖는 의미는 다양한 차원에서 파악할 수 있지만 이 논의와 관련해서는 크게 세 가지 의미를 도출할 수 있다. '법률서비스 제공자 양성', '새로운 글로벌 리더 양성', '지역발전에 기여할 수 있는 법률가 양성'이 그것이다.[23] 이 세 가지 의미는 굳이 상세하게 설명하지 않아도 쉽게 납득할 수 있는 것들이다. 이 가운데서 세 번째인 "지역발전에 기여할 수 있는 법률가 양성"은 법학전문대학원을 인가받는 것과 지역균형발전 사이에 깊은 연관성이 있음을 잘 보여준다. 전국의 각 법과대학이 법학전문대학원을 인가받고자 전력투구했던 현상 역시 이를 잘 반영한다.

그러나 만약 지방 법과대학이 법학전문대학원을 운영하는 데 필요한 교육경쟁력 또는 교육역량을 갖추지 못했다면, 법학전문대학원 인가를 통해 지역균형발전을 꾀하겠다는 정책은 적합성을 잃는다. 따라서 과연 당시 지방 법과대학이 교육경쟁력을 갖추었는지 검토해야 한다. 여기서 교육경쟁력은 크게 다음과 같은 기준으로 판단할 수 있다고 생각한다.[24]

우선 '교육과정의 수준'을 판단해야 한다. 여기서는 '교과목 개설 현황' 및 '교과목의 질적 수준'이 주요 평가 기준이 된다. 그다음으로 '인적 여건'을 따져보아야 한다. '교수진의 교육경력' 및 '연구력' 등이 주요 평가 기준이 될 것이다. 나아가 '물적 여건'을 고려해야 한다. 여기서는 법과대학 및 대학교 전체의 시설·재정 등 여건이 평가 기준으로 작용한다. 그뿐만 아니라 해당 법과대학 소재지의 교육인프라와 같은 '지역 인프라' 및 등록금·생활비 등 '수요자의 교육비 부담' 역시 교육경쟁력의 판단 기준이 될 것이다. 이러한 기준을 활용함으로써 지방 법과대학의 교육경쟁력을 평가할 수 있다. 그 구체적인 내용은 개별적으로 판단해야 한다. 그러나 교육과정과 인적 여건의 측면에서 볼 때 수도권

23) 법학전문대학원의 의미를 이렇게 파악하는 경우로는 영남대학교 법학전문대학원설립추진단, 『법학전문대학원 설치인가 신청서』(영남대학교, 2007), "I. 교육목표" 참고.

24) 이러한 기준은 대부분 인가심사기준에서 반영하였다. 교육인적자원부 대학원개선팀, 『법학전문대학원 설치인가 심사기준』(교육인적자원부, 2007) 참고.

과 지방의 차이는 점차 줄어들었다. 또한 지역 인프라의 측면에서도 당시 KTX가 도입되면서 수도권과 지방의 공간적 간격이 점차 사라졌고 그 때문에 공간적 측면에서 지방의 불리함은 사라지고 있었다. 교육비 부담의 면에서 보면 오히려 지방대학에서 공부하는 경우 수요자는 교육비 부담을 줄일 수 있다. 그렇다면 지방대학이 수도권 대학에 비해 불리한 점은 재정적인 면에서 찾을 수 있을 것이다.

여기서 참고적으로 법학전문대학원을 인가받은 영남대학교 법과대학의 당시 교육경쟁력은 어떘는지 평가해 보겠다. 영남대학교가 법학전문대학원 인가를 받았다는 사실이 간접적으로 보여주듯이 당시 영남대학교 법과대학의 교육경쟁력은 전국의 법과대학 중에서 상위권에 속했다. 특히 다음 네 가지 측면에서 영남대학교 법과대학이 비교우위를 누리고 있었다.

첫째, 영남대학교 법과대학은 수도권 법과대학에 뒤지지 않는 교과목을 편성하여 운영하고 있었다.[25] 둘째, 영남대학교 법과대학은 국내 최고 수준의 연구력을 자랑하였다. 당시 28명의 교원 가운데 27명이 인가심사기준에서 요구했던 “지난 5년간 800% 논문실적” 기준을 모두 채웠을 정도이다.[26] 셋째, 영남대학교 법과대학은 독자적인 법학전문대학원 건물과 법학전문도서관을 확보하고 있었다.[27] 넷째, 영남대학교 법과대학이 소재하는 경산 지역은 KTX의 직접적인 수혜지역으로서 접근성이 용이하였고, 수도권에 비해 교육비 부담이 적었다. 이렇게 볼 때 단순히 지방 법과대학이라고 해서 교육경쟁력이 떨어질 것으로 판단하는 것은 정확하지 않다.

(2) 최소침해 판단

다음 최소침해 판단에서는 지역을 고려해 법학전문대학원을 인가하는 것이 수도권 법과대학에 최소한의 침해를 주는 것인지 판단한다. 일단 결론부터

25) 영남대학교 법학전문대학원설립추진단, 앞의 신청서, “III. 교육과정” 참고.

26) 기준을 채우지 못한 한 명은 외국인 교원이었다. 영남대학교 법학전문대학원설립추진단, 앞의 신청서, “IV. 교원” 참고.

27) 영남대학교 법학전문대학원설립추진단, 앞의 신청서, “VI. 교육시설” 참고.

말한다면 지역을 고려한 법학전문대학원 인가 정책은 최소침해 기준을 충족한다. 그 이유를 '인가심사기준'에서 찾을 수 있다.

인가심사기준에 따르면 지역대학이라고 해서 무조건 법학전문대학원을 인가받을 수 있는 것은 아니었다. 인가심사기준은 각 법과대학이 기존에 거둔 성과를 중요한 평가 기준으로 삼았다. 사법시험 합격자 수가 결정적인 예가 된다. 인가심사기준에 따르면 교육인적자원부 산하 법학교육위원회는 사법시험 합격자 수를 고려해서 법학전문대학원 인가 여부를 판단해야 했다. 이 기준은 전체 1,000점 만점에서 25점을 부여받고 있었는데 이 배점은 상당히 높은 배점이었다.[28] 또한 인가심사기준은 대학의 재정에 관해서도 55점을 부여하였다.[29] 이 기준은 지방대학, 특히 지방사립대학에 비해 수도권 소재 사립대학에 절대적으로 유리한 기준이었다. 나아가 인가심사기준 중에는 "대학의 경쟁력 및 사회적 책무성"이 포함되어 있는데 여기서는 대학구조개혁이나 대학특성화에 각각 10점을 부여하였다.[30] 이는 사립대학보다 국립대학에 훨씬 유리한 기준이었다.

이렇게 볼 때 인가심사기준은 수도권 대학과 지방대학, 국립대학과 사립대학이 지닌 강점과 약점을 균형 있게 고려하였다. 이 기준에서 볼 때 수도권 소재 유수 대학이 불합리한 차별을 받았다고 판단할 근거는 보이지 않는다. 더군다나 총입학정원 2,000명 중에서 1,000명 이상을 지방소재 대학에 배분한다 하더라도 이는 인구를 고려한 것으로 타당성을 갖는다.[31] 이는 민주주의에 충실하다. 결론적으로 노무현 정부는 수도권 대학에 최소한의 피해를 주는 방안으로 인가심사기준을 마련했다고 판단할 수 있다.

(3) 균형성 판단

마지막으로 균형성 판단을 한다. 균형성 판단에서는 지역을 고려해 법학

28) 교육인적자원부 대학원개선팀, 앞의 기준, "5.6. 법조인 배출실적" 참고.
29) 교육인적자원부 대학원개선팀, 앞의 기준, "7. 재정" 참고.
30) 교육인적자원부 대학원개선팀, 앞의 기준, "9. 대학경쟁력 및 사회적 책무성" 참고.
31) 그러나 교육인적자원부는 2008년 2월 4일 강원대를 제외한 지방소재 대학에 860명을 배정함으로써 원래 예상보다 적은 수를 배정하였다. 이를 통해 '역차별' 주장은 더욱 힘을 잃었다.

전문대학원을 인가하는 것이 궁극적으로 우리에게 더욱 많은 이익을 주는지를 판단한다.

지역을 고려해 법학전문대학원을 인가하면 일부 수도권 소재 법과대학에 피해를 준다. 그러나 이 정책은 지역균형발전을 촉진하여 국가 전체의 공익을 더욱 증진한다. 그간 정부는 지역균형발전을 위해 다양한 정책을 추진하였다. 그러나 대학과 같은 고등교육 기관을 지방으로 분산시키지 못하면 행정도시 사업이나 혁신도시 사업 등은 실패할 가능성이 높다. 교육열이 그 어느 나라보다 높은 우리의 경우 부모는 더 나은 아이들의 미래를 위해 서울 소재 명문 대학을 향한 교육을 계속할 것이고, 이 때문에 수도권이 실질적인 거주지가 되기 때문이다. 이로 인해 수도권의 부동산 가격은 그간 천정부지로 상승하였다. 따라서 지역균형발전을 궁극적으로 실현하려면 엘리트 교육기관을 지방으로 분산시킬 필요가 있다. 서울대학교 같은 명문 대학을 지방으로 분산시킬 수 없다면 가장 나은 대안은 법학전문대학원을 지방으로 분산시키는 것이 될 것이다. 이러한 점에서 볼 때 지역균형발전을 고려해 법학전문대학원을 인가하는 정책은 균형성 요청 역시 충족했다고 말할 수 있다.

제 02 부

법학전문대학원의 운영

제 3 장 법학전문대학원의 인재상

I. 서 론

법학전문대학원은 법률전문가, 직접적으로는 변호사를 양성하는 전문대학원이다. 이때 어떤 법률가를 양성하는 게 법학전문대학원의 임무인지, 점점 경쟁이 치열해지는 법학전문대학원 사이에서 어떤 법률가를 길러내야 교육 시장에서 우위를 점할 수 있는지 문제가 된다. 다른 법학전문대학원과 차별성이 없는 법률가를 교육하는 데 그친다면, 법학전문대학원이 치열한 교육 경쟁에서 지속 가능하게 생존하기 어렵기 때문이다. 따라서 법학전문대학원은 어떤 법률가를 길러내야 하는지, 어떤 인재상을 지향해야 하는지 고민할 필요가 있다.

제3장은 영남대학교 법학전문대학원을 예로 하여 법학전문대학원에서 어떤 인재상을 모색해야 하는지 살펴본다. 이상적인 논의는 지양하고 법학전문대학원, 특히 영남대학교 법학전문대학원이 처한 상황을 냉정하게 점검함으로써 이에 걸맞은 인재상을 모색해 보겠다. 이를 위해 제3장에서는 기초법학의 관점을 일부 활용하겠다.

Ⅱ. 인재상의 몇 가지 유형

영남대학교 법학전문대학원의 인재상을 본격적으로 다루기에 앞서 우리 사회에서 흔히 언급되는 인재상의 몇 가지 유형을 짚어본다.

1. 삼성과 현대의 인재상

우리나라를 대표하는 기업으로는 흔히 삼성과 현대를 거론한다. 물론 정주영 명예회장이 사망한 이후 현대그룹은 현대그룹과 현대자동차그룹 그리고 현대중공업으로 분할되었지만, 여전히 일반인들의 뇌리에는 삼성과 현대가 우리나라를 대표하는 기업으로 각인된다.[1] 이를 반영하듯 삼성그룹이 지향하는 인재상과 현대그룹이 지향하는 인재상 역시 대중에 회자되고는 하였다. 흔히 삼성이 지향하는 인재상은 매사에 철저하고 꼼꼼한 완벽주의자로 언급된다. 이에 대해 현대는 철저함은 덜하지만 저돌적이고 진취적인 이른바 돌쇠형 인재상을 추구하는 것으로 알려져 있다. 이러한 통념은 삼성그룹과 현대그룹을 각각 창업한 고(故) 이병철, 정주영 회장의 이미지와 관련이 있다. '이기는 정주영', '지지 않는 이병철'이라는 말이 있을 정도로 두 창업자의 이미지는 달랐다.[2] 잘 알려진 것처럼 정주영 회장은 불도저처럼 저돌적이고 진취적으로 일을 추진하였다. 남들이 불가능하다고 생각하는 일들을 성공적으로 해내고는 하였다. 진취성과 모험심 그리고 강력한 추진력은 오늘날의 현대그룹을 가능하게 한 정주영 회장의 원동력이었다. 이에 반해 이병철 회장은 모든 영역에서 최고를 추구하면서 오직 최고가 될 수 있는 것만을 실행하였다. 남들이 가능하다고 보는 때에도 철저하게 검토하여 절대 실패가 발생하지 않도록 하였다. 인재를 중시한 이병철 회장이 스스로 관상을 공부하고 신입사원을 채용할 때도 직접 챙겼다는 일화는 모든 면에서 최고와 완벽을 추구하는 이병철 회장의 면모를 잘 보여준다.

---

1) 삼성그룹 역시 이병철 회장이 사망한 이후 삼성그룹과 CJ그룹 그리고 신세계 그룹 등으로 그룹이 분할되었다.
2) 박상아, 『이기는 정주영 지지 않는 이병철』 (무한, 2009).

모험을 추구하는가, 아니면 완벽을 추구하는가? 정주영 회장이 창업한 현대그룹과 이병철 회장이 창업한 삼성그룹은 서로 다른 인재상을 추구하였다. 전자가 새로운 것을 창조하는 데 적합하다면 후자는 기존의 것을 발전시키거나 지키는 데 적합하다. 이 가운데 법률가에 적합한 인재상은 아마도 후자일 것이다. 왜냐하면 전통적인 법률가상은, 입법자와는 달리, 이미 존재하는 실정 법체계에 적합하게 법적 분쟁을 해결하는 전문가여야 하기 때문이다. 이는 사법부의 이미지와도 상통한다. 모험보다는 안정이 사법부가 추구하는 가치이자 이미지이기 때문이다. 그러면 영남대학교 법학전문대학원 역시 삼성그룹이 지향하는 인재상을 추구해야 할까?

2. SKY형 인재

필자가 대학에 입학하던 즈음에는 흔히 SKY형 인재가 대학생들 사이에 회자되기도 하였다.[3] 여기서 SKY형 인재란 서울대, 고려대, 연세대의 인재를 말한다. 물론 이는 엄밀한 학문적 논의를 거쳐 나온 것이라기보다는 일반적인 인상 또는 이미지를 보여주는 것이다. 어찌 보면 술안줏거리에 해당할 만한 이야기라 할 수 있다.

이에 따르면 서울대형 인재는 모범생의 이미지를 띤다. 주어진 틀을 정확하고 신속하게 흡수하거나 새로운 틀을 지적·창조적으로 만들어내는 인재의 모습을 보여준다. 서울대형 인재는 학자나 관료 혹은 판사와 같은 엘리트 법률가에 적합한 것으로 보인다. 이에 대해 고려대형 인재는 지방색이 강하고 민족이라는 공동체를 지향하며 저돌적이라는 이미지를 띤다. 고려대 자체가 '민족고대'로 많이 불렸다는 점,[4] '막걸리 찬가'라는 노래가 있을 정도로 오랫동안 막걸리가 고려대의 대표적인 술이었다는 점,[5] 선후배 간에 강력한 상명하복이

3) 참고로 필자는 1990년에 대학에 입학하였다.

4) 사실 '민족고대'라는 이미지는 고려대학교 문과대학 교수로 재직했던 고 조지훈 선생이 지은 명시 "호상비문"과도 관련이 깊다. "민족의 힘으로/민족의 꿈을 가꾸어 온/민족의 보람찬 대학이 있어"로 시작하는 호상비문은 오랫동안 고려대학교 학생들의 교훈 역할을 해왔다.

5) '막걸리 찬가'는 고려대학교의 옛 응원가를 개작한 노래로 고려대학교 재학생이라면 반드시 알아야 하는 노래에 속하였다.

지배하는 집단주의적 문화가 강했다는 점, 상당수의 재학생이 지방에서 올라온 학생이었다는 점 등이 이를 뒷받침한다.[6] '현대건설 신화'를 일구었던 이명박 전 대통령이나 '모래시계 검사'로 알려진 홍준표 대구광역시장 등이 고려대형 인재의 이미지를 전형적으로 보여준다.[7] 마지막으로 연세대형 인재는 자유와 낭만 그리고 세련됨을 표상한다. 막걸리가 고려대의 술이었다면 맥주는 오랫동안 연세대를 상징하는 술이었다. 고려대 인근에는 막걸리집이 즐비했지만 연세대가 자리한 신촌은 세련된 술집과 레스토랑 등이 가득한 곳으로 젊은이 문화의 대표적 공간이었다. 이를 반영하듯 연세대형 인재는 관료보다는 사업가가 더욱 적합해 보였다. 김우중 전 대우그룹 회장이 대변하듯 연세대 상경대학은 오랫동안 연세대를 대표하는 단과대학이었다.

이러한 인재상에 비추어볼 때 법률가에 가장 적합한 상은 아마도 서울대형 인재일 것이다. 이를 예증하듯 현재 법률가, 그중에서도 판사 가운데는 서울대 출신의 법률가가 압도적으로 많다. 그렇다면 영남대학교 법학전문대학원도 이렇게 머리 좋고 모범생인 서울대형 인재를 좇아야 할까?

3. X형 인재와 Y형 인재

마지막으로 X형 인재와 Y형 인재에 관해 살펴본다. Y형 인재는 영남대학교 이효수 전 총장이 '글로컬 이니시어티브'(Glocal Initiative)와 함께 강조하던 대학경영의 핵심 비전이었다. 총장으로 재임하던 4년의 기간 동안 이효수 전 총장은 우리 대학은 Y형 인재를 길러내야 한다고 반복적으로 역설하였다. 그러면 Y형 인재란 어떤 인재를 말할까? 사실 필자는 4년 이상을 Y형 인재에 관해 들어왔지만 Y형 인재가 지칭하는 것이 정확하게 무엇인지, 그것의 독창적인 의미가 무엇인지는 반드시 명확하지는 않다. 아래에서는 이효수 전 총장의 설명을

6) 필자의 동기 중에도 지방 학생, 그중에서도 대구경북 지역 출신의 학생들이 많았다.

7) 그러나 이러한 고려대의 이미지는 지난 2000년을 전후로 하여 많이 바뀌게 된다. 2000년을 전후로 하여 서울 강남 출신의 학생들과 외고 출신의 학생들이 대거 고려대에 입학하게 되면서 민족고대라는 이미지는 더 이상 존속하지 않게 되었다. 오히려 '강남고대'라는 이미지가 고려대에 더욱 적합해 보일 정도가 되었다.

빌려 Y형 인재에 관해 간략하게 살펴보겠다.[8]

Y형 인재는 X형 인재와 짝이 되는 개념으로 미국의 경영학자 맥그리거(Douglas McGregor)의 X · Y 이론에 기반을 둔 것이다.[9] 맥그리거는 인간을 'X형 인간'과 'Y형 인간'으로 구분한다. X형 인간은 일을 싫어하는 수동적이고 폐쇄적이며 관행적인 인간을 말한다. X형 인간은 창의적이지 않기 때문에 새로운 것을 생산하기보다는 기존의 것을 반복하는 데 적합하다. 더군다나 X형 인재는 능동적 · 적극적이지 않기 때문에 조직의 리더는 전통적인 명령 및 통제방식의 리더십으로 X형 인재를 관리해야 한다. 이에 대해 Y형 인재는 X형 인재에 반대되는 인재형으로, 일을 좋아하고 능동적이며 개방적이고 창의적인 인재를 말한다. Y형 인재는 창의성이 강해 새로운 것을 생산하는 데 적합하다. 또한 Y형 인재는 자발적이고 능동적인 인재이므로, 조직의 리더는 통제가 아닌 소통 중심의 민주적 리더십으로 Y형 인재를 이끌어야 한다.

필자는 인간의 유형을 이렇게 단순하게 이분법적으로 구분하는 것을 과연 '이론'이라고 부를 수 있을지 의문이지만, Y형 인재가 오늘날의 상황에서 시사하는 바는 분명 없지 않다고 생각한다. 그것은 오늘날과 같이 새로운 데이터, 정보, 지식이 넘쳐나는 정보화사회, 사회 각 영역 간의 경계가 허물어지고 새로운 컨버전스(convergence)가 지속적으로 이루어지는 현대 융합사회에서는 개방성과 창의성을 핵심으로 하는 Y형 인재가 더욱 적합하다는 점이다.

필자는 이러한 Y형 인재가 오늘날의 법률가상에도 시사하는 바가 있다고 생각한다. 현대사회에서는 과거에는 경험하기 힘들었던 새로운 법적 분쟁이 등장한다. 이러한 법적 분쟁 가운데는 어느 한 전공의 관점만으로는 해결하기 어려운 경우가 많다. 따라서 이러한 법적 분쟁을 적절하게 해결하기 위해서는 기존의 판례를 넘어설 수 있는 새로운 창의적 관점 그리고 전공 사이의 경계를 넘어서는 전공 융합적 관점을 갖출 필요가 있다. 특히 '김앤장'이나 '태평양' 같

8) 이에 관해서는 이효수, 『Y형 인재에 투자하라: 시대를 선도하는 지식경제의 길』 (매일경제신문사, 2012) 참고.

9) 맥그리거 교수에 관한 간략한 소개는 (http://en.wikipedia.org/wiki/Douglas_McGregor) 참고.

은 거대 로펌에서는 이러한 인재를 필요로 하는 경우가 많다. 사실이 그렇다면 우리는 이제 법률가의 상을 새롭게 정립해야 할지도 모른다.

Ⅲ. 영남대학교 법학전문대학원 학칙이 규정하는 이상적 인재상

1. 출발점

지금까지 우리 사회에서 통용되는 몇 가지 인재상을 검토해 보았다. 그러면 이를 토대로 하여 영남대학교 법학전문대학원이 추구해야 하는 인재상을 모색해 본다. 먼저 영남대학교 법학전문대학원 학칙이 규정하는 인재상을 분석해 보겠다.

2. 법학전문대학원 학칙이 규정하는 인재상

「영남대학교 법학전문대학원 학칙」(이하 '학칙'으로 약칭함) 제2조는 영남대학교 법학전문대학원이 추구해야 하는 교육이념을 정하면서 제3조에서 "교육목표"라는 표제 아래 영남대학교 법학전문대학원이 지향해야 하는 인재상을 규정한다.[10] 이에 따르면 영남대학교 법학전문대학원이 추구해야 하는 인재상은 크게 다섯 가지 모습을 띤다. 첫째는 "성숙한 인격과 높은 도덕성을 갖춘 법률전문가"이고, 둘째는 "국민에게 봉사하는 글로벌 리더로서 법률전문가"이며, 셋째는 "전문적이고 실무역량을 갖춘 법률전문가이고", 넷째는 "공익·인권에 기여하는 법률전문가"이며, 다섯 번째는 "지역발전에 기여하는 법률전문가"이다. 이 중에서 첫 번째는 영남대학교 법학전문대학원 인재상의 인성적 측면을, 두 번째는 글로벌적 측면을, 세 번째는 법률전문가에게 꼭 필요한 지성적 측면을, 네 번째는 영남대학교 법학전문대학원의 특성화 측면을, 마지막으로 다섯 번째는 영남대학교 법학전문대학원의 지역적 측면을 반영한다.[11]

---

10) 「영남대학교 법학전문대학원 학칙」의 기본골격은 2007년 법학전문대학원 인가신청이 한창일 때 당시 영남대학교 법학전문대학원 설립추진단 총괄지원부 실무위원장을 맡고 있던 필자가 마련하였다. "교육이념"과 "교육목표" 역시 대부분 필자가 초안을 제시하였다.

11) 여기서 두 번째 측면은 원래 필자가 기본골격을 만들 때 고려하지 않았던 부분이었는데 당시

3. 비판적 분석

「영남대학교 법학전문대학원 학칙」이 규정하는 인재상은 현실적인 인재상으로서 공감을 얻고 있는가? 이에는 회의적인 대답을 할 수밖에 없다. 그 이유를 다음과 같이 말할 수 있다.

우선 법학전문대학원 학칙이 규정하는 인재상이 구체적으로 무엇인지에 관해 영남대학교 법학전문대학원 구성원들이 잘 공유하지 못하고 있다. 나아가 학칙이 규정하는 인재상은 상당히 개괄적이고 일반적인 내용을 담고 있어서 개성적이고 뚜렷한 모습을 그려내지는 못하고 있다. 마지막으로 학칙이 규정하는 인재상은 '이상적인' 내용을 담는다. 이를테면 학칙 제3조 제2호는 "국민에게 봉사하는 글로벌 리더로서 법률전문가"를 규정하는데 법학전문대학원이 현재 처한 상황, 즉 변호사 시험에 종속된 상황을 고려하면 이는 꽤 '이상적인 인재상'이라고밖에 말할 수 없다. 요약해서 말하면 영남대학교 학칙이 규정하는 인재상은 일반적이면서 개성이 약한 이상적인 인재상이고 바로 그 때문에 현실적인 인재상으로 뿌리를 내리지 못하고 있다.

Ⅳ. 영남대학교 법학전문대학원의 현실적 인재상

그러면 영남대학교 법학전문대학원이 지향해야 하는 현실적 인재상은 무엇일까? 아래에서 이를 살펴본다.

1. 고려 사항

(1) 인재상의 세 가지 요소로서 지성·감성·인성

인재상을 모색할 때는 고려해야 할 세 가지 요소가 있다. 지성과 감성 그리고 인성이 그것이다. 우리 인간의 인격성은 이러한 세 가지 요소로 구성된다.

총장이던 우동기 전 총장이 제안하여 수용한 것이다.

그리스어 로고스(logos), 파토스(pathos), 에토스(ethos)에 대응하는 그리고 칸트의 순수이성, 판단력, 실천이성에 대응하는 이 요소는 우리 인간의 지적 측면, 감정적 측면 그리고 윤리적 측면을 반영한다. 가장 이상적인 인격이 되기 위해서는 이 세 가지 요소가 적절하게 균형을 이루어야 한다. 그러나 그렇게 되면 밋밋하고 개성이 없는 인격이 되고 많다. 영남대학교 법학전문대학원이 개성적인 인재상을 지향하고자 한다면 이 세 가지 요소 가운데 어느 한쪽을 더욱 부각시킬 필요가 있다. 가령 서울대학교의 경우에는 "veritas lux mea"라는 교훈이 시사하는 것처럼 지성을 강조한다. 이와 달리 고려대학교의 경우에는 "지야의 함성"이라는 응원가가 보여주는 것처럼 지성뿐만 아니라 야성 역시 강조한다.[12] 이와 같이 영남대학교 법학전문대학원 역시 이러한 세 가지 요소 중에서 어느 한쪽에 더욱 비중을 둘 필요가 있다. 그렇다면 그것은 무엇일까?

(2) 영남대학교 법학전문대학원 재학생의 현황 분석

이를 밝히기 위해서는 영남대학교 법학전문대학원의 재학생 현황을 분석할 필요가 있다. 그렇게 해야만 비로소 현실적인 인재상을 모색할 수 있기 때문이다.

수도권 지역에 소재한 유수의 법학전문대학원과 비교할 때 영남대학교 법학전문대학원 재학생은 한때 다음과 같은 특징을 지녔다. 첫째, 상대적으로 나이가 많았다. 둘째, 남학생의 비율이 압도적으로 높았다. 셋째, 사법시험 경력이 있는 법학사의 비율이 상대적으로 높았다. 넷째, 법학적성시험(LEET) 성적이나 학점 그리고 특히 영어성적이 상대적으로 낮았다는 점이다. 이러한 특징이 지배적이었을 때에는 냉정하게 고려할 때 지성·감성·인성 중에서 지성적인 면에 주안점을 두는 인재상은 설득력이 약했다.

다만 2020년을 넘어서면서 이 같은 특징은 약화되었다. 재학생의 나이가 낮아졌고 여학생의 비율도 점차 높아져 지금은 여학생과 남학생의 비율이 비슷해졌다. 사법시험 경험자도 거의 사라졌다. 이는 사법시험이 폐지된 것과 관

12) '지성과 야성'은 김상협 전 고려대학교 총장이 강조한 것이기도 하다.

계가 있다. 법학적성시험 성적이나 학점, 영어성적 등 재학생의 학력 수준도 제고되었다. 법학전문대학원 출범 초기 영남대학교 법학전문대학원이 보였던 재학생의 특성은 거의 사라졌다고 말해도 과언이 아니다.

하지만 그렇다 해도 이를테면 서울대·고려대·연세대 법학전문대학원의 재학생과 영남대 법학전문대학원의 재학생 사이에 여전히 학력 면에서 차이가 존재한다는 점을 감안하면 영남대학교 법학전문대학원이 지성적인 면에만 초점을 맞추어 인재상을 설정하는 것은 설득력이 약해 보인다.[13] 오히려 전략적인 면에서는 지성보다 감성이나 인성 중에서 영남대학교 법학전문대학원 재학생들의 강점을 찾는 데 더욱 유리하다고 말할 수 있다. 이러한 근거에서 필자는 지성과 감성, 인성 가운데 인성에 더욱 초점을 맞추어 영남대학교 법학전문대학원의 인재상을 모색하는 게 적절하다고 생각한다.

(3) 특성화 목표로서 공익과 인권

이러한 전략은 영남대학교 법학전문대학원이 특성화 목표로 설정한 공익과 인권과도 합치한다. 잘 알려진 것처럼 공익과 인권은 법적 개념 중에서도 도덕적 성격이 강한 개념이다. 전체 공동체의 이익을 대변하는 공익과 도덕적 권리에서 출발하는 인권을 우리 현실 속에서 제대로 실현하기 위해서는 공익과 인권에 관한 지식을 갖추는 것만으로는 충분하지 않다. 이에 더하여 공익과 인권을 향한 도덕적 의지가 있어야 한다. 인권교육에서 강조되는 '인권감수성'이 이를 잘 시사한다. 만약 공익과 인권을 향한 도덕적·윤리적 의지가 존재하지 않으면 공익과 인권을 실현하는 데 이바지하는 법률전문가가 될 수 없다. 이러한 점을 고려해 볼 때도 영남대학교 법학전문대학원의 인재상을 모색할 때는 인성에 강조점을 두어야 한다.

---

13) 물론 그렇다고 해서 영남대학교 법학전문대학원이 변호사 시험 합격률을 높이는 데 소홀히 해서는 안 된다고 생각한다. 변호사 시험 합격률을 높이는 것은 영남대학교 법학전문대학원의 인재상과는 다소 무관한 것으로, 오히려 영남대학교 법학전문대학원의 평판과 관련을 맺는 것이기 때문이다.

(4) 영남대학교 법학전문대학원 학칙이 규정하는 인재상 고려

이렇게 인성에 주안점을 두어 영남대학교 법학전문대학원의 인재상을 모색하려는 것은 법학전문대학원 학칙이 규정하는 인재상과도 합치하는 측면이 있다. 왜냐하면 법학전문대학원 학칙 제3조가 규정하는 인재상을 보면 "성숙한 인격과 높은 도덕성", "국민에게 봉사", "공익 · 인권 실현에 기여", "지역발전에 기여" 등과 같은 인성적 측면을 다수 규정하기 때문이다. 비록 이상적인 규정이기는 하지만 학칙이 추구하는 인재상을 현실적으로 실현하기 위해서는 지성이나 감성보다는 인성에 더욱 초점을 맞출 수밖에 없다.

2. 영남대학교 법학전문대학원의 인재상

(1) 자유주의적 공동체주의에 적합한 인재

지금까지 전개한 논의에 바탕을 두어 필자는 영남대학교 법학전문대학원이 추구해야 하는 인재상을 다음과 같이 제안한다. '자유주의적 공동체주의에 적합한 인재'가 바로 그것이다. 여기서 '자유주의적 공동체주의'(liberal communitarianism)란 미국 하버드대학의 정치철학자 마이클 샌델(Michael J. Sandel)이 제안한 정치철학적 태도이다.[14] 자유주의적 공동체주의는 미국 정치철학에서 전개된 자유주의와 공동체주의의 장점만을 취하고자 하는 태도이다. 필자는 현대사회가 처한 도덕적 · 윤리적 상황을 고려할 때 이러한 자유주의적 공동체주의가 현대사회의 도덕적 · 윤리적 문제를 해결하는 데 가장 적절한 철학적 태도라고 생각한다. 그러면 자유주의적 공동체주의에 적합한 인재란 구체적으로 무엇을 뜻할까?

(2) 공동체주의를 추구하는 인재

자유주의적 공동체주의에 적합한 인재는 먼저 공동체주의를 추구하는 인재여야 한다. 그러면 공동체주의를 추구한다는 것은 무엇을 뜻할까? 그것은 단

---

14) 이에 관해서는 양천수, "자유주의적 공동체주의의 가능성: 마이클 샌델의 정치철학을 중심으로 하여", 『법철학연구』 제17권 제2호(2014), 205-242쪽.

순히 집단의 이익 혹은 조직 논리를 우선하는 것을 말할까? 그렇지는 않다. 필자는 공동체주의를 추구한다는 것은 단순히 집단의 이익을 우선한다거나 조직 논리를 우선한다는 것을 뜻하지 않는다고 본다. 만약 이것만을 강조하면 이는 천박한 집단주의에 불과할 뿐이다. 공동체주의를 추구한다는 것은 크게 다음 세 가지 의미를 지닌다.

1) 공동체의 미덕과 공익 추구

첫째, 공동체의 미덕과 공익을 추구한다는 것을 뜻한다. 이는 개인의 이익이나 권리와는 개념적으로 구별되는 공동체의 '미덕'(virtue)과 '공익'(public interest)이 독자적인 가치로서 존재한다는 점을 인정하는 것이다. 공동체의 미덕과 공익을 추구한다는 것은 이러한 미덕과 공익이 우리 공동체 안에서 존재한다는 것을 인정하면서 이를 추구하고자 하는 것이다. 물론 그렇다고 해서 이러한 미덕과 공익이 언제나 개인의 이익이나 권리보다 우선해야 한다고 보아야 하는 것은 아니다.

2) 공동체적 연대 의식 추구

둘째, 공동체주의를 추구한다는 것은 공동체적 연대 의식을 추구한다는 것을 뜻한다. 이는 너와 내가 전혀 별개의 존재, 철학적으로 말하면 서로 독립된 '무연고적 자아'(unencumbered self)가 아니라는 점을 시사한다. 존재론적으로 볼 때 나와 너는 서로가 서로에게 의존하는 '연고적 존재'(encumbered self)이자 '상호주관적 존재'(intersubjective self)이다. 그러므로 우리는 서로에 연대 의식을 갖고 연대 의무를 이행해야 한다. 공동체적 연대 의식을 추구한다는 것은, 쉽게 말해 나의 성공을 전적으로 나만의 것으로 이해하지 말고 이웃과 함께 나누어야 한다는 것을 뜻한다. 또한 내 이웃의 어려움은 동시에 나의 어려움이라는 의식을 가져야 한다는 것을 뜻한다. 영남대학교 법학전문대학원이 추구하는 인재는 이러한 공동체적 연대 의식을 고취할 수 있어야 한다.

3) 강한 소속감

셋째, 공동체주의를 추구한다는 것은 자신이 소속한 조직 또는 공동체에 강한 소속감을 가진다는 것을 뜻한다. 이는 자연스럽게 자신이 소속한 공동체에 대한 충성(loyalty)으로 이어진다. 자신이 소속하는 공동체를 소중하게 여긴다는 것은 중요한 미덕이다. 이는 필자가 소속되어 근무하는 영남대학교의 전통과도 합치한다. 왜냐하면 영남대학교 역시 고려대학교처럼 민족을 중요시하기 때문이다. 이는 이은상 선생이 작사하고 김동진 선생이 작곡한 영남대학교 교가에서 잘 드러난다. 웅혼하면서 생동감이 가득한 이 아름다운 노래에는 조국과 민족을 강조하는 영남대학교의 기풍이 잘 담겨 있다.[15] 우리는 오랜 군사독재의 영향으로 공동체에 대한 충성을 부정적인 것으로만 이해하는 경향이 강하다. 만약 이러한 충성이 'Top Down' 방식의 맹목적이고 무비판적인 것이라면 이는 분명 비판받아 마땅하다. 그러나 공동체와 조직에 대한 충성심이 'Bottom Up' 방식의 자발적이고 건전한 비판을 허용하는 것이라면 이는 오늘날에도 여전히 우리가 소중하게 여겨야 할 미덕이다. 전략적으로 볼 때 강한 소속감은 영남대학교 재학생들의 취업을 위해서도 긍정적인 영향을 미칠 것이다. 왜냐하면 로펌과 같은 대부분의 조직은 뛰어나기만 한 변호사보다는 실력은 약간 부족해도 조직에 대한 소속감과 열정이 강한 변호사를 선호할 것이기 때문이다.[16]

(3) 자유주의를 추구하는 인재

영남대학교 법학전문대학원이 추구하는 인재는 동시에 자유주의를 추구하는 인재여야 한다. 공동체주의만을 추구하게 되면 자칫 개인의 소중한 이익이나 핵심 가치 또는 인권과 같은 핵심적 권리를 소홀히 할 수 있다. 또한 집단이나 조직의 논리를 내세워 소수자를 희생시킬 수도 있다. 이러한 폐단을 막기 위해 공동체주의와 더불어 자유주의를 추구할 필요가 있는 것이다. 이때 자유주의를 추구한다는 것은 다음 두 가지 의미를 지닌다.

---

15) 필자는 개인적으로 영남대학교 교가를 좋아하여 즐겨 부르고는 한다. 필자의 모교인 고려대학교 교가와는 다른 음악적 아름다움과 기풍을 담고 있다.

16) 이는 필자가 2014년 4월에 영남대학교 법학부 취업 제고의 일환으로 여러 기업을 방문하여 인사담당자와 나눈 이야기를 통해서도 확인되었다.

1) 인권 추구

첫째, 자유주의를 추구한다는 것은 인권을 추구한다는 의미를 지닌다. 인권 자체가 자유주의가 낳은 산물이기 때문이다. 이렇게 인권을 추구하는 것은 영남대학교 법학전문대학원의 특성화 목표와도 합치한다. 영남대학교 법학전문대학원이 추구하는 인재는 인권, 특히 우리 사회에서 소외된 소수자의 인권을 소중하게 여길 수 있는 인재가 되어야 한다.[17]

2) 참여하고 토론하는 인재

둘째, 자유주의를 추구한다는 것은 참여하고 토론하는 인재를 지향한다는 것을 뜻한다. 이러한 의미에서 필자가 지향하는 자유주의는 '소극적 자유주의'가 아니라 '적극적 자유주의'를 의미한다. 이렇게 참여하고 토론하는 인재를 지향한다는 것은 독일의 법철학자이자 필자의 학문적 스승인 클라우스 귄터(Klaus Günther)가 제시한 '참여적 인격'(deliberative Person)을 추구한다는 것을 시사한다. 참여하고 토론하는 인재는 우리가 추구해야 하는 공동체의 미덕과 공익이 구체적으로 무엇인지 밝혀가는 과정에 적극적으로 참여하여 토론할 수 있어야 한다. 공동체의 미덕과 공익을 단순히 주어진 것으로서 수동적으로 받아들이기만 하는 존재여서는 안 된다. 공적 토론 과정에서 우리가 소속된 공동체의 문제에 적극적으로 개입하여, 어떻게 하면 우리 공동체가 올바른 방향으로 나아갈 수 있는지 모색할 수 있어야 한다. 그렇게 해야만 우리가 추구하는 공동체주의가 '나쁜 의미의 집단주의'로 전락하는 것을 막을 수 있다. 모든 법학전문대학원 재학생이 자기 자신 그리고 자신이 소속된 공동체의 주인이 될 수 있도록 해야 한다. 이때 주의해야 할 점은 여기서 강조하는 토론은 논쟁보다는 설득과 협상에 더욱 가까워야 한다는 것이다. 물론 논쟁이 필요한 경우도 있지만, 논쟁은 많은 경우 합의보다는 분열을 유발한다는 점에서 서로가 공감하면서 생산적인 결론을 이끌어낼 수 있는 설득과 협상에 더욱 가깝게 토론할

17) 물론 그렇다고 해서 인권을 소수자의 권리로만 이해하는 것은 인권을 정확하게 이해하는 것이 아니다. 이에 관해서는 양천수, "인권교육의 의미와 성과 그리고 과제: 인권교육법 제정과 관련하여", 『아주법학』 제7권 제2호(2013), 9-44쪽.

수 있도록 해야 한다. 그렇게 하려면 토론하는 과정에서 서로가 인정하고 승인할 수 있는 자세를 갖추도록 해야 한다.

3. 실현 방법

이러한 인재상을 어떻게 구체적으로 실현할 수 있을까? 단순히 법학전문대학원의 인재상을 표방한다고 해서 인재상이 실현되는 것은 아니다. 이를 실현할 수 있는 구체적인 방법이 모색되고 이러한 방법이 실행되어야 한다. 필자는 크게 다음과 같은 실행방법을 모색할 수 있다고 생각한다.

(1) 각종 스터디그룹과 동아리 활성화

첫째, 각종 스터디그룹과 동아리를 활성화함으로써 공동체주의를 추구하는 인재상을 실현할 수 있을 것이다. 스터디그룹에 참여하고 동아리 활동을 함으로써 다른 이와 함께 하는 법을 배우고 연대 의식도 고취하면서 협업하는 방법도 배울 수 있을 것이다.

(2) 운동 및 체육대회 참여

둘째, 각종 운동 및 체육대회에 참여함으로써 소속감과 연대 의식을 고취할 수 있다. 학생들에게 운동을 장려하는 것은 법학 공부에 필요한 체력을 키우고 또 두뇌활동을 활성화한다는 점에서도 필요하다. 다만 여러 여건상 시간이 매우 제한적이라는 점을 고려할 필요가 있다.

(3) 질문과 토론을 장려하는 수업

셋째, 일방적인 강의방식이 아닌 질문과 토론을 장려하는 방식으로 수업을 진행함으로써 참여하고 토론하는 인재를 육성할 수 있다. 수업 시간에 질문을 던지고 토론에 참여하는 것은 여전히 우리 학생들에게는 익숙하지 않은 방식이다. 물론 필자가 맡는 수업은 대부분 이러한 방식으로 진행되지만 아쉽게도 소수만이 필자의 수업에 참여하고 있을 뿐이다. 강의자에 따라서는 진도와 효율성을 이유로 하여 필자의 제안에 반대의견을 제시할 수도 있을 것이다.

그러나 우리 강의자들은 최소한 학생들이 자유롭게 질문을 던질 수 있도록 노력해야 한다. 설사 학생들의 질문이 '수준 이하'로 보일지라도 이를 감내할 수 있어야 한다. 그렇게 해야만 강의자의 독백으로 수업이 채워지는 일이 발생하지는 않을 것이다. 또 그렇게 해야만 비로소 적극적 자유주의를 지향하는 인재를 육성할 수 있다.

제 4 장 법학전문대학원의 특성화

I. 서 론

현재 법학전문대학원은 기본법학을 교육하는 데 그쳐서는 안 된다. 이를 넘어 실무법학, 전문법학을 교육해야 한다. 그뿐만 아니라 특성화 교육도 실행해야 한다. 이를 위해 모든 법학전문대학원은 특성화 목표를 설정해야 한다. 이는 법학전문대학원을 인가하는 과정에서도 중요한 기준이자 변수가 되었다.

사실 특성화 목표를 설정하는 문제는 법학전문대학원만의 문제는 아니었다. 노무현 정부 당시 교육인적자원부는 오래전부터 앞으로 우리 대학이 나아가야 할 방향으로 '대학특성화'를 설정하고 이를 정책목표로 추진하였다.[1] 이러한 취지에 부응하여 법학전문대학원 인가심사기준 역시 특성화 목표를 평가지표로 제시하였다. 교육인적자원부가 제시한 자료에 따르면 대학특성화란 "대학이 자체적으로 발전계획에 따라 타 대학에 비해 비교우위가 있는 대학의 학문분야, 기능유형을 학내·외 의견수렴을 통해 설정하고, 구조개혁 등 특성화 추진에 요구되는 여건을 조성하여 지역 및 학내의 자원을 집중 혹은 재분배함으로써, 대학자체의 성과를 극대화시켜 궁극적으로 대학 경쟁력을 제고하려는 일련의 과정"을 뜻한다.[2] 이러한 대학특성화 개념은 법학전문대학원에도 기본

1) 이에 관한 자료로 교육인적자원부, 『대학특성화 정책에 대한 권역별 설명회 주제발표 및 토론 자료』 (2007. 2. 12) 참고.
2) 교육인적자원부, 위의 자료, 9쪽.

적으로 적용되었다.

그러나 다른 한편 법학전문대학원은 어느 한 분야에만 정통한 법률전문가를 양성하는 것을 목표로 하지는 않는다. 「법학전문대학원 설치·운영에 관한 법률」 제2조가 시사하는 것처럼 법학전문대학원은 일반성과 전문성을 골고루 갖춘 법률전문가를 양성해야 한다.[3] 노무현 정부 당시의 사법개혁추진위원회 역시 "법학전문대학원에서 다양한 선택과목이 개설되어 학생들의 선택의 폭을 넓혀 주는 것은 바람직하나, 법학전문대학원의 교육목표로서 전문화에 지나치게 집착하는 것은 바람직하지 않"다는 의견을 제시하기도 하였다.[4] 그러므로 법학전문대학원을 특성화하는 것에 너무 집착하여 법률전문가가 기본적으로 갖추어야 할 교육을 소홀히 하는 것 역시 바람직하지 않다. 그러므로 법학전문대학원의 특성화 목표를 설정하고 구체화할 때는 한편으로는 특성화의 취지를 살리면서도, 다른 한편으로는 법학전문대학원의 교육이념, 즉 일반 국민에게 법률서비스를 제공할 수 있으며 풍부한 교양과 전 영역에 걸쳐 기본지식을 갖춘 법률전문가를 양성해야 한다는 이념을 염두에 두어야 한다. 요컨대 '전문성'과 '일반성' 사이에서 실제적 조화를 이룰 수 있는 특성화 목표를 설정하고 운영해야 한다.

제4장은 이러한 맥락에서 영남대학교 법학전문대학원이 설정한 특성화 목표를 살펴본다. 다만 영남대학교 법학전문대학원은 '공익과 인권'을 특성화 목표로 추구하고 있는데 제4장에서는 '공익' 부분은 생략하고 '인권' 부분에 초점을 맞추어 논의를 전개하겠다.

---

3) 제2조는 다음과 같이 정한다. "법학전문대학원의 교육이념은 국민의 다양한 기대와 요청에 부응하는 양질의 법률서비스를 제공하기 위하여 풍부한 교양, 인간 및 사회에 대한 깊은 이해와 자유·평등·정의를 지향하는 가치관을 바탕으로, 건전한 직업윤리관과 복잡다기한 법적 분쟁을 전문적·효율적으로 해결할 수 있는 지식 및 능력을 갖춘 법조인의 양성에 있다."

4) 한국학술진흥재단, 『법학전문대학원의 교육과정 분야 설치인가 심사 기준 연구』 (2006), 57쪽.

Ⅱ. 기본 구상

1. 특성화 목표로서 '인권'

영남대학교 법학전문대학원 학칙은 제4조에서 다음과 같이 특성화 목표를 설정한다.

> "영남대학교 법학전문대학원은 법학을 연구하고 법률전문가를 교육하는 과정에서 '공익과 인권'을 특성화 목표로 추구한다."

이러한 기본목표는 아래와 같이 구체화된다.

- 인권의 전문화,
- 인권의 대중화,
- 인권의 세계화,
- 인권의 지역화.

여기서 '인권의 전문화'와 '인권의 대중화'는 서로 한 쌍을 이루고 '인권의 세계화'와 '인권의 지역화' 역시 한 쌍을 이룬다.

2. 특성화 목표 실천 체계

위에서 설정한 '인권' 부문 특성화 목표는 아래와 같은 체계를 통해 실현된다.

- 제1단계: 특성화 목표로서 법학전문대학원의 특성화 방향 제시
- 제2단계: 이러한 특성화 목표가 입학전형 및 교육과정에 반영
- 제3단계: 특성화 목표에 상응하는 실무연수 과정 실시
- 제4단계: 법학전문대학원 졸업 후 인권 전문법률가로 활동

그러므로 영남대학교 법학전문대학원이 설정한 인권 부문 특성화 목표가 성공을 거두려면, 특성화 목표를 설정하고 이를 구체화하는 데 그치지 말고 이

러한 목표가 교육, 실무연수, 졸업 후 활동에 이르기까지 유기적으로 연결될 수 있어야 한다.

Ⅲ. 특성화 목표 구체화

1. 인권의 전문화

인권의 전문화에는 크게 세 가지 의미가 담겨 있다. 첫째, 법학전문대학원은 일반 학부와 구별되는 일종의 '전문대학원'인 이상 교양 수준에서 인권을 다루는 것이 아니라 '전문적인 차원'에서 인권을 다룰 필요가 있다는 것이다. 둘째, 법학전문대학원은 법률전문가를 양성하는 전문교육기관인 동시에 법학을 학문적인 차원에서 연구하는 연구기관이므로 인권을 학문의 차원에서 전문적으로 연구해야 한다는 점이다. 셋째, 법학전문대학원 졸업생들이 장차 인권 전문법률가로 활동할 수 있도록 도와주어야 한다는 점이다.

(1) 인권교육의 전문화

법학전문대학원은 전문대학원으로서 법률전문가를 양성하는 곳인 만큼 법학교육은 전문직업적인 것이어야 한다. 이는 인권교육에도 마찬가지라 할 수 있다. 물론 학부에서도 인권교육을 행할 수 있다. 영남대학교가 교양과정으로 개설하는 "인권과 법"이 대표적인 예라 할 수 있다.[5)] 이러한 교양과정을 통해 일반 학부생들도 인권에 관한 개괄적인 지식과 '인권감수성'을 획득할 수 있다. 그렇지만 법학전문대학원에서 행하는 인권교육은 전문적인 것이어야 한다. 인권에 관한 문제를 치밀하게 분석하고 그 배후까지 깊게 파고드는, 더 나아가 법학, 정치학, 사회학, 역사학 등의 관점을 종합적으로 원용해서 인권을 통합적으로 접근할 수 있도록 하는 그런 교육이 되어야 한다.[6)]

---

5) 2025년 현재 필자가 이 수업을 담당한다.
6) 이는 인권법학의 통합과학적 성격에 기인한다. 이에 관해서는 양천수, 『인권법이론』 (박영사, 2023) 참고.

(2) 인권 연구의 전문화

나아가 법학전문대학원 역시 학문을 심오하게 연구하는 공간인 이상 영남대학교 법학전문대학원은 인권을 전문적으로 연구하는 터전이 되어야 한다. 이는 주로 영남대학교 법학전문대학원 교수 혹은 연구진이 주도적으로 수행하게 될 것이다. 가령 인권법 전임교수는 인권에 관한 새로운 이론 틀, 세계 인권에 관한 현황, 새로운 인권 사례 발굴 및 해결 등과 같은 주제를 연구하고 이를 논문 등의 형태로 발표해야 한다. 그리고 인권법 전임교수가 아니라 할지라도 인권법에 관심이 있는 혹은 관련을 맺는 법 영역의 교수 역시 인권에 관해 연구할 필요가 있다. 그뿐만 아니라 법학전문대학원 학생 역시 미국 로스쿨 학생이 그렇게 하는 것처럼 인권 관련 저널을 발간하는 작업에 참여하면서 공동연구자 또는 보조연구자로서 인권 연구를 수행할 수 있다.

(3) 졸업 후 직업으로서 인권 관련 법률전문가

마지막으로 영남대학교 법학전문대학원 졸업생은 인권 영역에 직접 또는 간접으로 종사하는 전문법률가로 활동할 수 있어야 한다. 물론 변호사는 흔히 '공익과 인권의 수호자'라고 말하므로 모든 법률가는 자연스럽게 인권 영역에 종사하는 전문 직업인이라고 말할 수 있을지 모른다. 그러나 여기서 말하는 인권 개념은 다소 넓은, 그러니까 일반적인 인권 개념으로 새겨야 한다. 이와 달리 영남대학교 법학전문대학원 졸업생이 종사하게 될 인권 영역은 이 개념보다 더욱 전문적인 인권 개념으로 이해하는 것이 바람직하다. 예를 들어 국제인권법 영역이나 소수자 인권, 채무자 인권, 노동 인권, 지역 외국인 인권 영역에서 종사할 수 있는 법률전문가를 양성할 수 있도록 인권의 전문화를 추구해야 한다.

2. 인권의 대중화

두 번째 구체적인 목표로서 인권의 대중화를 거론할 수 있다. 인권의 대중화는 법학전문대학원이 지닌 또 다른 측면, 즉 대중성과 관련을 맺는다. 「법학전문대학원 설치·운영에 관한 법률」 제2조가 명시하듯이 법학전문대학원은 일반 국민에게 법률서비스를 제공할 수 있는 법률전문가를 양성해야 한다. 말하자면 법학전문대학원은 전문성과 동시에 대중성을 갖추어야 하는 셈이다. 이러한 요청에 따라 영남대 법학전문대학원은 일반 대중의 인권 수요를 충족할 수 있는 인권 연구 및 교육을 수행하고자 한다. 이는 크게 두 가지로 구체화할 수 있다.

(1) 대중 지향 인권 연구 및 교육

앞에서 인권교육은 전문적이어야 한다고 말했다. 그러나 동시에 영남대학교 법학전문대학원이 추구하는 인권교육은 대중을 지향하는 것이어야 한다. 이는 인권교육이 자기 만족적인 것이 되거나 현실과 괴리된 것이어서는 안 되고 대중을 지향하는, 다시 말해 '지금 대중 속에서 문제가 되는 인권적 상황'을 염두에 두는, '현재 있는 인권'을 지향하는 인권교육을 해야 한다는 것이다.

(2) 지역사회의 인권 이익을 대변하는 인권 연구 및 교육

다음으로 영남대학교 법학전문대학원에서 행하는 인권 연구 및 교육은 영남지역의 인권 이익을 충족하고 대변하는 것이어야 한다. 이는 법학전문대학원이 영남지역에 설치되어야 하는 이유와도 맞물린다. 법학전문대학원은 단순히 법률전문가를 배출하는 데 그쳐서는 안 된다. 이를 넘어 어떤 형태로든 지역사회가 발전하는 데 기여할 수 있어야 한다. 이 중에서 지역사회의 인권 이익을 대변하는 인권 전문법률가가 될 수 있도록 인권을 교육하고 연구하는 것은 영남대학교 법학전문대학원이 지역사회에 이바지할 수 있는 한 방안이 될 수 있다.

3. 인권의 세계화

세 번째 구체적인 특성화 목표로서 영남대학교 법학전문대학원은 인권의 세계화를 추구한다. 인권의 세계화는 위에서 언급한 '인권의 전문화'와 연결된다. 인권의 세계화를 통해 영남대학교 법학전문대학원은 우리나라의 인권 문제를 넘어 세계적인 인권 문제까지 시야에 넣는다. 크게 세 가지 실천 방안이 제시된다.

(1) 국제인권규범 연구 및 형성에 기여

첫째, 영남대학교 법학전문대학원은 국제인권규범을 연구하고 이를 통해 새로운 국제인권규범을 형성하는 데 기여하고자 한다. 이는 두 측면에서 이루어질 수 있다. 우선 법학전문대학원 교수진을 통해 국제인권규범을 연구·형성하는 것이다. 나아가 영남대학교 법학전문대학원을 졸업한 졸업생들이 국제인권 관련 전문법률가로 각 국제인권기구에 활동할 수 있도록 함으로써 국제인권규범 형성에 이바지하도록 하는 것이다.

(2) 동아시아 인권규범 연구 및 형성에 기여

둘째, 영남대학교 법학전문대학원은 한국, 중국, 일본을 포함하는 동아시아 공동체에 공통으로 적용할 수 있는 동아시아 인권규범을 연구하고 형성하는 데 기여하고자 한다. 유럽연합은 이미 유럽인권규약을 제정하여 각 회원국에 적용하고 있는데 이처럼 동아시아도 가까운 미래에 나름의 인권규범을 만들 수 있으리라 기대한다.

(3) 북한인권규범 연구 및 형성에 기여

셋째, 영남대학교 법학전문대학원은 북한인권규범을 연구하고 형성하는 데 기여하고자 한다. 통일한국 시대를 대비하기 위해서라도 이러한 일을 수행하는 것은 의미가 없지 않다.[7)]

4. 인권의 지역화

마지막 특성화 목표인 인권의 지역화는 '인권의 대중화'와도 맞물리는 것으로, 법학전문대학원이 지역사회를 위해 일정한 역할을 수행해야 함을 다시 한번 강조하는 것이기도 하다. 크게 두 가지로 구체화할 수 있다.

---

7) 북한 인권에 대한 접근방식에 관해서는 양천수, "상호합법성의 측면에서 접근한 북한 인권 문제", 『공법학연구』 제8권 제2호(2007), 211-234쪽.

(1) 영남지역에 고유한 인권 문제 연구 및 교육

우선 영남대학교 법학전문대학원은 영남지역에 고유하게 등장하는 인권 문제를 다루고자 한다. 예를 들어 영남지역에는 많은 외국인 노동자가 거주하고 있고 다수의 공단이 있는데, 이들 외국인이나 공단 노동자들의 인권에 주목할 필요가 있다.

(2) 영남지역의 고유한 문화와 조화될 수 있는 인권 연구 및 형성

나아가 영남대학교 법학전문대학원은 영남지역의 고유한 문화와 조화될 수 있는 인권을 연구하고 형성하는 데 노력하고자 한다. 사실 영남지역은 다른 지역에 비해 보수적인 성향이 강하다. 이는 장점과 단점을 동시에 내포한다. 장점은 우리의 고유한 전통을 그만큼 많이 보존한다는 것이고, 단점은 그 때문에 서구에서 형성된 인권과 충돌할 수 있다는 것이다. 지금은 폐지된 호주제 문제 등을 둘러싸고 전통 유림과 여성계가 대립한 사실 등이 이를 예증한다. 그러나 영남대학교 법학전문대학원은 이 둘을 모두 포용할 수 있는 인권 개념을 연구하고 형성하는 데 노력하고자 한다. 이를 통해 '전통과 현대' 사이의 대립을 넘어설 수 있는 새로운 길을 모색하고자 한다.

IV. 인권 관련 교과목 편성의 방향

위에서 구체화한 특성화 목표를 법학전문대학원에서 실현하려면 이 특성화 목표를 반영한 교과목을 개설할 필요가 있다. 아래에서는 영남대학교 법학전문대학원이 추구하는 교과목 편성 방향을 제시하겠다.

1. 기본원칙

영남대학교 법학전문대학원은 다음과 같은 기본원칙에 따라 인권 관련 교과목을 편성한다.

- 인권의 전문화 · 대중화 · 세계화 · 지역화에 따른 교과목 편성
- '인권감수성'을 지향하는 교과목 편성
- '인권의 통합과학적인 성격'에 바탕을 둔 다양한 전공 교수진이 참여할 수 있는 교과목 편성

(1) 인권의 전문화 · 대중화 · 세계화 · 지역화에 따른 교과목 편성

영남대학교 법학전문대학원은 특성화 목표의 구체화 원칙인 인권의 전문화 · 대중화 · 세계화 · 지역화에 따라 교과목을 편성한다. 우선 영남대학교 법학전문대학원은 인권의 전문화에 상응하도록 인권 관련 전문 교과목을 편성한다. 교양 수준이나 개괄적 수준을 넘어 대학원생 수준에 맞는 전문 인권법 강좌를 개설한다. 다음으로 영남대학교 법학전문대학원은 대중 지향적인 인권 교과목을 편성한다. 이는 인권의 대중화에 상응한다. 나아가 세계화 관련 인권 교과목을 편성한다. 마지막으로 영남대학교 법학전문대학원은 영남 지역과 관련을 맺는 인권 교과목을 편성한다. 이는 인권의 지역화를 반영한 것이다.

(2) '인권감수성'을 지향하는 교과목 편성

두 번째로 영남대학교 법학전문대학원은 교과목을 편성할 때 '인권감수성'을 지향한다. '인권감수성'이란 '인권에 대한 애정' 혹은 '인권을 향한 실천적 의지'라고 바꿔 말할 수 있다. '인권감수성'은 인권을 연구하고 교육하는 것이 단순히 지식을 늘리는 것에 그쳐서는 안 된다는 점을 시사한다. 인권 연구와 인권 교육은 반드시 인권 실천을 전제로 해야 함을 보여준다. 나아가 영남대학교 법학전문대학원에서 진행되는 모든 법학 연구 및 법학교육은 반드시 인권이라는 관점을 고려해야 함을 요청하는 것이기도 하다.

(3) 다양한 전공 교수진이 참여할 수 있는 교과목 편성

마지막으로 영남대학교 법학전문대학원은 '인권법의 통합과학적 성격'을 고려하여 인권 관련 교과목을 단순히 몇몇 인권 전담 교원들만이 담당하는 것에 그치지 않고 다양한 전공 교수진이 함께 참여할 수 있는 교과목을 편성한다.

이를 통해 현실의 인권 문제를 더욱 적절하게 해결할 수 있는 통합과학적 인권 강의가 이루어질 수 있도록 한다.

2. 교과목 편성

(1) 3단계 편성

이러한 세 가지 기본원칙에 따라 영남대학교 법학전문대학원은 다음 3단계에 맞춰 인권 관련 교과목을 편성한다.

- 인권기초론
- 인권일반론
- 개별인권론

(2) 인권기초론

먼저 모든 인권 교과목의 기초가 되는 '인권기초론' 과목을 편성한다. 이 과목은 기초법학 전공자가 담당할 예정이다. 이 과목을 통해 참여자들은 인권 감수성을 기를 수 있을 뿐 아니라 인권 개념과 관련된 기초법학적 관점과 지식을 습득할 수 있을 것이다.

(3) 인권일반론

인권일반론은 인권법에 관한 총론의 역할을 수행한다. 구체적으로는 '인권과 법 세미나'가 이 역할을 수행한다. 이 과목을 통해 인권법의 기본 개념 및 구조 등을 접할 수 있다.

(4) 개별인권론

개별인권론은 개별 인권 영역을 대상으로 하는 전문인권법 교과목으로 구성된다. 먼저 '사회적 약자'를 염두에 둔 '노동과 차별' 및 '농업법'을 개설한다. 나아가 '국제인권법' 영역에 해당하는 것으로 '국제인권법', '국제기구론', '국제인도법', '유럽인권법론'을 편성한다. '사회권' 영역 과목으로는 '교육과 인권'을 개설하고, '현대과학과 인권' 영역 과목으로 '의료와 인권 세미나' 및 '환경과 인권'을 개설한다. 이외에 '형사절차와 인권 세미나' 및 '인권운동론'을 편성한다. 이러한 과목을 통해 영남대학교 법학전문대학원은 인권 연구 및 교육의 전문성을 더욱 강화한다.

제 5 장 법학전문대학원의 교육과정

I. 서 론

법학전문대학원 제도를 지탱하는 핵심 요소 가운데 하나는 교육과정이다. 법학전문대학원이 성공적으로 운영되려면 법학전문대학원에 편성된 교육과정이 법학전문대학원 설립 취지에 맞게 운영되어야 한다. 그렇지만 현재 법학전문대학원 교육과정이 이렇게 운영되는지에는 의문이 없지 않다. 바로 그 때문에 법학전문대학원 교육과정을 개혁해야 할 필요와 논의가 제기된다. 이 같은 상황에서 제5장에서는 현재 법학전문대학원 교육과정이 어떻게 편성 및 운영되는지 검토한다. 이를 위해 제5장에서는 영남대학교 법학전문대학원이 편성 및 운영하는 교육과정을 검토하겠다.[1] 이를 바탕으로 하여 법학전문대학원 교육과정이 어떻게 개선되어야 하는지에 관해 의미 있는 시사점을 도출하고자 한다.

1) 제5장에서 다루는 영남대학교 법학전문대학원의 교육과정은 2016학년도를 기준으로 한 것이다.

Ⅱ. 영남대학교 법학전문대학원의 교육과정 체계

1. 교육과정 전체 체계

2016학년도를 기준으로 볼 때 영남대학교 법학전문대학원은 전체 125개 교과목, 총 327학점을 편성하고 있다. 교과목은 다음과 같은 체계로 구성된다.[2] 첫째는 이론과목 내부에 존재하는 체계이고, 둘째는 실무과목 내부에 존재하는 체계이며, 셋째는 이론과목과 실무과목 사이에 존재하는 체계이고, 넷째는 필수과목과 선택과목 사이에 존재하는 체계이다.

(1) 이론과목의 체계

첫째, 영남대학교 법학전문대학원이 마련하는 이론과목은 내적으로 다음과 같은 체계를 갖추고 있다. 법학전문대학원 교육과정에서 가장 중요한 비중을 차지하는 민사법을 예로 보면 이를 다음과 같이 말할 수 있다. 먼저 법학전문대학원 교육과정의 출발점이라 할 수 있는 1학년 1학기의 경우에는 '민법총칙', '물권법', '채권법' 등과 같은 기본이론교과목을 개설한다. 이를 통해 민사법 전 분야에 적용되는 기본적인 이론 지식을 습득하도록 한다. 이어서 1학년 2학기에는 '물권법세미나'와 '채권법세미나'를 개설함으로써 민사법에 관한 이론 지식을 심화한다. 이를 토대로 하여 2학년 이후에는 '민사판례연구'나 '민사법종합연습'과 같은 교과목을 개설함으로써 실제 민사법적 분쟁을 해결하는 데 민사법에 대한 이론 지식을 활용할 수 있도록 한다.

(2) 실무과목의 체계

둘째, 실무과목은 다음과 같은 체계로 구성된다.[3] 우선 실무과목은 실무필

---

2) 이때 말하는 체계는 현대 체계이론에서 말하는 체계라기보다는 전통적인 의미의 체계, 즉 논리적인 의미연관관계를 뜻한다. 체계 개념의 다양한 의미에 관해서는 Thomas Vesting, *Rechtstheorie* (München, 2007) 참고.

3) 다만 여기서 무엇을 기준으로 하여 이론과목과 실무과목을 구별할 것인지, 실무과목의 본질적인 개념 징표가 무엇인지 문제가 된다. 실제로 특정한 교과목이 이론과목인지 아니면 실무과목인지를 판단하는 것은 쉽지 않다.

수과목과 실무선택과목으로 구분된다. 실무필수과목은 '법조윤리', '법률정보조사', '법문서작성론', '모의재판', '실무실습', '민사법실무', '형사법실무', '공법실무'를 말한다. 이러한 실무필수과목은 실무능력을 배양하는 데 필요한 기본과목으로서 그 역할을 수행한다. 실무선택과목은 실무필수과목을 통해 습득된 실무능력을 심화하는 데 기여한다. '형사재판실무', '검찰실무', '경찰실무', '민사재판실무', '가족법실무', '민사집행법실무', '헌법소송실무'가 이러한 실무선택과목에 해당한다.

(3) 이론과목과 실무과목 사이의 체계

셋째, 이론과목과 실무과목 사이에는 다음과 같은 체계가 있다. 위에서도 언급한 것처럼 교과목은 이론교과목과 실무교과목으로 구별할 수 있는데 이러한 이론교과목과 실무교과목은 서로 단절되지 않고 유기적으로 연결되어 개설된다.

민사법을 예로 보면 1학년의 경우에는 '민법총칙', '물권법', '채권법' 등과 같은 이론교과목을 통해 민사법의 기초이론을 습득한다. 그러나 동시에 '법률정보조사'와 같은 실무교과목을 통해 이론교과목에서 배운 민사법의 이론 지식이 어떻게 실제 법적 분쟁을 해결하는 과정에서 사용될 수 있는지 배우게 된다.

민사법의 기초이론 습득이 끝나면 '물권법세미나', '채권법세미나', '민사판례연구' 등과 같은 각종 사례연습교과목을 통해 민사법의 이론이 어떻게 실제 법적 분쟁에서 활용될 수 있는지 배우게 된다. 이때 단순히 이론적인 지식을 체득하는 데 그치는 것이 아니라 실제로 법적 분쟁을 해결하는 데 필요한 실무능력도 동시에 습득하게 된다.

3학년을 대상으로 개설되는 '민사재판실무' 교과목도 법학전문대학원 재학생이 어떻게 이론적인 지식과 실무적인 지식을 결합하여 실제 민사 분쟁에 적용할 수 있는지 배울 수 있도록 한다. 또한 3학년을 대상으로 개설되는 '민사법종합연습'과 같은 이론·실무융합형 교과목에서는 그 이전까지 배운 이론적 지식과 실무적 지식을 바탕으로 하여 실제 법적 분쟁에 가까운 기록형 사례를 풀어낼 수 있는 능력을 갖추도록 하는 것을 목표로 한다. 이러한 종합연습 교과목을 이수함으로써 법학전문대학원 재학생은 실제 법률전문가에게 요구되는 법적 지식을 종합적으로 습득하게 된다.

이처럼 영남대학교 법학전문대학원은 이론교과목과 실무교과목이 서로 단절되지 않고 유기적으로 통합될 수 있도록 전체 교과목을 체계화한다. 법학전문대학원에서 제공하는 교육과정을 순차적으로 따라가면 자연스럽게 실제 법적 분쟁을 해결할 수 있는 법률전문가로 성장할 수 있도록 전체 교과목을 체계적으로 구성하는 것이다.

(4) 필수교과목의 체계

넷째, 필수교과목과 선택교과목 그 자체에서도 체계성을 발견할 수 있다. 교과목은 필수교과목과 선택교과목으로 구분할 수 있다.

우선 필수교과목은 다시 5개의 '법정필수교과목'과 14개의 '비법정필수교과목'으로 구성된다. 필수교과목은 기본적으로 공법, 민사법, 형사법 교과목으로 편성된다. 그 이유는 공법, 민사법, 형사법이야말로 실제 법적 분쟁을 해결하는 데 직접적으로 사용되는 기본 법률지식일 뿐만 아니라 변호사 시험에서도 중요한 비중을 차지하기 때문이다. 이러한 필수교과목은 영남대학교 법학전문대학원 재학생이 전문적이고 실무역량을 갖춘 법률전문가로 성장할 수 있도록 기여한다.

(5) 선택교과목의 체계

다섯째, 선택교과목은 기초법학 교과목, 특성화 교과목, 일반선택 교과목으로 구성된다.

먼저 기초법학 교과목은 실정법학에 관한 기초적·원리적·반성적 능력을 습득하도록 하는 것을 목표로 한다. 현대사회는 복잡하고 변화 속도가 매우 빨라 기존에 존재하지 않았던 새로운 법적 분쟁이 끊임없이 등장한다. 이러한 새로운 법적 문제에 대응하기 위해서는 실정법을 기초적·원리적·반성적으로 사고하고 분석할 수 있는 능력이 요청된다. 특히 창의적인 법적 사고가 필요하다. 기초법학 교과목은 이러한 능력을 배양하는 데 이바지한다.

다음으로 특성화 교과목인 공익·인권 교과목은 법학전문대학원 재학생이 공익과 인권을 실현하고 증진하는 데 기여할 수 있는 법률전문가로 나아갈 수 있도록 도와준다.

마지막으로 그 밖의 일반선택 교과목은 일종의 전문법 교과목으로서 현대 사회의 전문적인 영역에서 등장하는 법적 분쟁을 성공적으로 해결하는 데 필요한 전문적인 법적 지식을 습득할 수 있도록 한다.[4] '지적재산권법'이나 '국제경제법', '금융법', '조세법', '노동법', '파산법', '국제군축법', '한국국제거래법', '회생법' 등이 이러한 전문법 교과목에 해당한다.

(6) 인권교과목의 체계

여섯째, 이러한 선택과목은 그 자체 편성 과정에서도 체계성을 갖춘다. 특성화 교과목인 인권법을 예로 보면 먼저 1학년에서는 '인권기초론' 교과목을 통해 인권에 관한 기초이론을 배운다. 다음으로 2학년에서는 '노동인권과 차별' 등과 같은 교과목을 통해 각 전문영역에서 발생하는 인권 침해 문제를 배운다. 마지막으로 3학년에서는 '공익인권소송실무' 등과 같은 교과목을 통해 실제 공익·인권 관련 분쟁에서 어떻게 공익과 인권에 관한 문제를 해결할 수 있는지를 이론적·실무적인 차원에서 배운다.

2. 법률기본과목과 실무과목 간의 균형 및 개설 순서의 체계

(1) 기본원칙

영남대학교 법학전문대학원이 편성하는 법률기본과목과 실무과목은 서로 균형을 이루고 개설 순서 역시 체계를 갖추고 있다. 먼저 교과과정의 기본체계

---

4) '전문법'에 관해서는 양천수, "私法 영역에서 등장하는 전문법화 경향: 도산법을 예로 본 법사회학적 고찰", 『법과 사회』 제33호(2007), 111－135쪽 참고. 다만 주의해야 할 점은 전문법이라는 이름으로 개설되는 교과목이 모두 전문법의 성격을 갖는 것은 아니라는 점이다.

는 "기초 → 심화 → 실무 → 통합"의 흐름으로 구성되어 전체적으로 볼 때 유기적인 체계를 구축한다. 이를 좀 더 자세하게 설명하면 다음과 같다.

첫째, 기초단계에서는 법학의 기초 소양과 기본법학에 관한 기초지식을 습득하도록 하고 있다. 둘째, 심화단계에서는 기본법학의 세부 지식이나 전문법학의 전문화된 지식을 습득하도록 함으로써 기초단계에서 획득한 법학지식을 종적·횡적으로 확장 및 심화할 수 있도록 한다. 셋째, 실무단계에서는 실제 법적 분쟁을 해결하는 데 필요한 사례 해결 능력, 법적 추론 및 논증 능력, 법문서 작성 능력을 배양하도록 한다. 넷째, 통합단계에서는 실제 법적 분쟁을 해결하는 데 필요한 이론적 지식과 실무적 지식뿐만 아니라 각 전문영역의 전문법 지식을 종합적·통합적으로 활용할 수 있는 능력을 습득하도록 한다. 이 단계를 모두 이수하게 되면 자연스럽게 현대사회에서 발생하는 다양한 법적 분쟁을 성공적으로 해결할 수 있는 법률전문가가 될 수 있도록 하고 있다. 특성화 영역에 속하는 인권교과목 및 공익교과목 역시 마찬가지의 흐름으로 체계화된다.

(2) 법률기본과목 개설의 체계

이러한 체계적 흐름에 따라 법률기본과목인 공법, 민사법, 형사법의 기본원리와 체계, 이론을 습득할 수 있도록 공법 영역에 '헌법기초이론' 및 '행정법1' 등 7개 과목, 형사법 영역에 '형법총론일반' 및 '형사소송법1' 등 5개 과목, 민사법 영역에 '민법총칙', '상법1' 등 11개 과목을 개설한다. 또한 법률기본과목의 이론지식 및 문제 해결 능력을 심화하기 위해 31개의 심화과목을 개설한다. 이를 통해 법률기본과목의 체계성을 확보한다.

(3) 실무과목 개설의 체계

실무과목은 이원적으로 체계화된다. 먼저 법정필수실무과목인 '법조윤리', '법률정보조사', '법문서작성론', '모의재판', '실무실습'은 기초과목으로서 개설 및 운용된다. 다음으로 '공법실무', '민사법실무', '형사법실무' 교과목이 공법, 민사법, 형사법으로 구성된 법률기본과목을 실무적으로 심화하는 과목으로 개설 및 운용된다.

두 번째 유형의 실무과목은 법률기본과목의 기초 및 심화교육을 통해 습득된 법률지식을 실제 법적 분쟁을 해결하는 데 활용할 수 있도록 하는 것을 목표로 한다. 다시 말해 실제 법적 분쟁을 해결하는 데 필요한 실체법적 지식, 문제 해결 능력, 논증 능력 및 기록 작성 능력을 습득하도록 한다. 이를 위해 '공법실무', '민사법실무', '형사법실무' 등과 같은 9개의 교과목을 편성한다.

이렇게 습득된 실무능력은 '헌법종합연습', '행정법종합연습', '민사법종합연습', '상법종합연습', '형법종합연습', '형사소송법종합연습'과 같은 통합과목을 통해 심화된다. 이 같은 통합과목 안에서 기본법률과목에 관한 이론적 지식 및 관점과 실무적 지식 및 관점, 문제 해결 능력, 논증 능력, 기록 작성 능력이 유기적으로 통합되도록 한다. 이러한 통합과목을 이수함으로써 영남대학교 법학전문대학원 재학생은 실제 법률전문가와 유사한 법률지식과 실무능력을 갖추게 된다.

(4) 필수과목 개설의 체계

영남대학교 법학전문대학원은 필수과목을 적절하고 체계적으로 개설한다. 2016학년도를 기준으로 볼 때 영남대학교 법학전문대학원은 「법학전문대학원 설치·운영에 관한 법률 시행령」(이하 '시행령'으로 약칭함) 제13조 제1항이 규정하는 5개의 필수실무과목을 포함하여 법률기본과목 11개, 실무과목 8개 교과목을 필수과목으로 지정한다. 각 교과목이 필수과목으로 지정된 이유는 아래와 같다.

첫째, 법령이 필수과목으로 강제하여 필수과목으로 지정된 경우가 있다. 시행령 제13조 제1항에 따라 지정된 5개의 필수실무과목이 여기에 해당한다.

둘째, 우리 법학의 근간을 이루는 기본 육법의 기초과목에 해당하기에 필수과목으로 지정된 경우가 있다. '개별기본권론', '행정법1', '물권법', '채권법', '물권법세미나', '채권법세미나', '상법1', '형법총론일반', '형법각론', '민사소송법', '형사소송법'이 그것이다. 이러한 필수과목은 기본 육법에 속하는 법학의 기본적 이론 지식을 습득하는 데 기여한다. 다시 말해 법학전문대학원 재학생이 전문법률가로 성장하는 데 필요한 기초적인 지식을 함양하도록 한다.

셋째, 기본적인 실무능력과 기본 법영역의 이론 지식을 결합하는 데 필수적인 과목이기에 필수과목으로 지정된 경우가 있다. '공법실무', '민사법실무', '형사법실무'가 여기에 속한다. 이러한 필수과목들은 각각 공법, 민사법, 형사법 영역에서 이론적 지식과 실무능력을 결합하여 사용할 수 있는 능력을 습득할 수 있도록 한다.

2016학년도를 기준으로 할 때 영남대학교 법학전문대학원은 총 125개의 교과목을 편성하고 있으므로, 전체 125개의 교과목 중에서 19개의 교과목을 필수로 지정한 것은 선택과목의 폭을 넓히라는 법학전문대학원의 설립 취지에 적합한 것이라고 말할 수 있다.

(5) 실무과목 개설의 체계

영남대학교 법학전문대학원이 개설하는 실무과목은 다음과 같은 체계를 갖춘다. 실무과목은 실무필수과목과 실무선택과목으로 구분되어 개설된다. 실무필수과목은 시행령 제13조 제1항이 규정하는 '법조윤리', '법률정보조사', '법문서작성론', '모의재판', '실무실습'과 영남대학교 법학전문대학원이 자체적으로 지정한 '공법실무', '민사법실무', '형사법실무'를 말한다. 실무선택과목은 재학생의 실무역량을 강화하기 위한 실무과목으로서 자유롭게 선택할 수 있는 과목을 말한다. 영남대학교 법학전문대학원은 실무필수과목은 최대한 억제하고 실무선택과목을 폭넓게 편성함으로써 법학전문대학원의 설립 취지에 부응하고자 한다.

저학년을 대상으로는 시행령 제13조 제1항이 요구하는 기초실무필수과목을 배치함으로써 아직 실체법에 관한 이론적 지식이 부족한 법학전문대학원 재학생이 기초적인 실무능력을 성공적으로 습득할 수 있도록 한다. 이를 위해 '법조윤리'와 '법률정보조사' 교과목을 1학기에 개설한다. '법문서작성론'은 공법, 민사법, 형사법에 관한 기본법률지식이 필요하다는 점에서 3학기에 개설한다. 법학전문대학원 재학생이 '법문서작성론'을 성공적으로 이수할 수 있도록 '형사소송법1'과 '민사소송법'을 동시에 필수적으로 수강하도록 제도화한다. '모의재판'이나 '실무실습' 교과목은 실제 법적 분쟁 해결을 목표로 한다는 점에서 4학기에 개설한다. 이를 통해 법률기본과목을 이수함으로써 공법, 민사법, 형사법에 관한 이론적 지식을 습득하고 기초실무과목을 이수함으로써 기본적인 실무능력을 갖춘 법학전문대학원 재학생이 성공적으로 '모의재판'이나 '실무실습'과 같은 종합적인 실무과목을 이수할 수 있도록 한다.

요컨대 기본법학과목과 기초법학과목을 수강함으로써 실무과목에 대한 수강 적합성을 갖출 수 있도록 1학기·2학기에는 법률기본과목을 개설하고 3학기에는 법률심화과목을 개설하는 것이다. 또한 전문법률가로서 다양하고 전문적인 실제 법적 분쟁을 해결할 수 있는 능력을 습득하도록 4학기, 5학기, 6학기에 걸쳐 다양한 실무선택과목을 개설하는 것이다. 한편 실무선택과목을 성공적으로 이수할 수 있도록 이를 수강하는 경우에는 '선수강요건'으로서 실체법과 소송법에 관한 법률기본과목을 반드시 이수하도록 하고 있다.

(6) 기초법학과목 개설의 체계

영남대학교 법학전문대학원은 기초법학과목을 적절한 시점에 체계적으로 개설한다.

먼저 기초법학과목은 우리말로 진행되는 교과목과 영어로 진행되는 교과목으로 구성된다.

다음으로 기초법학과목은 특정 학기에 편중되지 않고 전 학기에 걸쳐 개설된다. 이를테면 1학기에는 '법학방법론', 2학기에는 'Legal Research and Writing'과 'Introduction to the American Legal System', 3학기에는 '법철학' 및 '법이론과 판례', 4학기에는 '법사회학과 판례' 및 '법사상사', 5학기에는 'American Law', 6학기에는 'Legal Negotiations', 'American Legal History' 및 'Advanced Legal Writing'이 개설된다.

나아가 기초법학과목은 내적 체계성을 유지하면서 개설된다. 예를 들어 1

학기에는 '법학방법론'이 개설되어 실정법을 어떻게 분석하고 다루어야 하는지에 관한 원리적·방법론적 성찰 능력을 배운다. 이를 토대로 하여 3학기에는 기초법학과목 중에서 가장 핵심이 되는 '법철학'을 이수하도록 한다. '법철학' 교과목은 단순히 철학적인 내용만을 다루는 것이 아니라 실정법에 관한 철학적 분석 방법을 다루는 것을 지향하기에 실정법에 관한 기본지식을 전제로 한다. 그 때문에 3학기에 개설한다. 이어서 4학기에는 '법사회학과 판례'를 개설함으로써 그동안 기초법학적 지식과 사유 능력을 실제 법적 분쟁에서 어떻게 활용할 수 있는지를 배우도록 한다. 이를 통해 법학전문대학원 재학생이 자연스럽게 기초법학적 사유 능력과 실정법적 지식 그리고 실무적인 분쟁 해결 능력을 종합적으로 발휘할 수 있는 전문법률가로 성장할 수 있도록 도모한다.

(7) 융·결합과목 개설의 체계

영남대학교 법학전문대학원은 변호사가 직무를 수행하는 데 요구되는 자질을 향상할 수 있도록 이론교육과 실무교육의 조화를 추구하는 융·결합과목을 충분하게 개설한다. 2016학년도를 기준으로 볼 때 영남대학교 법학전문대학원은 모두 9개의 융·결합과목을 개설한다. 2015학년도를 기준으로 그 이전에는 이보다 더욱 많은 수의 교과목을 융·결합과목으로 지정하고 있었다. 다만 2015학년도 교육과정을 개편하여 9개의 융·결합과목을 마련한다.

융·결합과목에서는 다음과 같은 융합 및 결합이 이루어진다. 첫째, 실체법적 지식과 절차법적 지식이 융합 및 결합한다. 예를 들어 '민사법종합연습' 과목에서는 민법에 관한 지식과 민사소송법에 관한 지식이 융합 및 결합한다. 둘째, 공법, 민사법, 형사법에 관한 이론적 지식과 실무적 지식이 융합 및 결합한다. 이를테면 '형사법실무' 과목에서는 형법 및 형사소송법에 관한 이론적 지식과 실무적 지식이 융합 및 결합한다.

그러나 융·결합과목이 이른바 기본법률과목 중심으로 개설되는 것을 막기 위해 특성화영역에 속하는 '인권과 유교사회' 및 '소비자법'을 융·결합과목으로 개설한다. '인권과 유교사회'는 인권영역, '소비자법'은 공익영역을 대변한다.

영남대학교 법학전문대학원이 개설하는 총 9개의 융·결합과목 중에서 7개의 교과목은 변호사가 실제 법적 분쟁을 해결하는 데 필수적인 공법, 민사법, 형사법에 관한 것이다. 이 과목들은 실무에 종사하는 현직 변호사에게 요청되는 실제 분쟁 해결 능력을 교육하는 것을 목표로 한다. 그 때문에 실제 법적 분쟁을 해결하는 데 필요한 실체법적 지식과 절차법적 지식 그리고 이론적 지식과 실무적 지식을 어떻게 상호 결합하여 활용할 수 있는지를 집중적으로 가르친다. 또한 수업 시간에 실제 사례와 유사한 사례를 지속적으로 해결하도록 함으로써 수업에서 배우는 여러 지식이 직접 체득될 수 있도록 한다.

이외에 '인권과 유교사회' 및 '소비자법'에서는 인권 및 공익과 관련된 분쟁을 해결하는 데 필요한 이론적 지식과 실무적 지식을 종합적으로 가르친다. 이뿐만 아니라 인권 및 공익 관련 분쟁은 단순히 법적 지식만 요청되는 것이 아니다. 법 이외의 지식, 가령 인문사회과학적 지식도 요청된다는 점에서 이러한 융·결합과목을 통해서 법 이외의 다양한 지식과 관점도 배울 수 있도록 한다.

(8) 실무선택과목과 실무필수과목 운영의 체계

1) 실무선택과목과 실무필수과목의 교육 내용상 연계

영남대학교 법학전문대학원이 개설하는 실무선택과목과 실무필수과목은 교육 내용의 측면에서 볼 때 상호 연계성을 갖추고 있다. 이러한 연계성은 두 가지 측면에서 찾아볼 수 있다. 첫째는 실무필수과목들 사이에 존재하는 연계성이다. 실무필수과목인 '법조윤리', '법률정보조사', '법문서작성', '실무실습', '모의재판', '민사법실무', '형사법실무', '공법실무' 사이에는 내용적인 면에서 연계성이 존재한다. 둘째는 실무필수과목과 실무선택과목 사이에 존재하는 연계성이다. 이러한 연계성을 구체적으로 말하면 다음과 같다.

첫째, 법률이 강제하는 5개의 기초 실무필수과목은 실무, 즉 실제 법적 분쟁을 해결하는 데 필요한 윤리적 덕성, 법률 조사 능력, 법문서 작성 능력, 고객 대응 능력, 소송 수행 능력을 가르치는 데 집중한다. 이로 인해 법적 분쟁을 해결하는 데 기초가 되는 실체법에 관한 이론적 지식은 충분히 교육되지 않는 면이 있다. 또한 각 법 영역이 가진 고유한 측면을 충분히 고려하지 못하는 면이 있다. 이러한 각 법 영역의 고유한 측면 및 실체법에 관한 이론적 지식에 관한 부분은 5학기부터 본격적으로 개설되는 실무필수과목, 즉 '민사법실무', '형사법실무', '공법실무'를 통해 내용적으로 보완된다.

둘째, 실무필수과목과 실무선택과목 사이에도 내용적인 면에서 연계성이 존재한다. 실무필수과목인 '민사법실무'나 '형사법실무', '공법실무'가 5개의 기초 실무필수과목에서는 다소 부족한 실체법에 관한 지식을 보완하기는 한다. 그렇지만 이러한 세 과목만으로는 실체법에 관한 이론적 지식이나 각 법 영역의 고유한 특성 등을 충분히 배울 수 없다. 이를 보완하는 역할은 실무선택과목이 담당한다. 예를 들어 '민사법종합연습'이나 '형사재판실무' 등과 같은 실무선택과목이 실무필수과목에서 다소 부족하게 다루는 실체법에 관한 이론적 지식 및 각 법 영역의 고유한 특성을 고려하게 된다. 이를 통해 영남대학교 법학전문대학원 재학생이 각 법 영역에서 발생하는 실제 법적 분쟁을 성공적으로 해결할 수 있는 전문법률가로 성장하도록 한다.

2) 교육과정상 실무선택과목과 실무필수과목 개설 학기의 체계

나아가 영남대학교 법학전문대학원이 교육과정에서 마련하는 실무선택과목과 실무필수과목의 개설 학기는 체계성을 갖추고 있다. 이러한 체계성은 두 가지 측면에서 인정할 수 있다. 첫째는 실무필수과목의 개설 학기에서 찾아볼 수 있는 체계성이다. 둘째는 실무필수과목과 실무선택과목의 개설학기에서 찾아볼 수 있는 체계성이다.

첫째, 기초실무과목인 5개의 실무필수과목은 1학기에서 4학기에 개설하도록 한다. 이를테면 '법조윤리'와 '법률정보조사'는 1학기, '법문서작성론'은 3학기, '모의재판'과 '실무실습'은 4학기에 개설된다. 그 뒤를 이어 이러한 기초실무과목을 보완하는 '민사법실무'와 '형사법실무'가 5학기, '공법실무'가 6학기에 개설된다. 이를 통해 실무필수과목 개설학기의 내적 체계성을 확보한다.

둘째, 실무필수과목, 특히 기초 실무필수과목이 상대적으로 소홀하게 다루

는 내용을 보완하고자 4학기, 5학기, 6학기에 걸쳐 다양한 실무선택과목이 개설된다. 이를 통해 실무필수과목과 실무선택과목의 개설 학기 사이에 체계성을 확보한다. 이러한 실무선택과목을 통해 영남대학교 법학전문대학원 재학생이 각 법 영역에서 발생하는 실제 법적 분쟁을 성공적으로 해결할 수 있는 실무적 능력을 갖추도록 한다.

3. 영남대학교 법학전문대학원의 인권교육과정 체계

영남대학교 법학전문대학원은 '공익과 인권'을 특성화 목표로 설정한다. 이러한 목표를 실현하기 위해 3년간의 법학전문대학원 교육과정에서 '인권기초론', '공익론' 등을 포함한 총 19개의 특성화 관련 교과목을 편성한다. 이러한 특성화 관련 교과목은 개설 순서와 내용의 측면에서 체계성과 전문성을 갖추고 있다.

(1) 개설 순서의 체계

먼저 개설 순서의 측면에서 다음과 같이 체계성과 전문성을 갖춘다. 인권 영역의 경우에는 우선 1학기에 '인권기초론' 교과목을 통해 인권에 관한 이론적 기초를 습득하게 된다. 이어서 2학기에는 영어교과목인 'Law of International Human Rights'를 통해 인권법의 토대가 되는 국제인권법을 배우게 된다. 다음으로 3학기에는 '노동인권과 차별', '인권과 유교사회', 4학기에는 '국제인도법', 5학기에는 '인권법세미나', '환경인권세미나', 'European Human Rights Seminar', 6학기에는 '형사절차와 인권세미나' 등을 개설한다. 이를 통해 1학기와 2학기에 걸쳐 습득한 인권에 관한 기초이론을 토대로 하여 각 전문적인 인권 영역에서 발생하는 인권 분쟁을 해결하는 데 필요한 전문적인 인권 지식을 습득하도록 한다. 특히 5학기 이후에는 '인권법세미나' 같이 토론 중심으로 진행되는 통합형 교과목을 개설함으로써 영남대학교 법학전문대학원 재학생이 인권 전문법률가로 성장할 수 있도록 한다.

공익분야 특성화 교과목의 경우에는 다음과 같이 개설 순서가 체계화된다.

우선 1학년에 공익분야 기초교과목인 '공익론'을 개설함으로써 공익에 관한 기본 소양을 함양한 후 2학년에 '공정거래법', '농업법', '소비자법', '환경법' 등 개별 공익분야와 관련된 교과목을 개설함으로써 공익에 관한 전문지식을 배양한다. 이어서 3학년에 '공익인권클리닉' 등 실무 중심의 통합과목을 개설함으로써 법학전문대학원 재학생이 이를 통해 공익분야에 관한 법률전문가로 성장할 수 있도록 한다.

(2) 내용의 체계

다음으로 내용적인 측면에서도 다음과 같이 체계성과 전문성을 갖춘다. 우선 영남대학교 법학전문대학원은 공익·인권의 전문화, 대중화, 세계화, 지역화라는 기본목표에 부합하도록 특성화 과목을 개설한다. 또한 공익·인권 교과목은 내용적인 면에서 볼 때 '기초이론 습득 → 각 전문영역별 심화학습 → 통합적 사고 배양 → 실무능력 학습'의 순으로 개설된다. 예를 들어 '공익론'과 '인권기초론'을 통해 공익과 인권에 관한 기초이론을 습득하도록 한다. 이어서 '공정거래법', '농업법', '소비자법', '노동인권과 차별', '인권과 유교사회' 등을 통해 공익과 인권의 각 전문영역에서 필요한 이론적 지식을 심화하도록 한다. 다음으로 '인권법세미나', '환경인권세미나', 'European Human Rights Seminar', '법정책세미나' 등을 통해 공익과 인권에 관한 다양한 문제를 통합적으로 다룰 수 있는 능력을 갖추도록 한다. 마지막으로 '공익인권클리닉'과 '공익인권소송실무'를 통해 공익과 인권에 관한 분쟁을 실제로 해결할 수 있는 실무적 능력을 갖추도록 한다.

제 6 장 법학전문대학원의 법학교육 방법

I. 서 론

2009년 법학전문대학원이 가동하기 시작하면서 법학전문대학원을 어떻게 운영해야 할지, 법학전문대학원에서는 어떻게 법학을 교육해야 할지가 현실적인 문제로 떠올랐다. 특히 기존의 법과대학과는 달리 법학전문대학원은 3년 과정을 통해 법률가를 양성한다는 점, 전통적인 대륙법과는 차이가 있는 영미법을 교육하는 미국 로스쿨(Law School)을 법학전문대학원의 모델로 삼았다는 점 때문에 이러한 법학전문대학원에서 법학교육을 어떻게 수행해야 할지가 법학교수들에게 현실적인 고민거리가 되었다. 법학전문대학원에서 이루어져야 하는 법학교육은 근본적으로 변경되어야 하는 것일까? 지금까지 우리가 고수해왔던 대륙법의 법학교육 방법을 버리고 영미법의 법학교육 방법으로 일종의 '패러다임 전환'을 해야 하는 것일까? 제6장은 이러한 문제의식을 바탕으로 한다. 이에 필자가 전공으로 하는 기초법학을 예로 하여 법학전문대학원의 법학교육 방법론에 관해 살펴보고자 한다. 특히 이상론의 견지에서 법학전문대학원의 법학교육 방법론을 언급하는 데 그치지 않고 우리 법학전문대학원이 처한 현실까지 고려하여 법학교육 방법론이 어디로 나아가야 하는지 검토하겠다.[1)]

1) 법학전문대학원의 법학교육방법론에 대해서는 우선 이기수 외, 『법학전문대학원 교육과정 및 교수법 개발연구』(한국학술진흥재단, 2007) 참고.

Ⅱ. 미국 로스쿨의 법학교육 방법

1. 미국 로스쿨의 제도적·방법론적 의미

먼저 미국이 독특하게 제도화한 로스쿨의 제도적·방법론적 의미를 살펴본다. 이는 우리 법학전문대학원의 성격을 규명하는 데도 의미가 없지 않다. 지난 2004년부터 법학전문대학원 설립에 관한 논의가 본격화되면서 법학전문대학원의 성격을 어떻게 파악하느냐에 관해 학자와 실무가 사이에서 이견이 없지 않았다. 가령 대다수의 실무가는 법학전문대학원을 사법연수원이 발전한 형태로 파악하였다. 이 때문에 실무가들은 법학전문대학원에서는 소장 작성이나 판결문 작성 등과 같은 실무교육이 중심이 되어야 한다고 이해하였다. 이와 달리 법학전문대학원 도입을 주도한 법학자들은 법학전문대학원과 사법연수원을 동일하게 파악해서는 안 된다고 주장하였다. 오히려 법학전문대학원은 학문적 연구와 법적 사고력을 배양하는 데 중점을 두어야 한다고 말했다. 예를 들어 법학전문대학원 도입에 결정적인 역할을 한 최대권 교수는 다음과 같이 말한다.[2)]

> "이러한 전문법학교육이라고 하는 것이 결코 법학실무교육을 의미하는 것이 아니라고 하는 점을 주의할 필요가 있다고 생각한다. 지난번 법학교육제도개혁 논의 때 理論과 實務를 대비시켜 법과전문대학원의 법학교육은 이 양자를 중심으로 하여야 한다는 이야기가 전개되었었다. 그러나 법학실무교육이 사법연수원의 그것에서 보여주듯이 판결문이나 기소장을 쓰는 것과 같은 판사·검사·변호사가 매일 매일의 법률업무를 처리하는 데 필요한 지식이나 능력을 의미하는 것이고 전문법과대학원이라고 할 때의 '전문'이 이러한 것을 의미하는 것이라면 그것은 커다란 오해라고 생각하며, 실제로 그러한 교육은 대학의 틀을 벗어나는 것이고 또 대학의 법학교육을 받은 사람이 이를 이수하

2) 최대권, 『법학교육·법학방법론: Law School을 중심으로』 (박영사, 2003), 59쪽.

는 데에는 몇 년이나 걸릴 만큼 긴 세월을 요하는 것도 아니라고 생각한다(아마도 몇 개월이면 충분하리라). 미국의 전형적인 법학교육의 경우에 임상과목과 같은, 실무를 익숙케 만드는 데 기여하는 과목이 전혀 없는 것은 아니지만 후술하는 바와 같이 미국의 전문법학교육은 실무교육이라고 규정지을 수 있는 그러한 성격의 것이 결코 아니며 정확히 이해하자면 오히려 학문적 연구와 법적 사고력의 배양 이 양자로 구성되어 있다고 말할 수 있다.”

이러한 점에서 볼 때 우리 법학전문대학원이 모델로 삼은 미국 로스쿨의 제도적·방법론적 위상을 살펴볼 필요가 있다. 미국 로스쿨은 사법연수원일까? 미국 법학교육의 역사를 일별하면 오히려 미국 로스쿨은 법학을 ‘과학’(Wissenschaft)으로 다루고 교육하기 위해 도입된 것이라는 점을 알 수 있다.[3]

18~19세기에 걸쳐 몇몇 대학에 로스쿨이 도입되기 전까지만 하더라도 미국에서는 실무 중심으로 이루어지는 도제식 교육으로 법률가를 양성하였다. 따라서 그 당시의 풍토에서 볼 때 법학은 과학(학문)이 될 수 없었다. 그저 전문기술에 불과한 것이었다.[4] 이러한 이유에서 대다수의 명문 대학들은 법과대학 혹은 로스쿨을 대학에 설치하지 않았다. 그러다가 18세기 말부터 19세기 초반에 걸쳐 예일대학교를 포함한 몇몇 대학에서 법학 강좌를 개설하게 되었다. 그러나 비록 대학에서 법학교육 강좌가 개설되었다 하더라도 법학교육은 여전히 사설법률학원의 수준을 벗어나지 못하고 있었다. 무늬만 대학 교육이었을 뿐 그 내용은 여전히 학문과는 거리가 먼 실무교육이었다. 이러한 지적 풍토는 미국 하버드대학교 로스쿨 학장을 역임한 랭델(Christopher Columbus Langdell)을 통해 일대 변혁을 맞이한다. 1870년 하버드 로스쿨 학장에 취임한 랭델은 법학을 단순한 실무교육이 아닌 학문, 즉 과학으로 정립하고자 하였다. 이를 위해 랭델은 종래 강의 중심으로 진행되던 법학교육을 바꿔 새롭게 판례분석 방법(Case

---

3) 미국 법학교육의 역사에 관해서는 최대권, 위의 책, 117－162쪽; 최종고, 『하바드 로 스쿨』 (교육과학사, 1990), 151－187쪽 등 참고.

4) 이러한 관점은 지금도 영국 법학에서 어느 정도 남아 있다.

Method)과 소크라테스식 문답법(Socratic Method)을 도입하였다. 이렇게 랭델이 주도한 법학교육 개혁은 초기에는 반발에 부딪히기도 하였지만 후에 다른 로스쿨로 확산하였고 오늘날까지 미국 법학교육의 기본 토대로 자리 잡고 있다.

이러한 역사적 개관에서 우리는 다음과 같은 점을 이끌어낼 수 있다. 미국 로스쿨 제도는 본래 법학을 학문으로 자리매김하기 위해 도입되었다는 점이다. 그리고 아래에서 살펴보듯이 미국 로스쿨이 자랑하는 판례분석 방법이나 소크라테스식 문답법은 법률실무교육을 강화하기 위해 도입한 것이 아니라 오히려 법학을 '과학'으로서 정립하기 위해 도입하였다는 점이다. 이를 통해 우리는 미국의 로스쿨이 우리의 과거 사법연수원과는 분명 다른 그 무엇이라는 점을 확인할 수 있다. 이러한 결론은 우리 법학전문대학원의 성격을 규정하는 데도 중요한 시사를 한다. 만약 우리가 미국 로스쿨을 모범으로 하여 법학전문대학원을 도입한 것이라면 우리의 법학전문대학원을 과거의 사법연수원과 동일하게 파악하는 것은 적절한 이해 방식이 아니라는 것이다.

2. 판례분석과 소크라테스식 문답법의 방법론적 의미

위에서 언급하였듯이 미국 로스쿨은 판례분석과 소크라테스식 문답법을 대표적인 법학교육 방법으로 사용한다.[5] 물론 로스쿨에서 개설하는 모든 강좌가 소크라테스식 문답법을 사용하는 것은 아니다. 로스쿨 2~3학년을 대상으로 한 강좌 중에는 강의 중심의 교육 방법을 사용하는 강좌도 있다. 그러나 계약법, 불법행위법, 재산법, 형법, 민사소송법 등과 같이 1학년을 대상으로 한 로스쿨 필수과목에서는 여전히 판례분석과 소크라테스식 문답법이 고수된다.[6]

흔히 미국의 로스쿨 교육이 판례분석에 토대를 둔 소크라테스식 문답법을 사용한다는 점에서 미국의 로스쿨 교육이 실무교육 중심으로 진행된다고 오해

5) 이에 관해서는 기본적으로 김재원, "미국 로스쿨의 법학교육방법: Case Method에 관한 오해와 이해", 『법철학연구』 제9권 제2호(2006), 57-80쪽.

6) 소크라테스식 문답법의 실제 모습에 관해서는 김재원, 위의 논문, 62-74쪽 참고. 이외에 미국 로스쿨의 체험을 다룬 다양한 읽을거리들에서 소크라테스식 문답법을 간접적으로 체험할 수 있다. 가령 스콧 터로, 손성경 (옮김), 『열정속으로 하버드 로스쿨』 (정한PNP, 2004); 박권덕, 『여기는 로스쿨!』 (북하우스, 2005) 등 참고.

하기도 한다. 그러나 위에서 언급한 것처럼 판례분석과 소크라테스식 문답법은 법학을 과학으로 다루기 위해 고안한 것이다. 이를 법학교육에 도입한 랭델은 이러한 방법을 통해 법학을 과학으로 자리매김할 수 있다고 믿었다. 이는 왜 랭델이 판례분석 방법을 도입했는지 그 이유를 살펴보면 금방 알아차릴 수 있다. 랭델이 판례분석 방법을 통해 의도한 것은 판례의 사실관계나 판례의 태도를 익히도록 하려는 데 있지 않았다. 오히려 랭델은 판례를 분석함으로써 판례의 배후에 담겨 있는 법적 개념이나 원리를 익히도록 하는 데 그 목적을 두었다. 요컨대 랭델이 의도한 판례분석 방법의 핵심은 판례에 드러난 법원의 태도가 아니라 판례의 배후에 담겨 있는 법적 개념과 원리를 판례로 체득하도록 하는 것이었다. 실제적인 분쟁 그 자체는 큰 의미가 없었다.

이러한 점에서 볼 때 랭델이 의도한 판례분석 방법은 오히려 개념법학의 방법과 유사하였다.[7] 왜냐하면 개념법학도 완결된 실정법을 전제로 하여 등장한 법학방법이라기보다는 마치 영미법의 케이스 북처럼 개별 사안 중심으로 편찬된 학설휘찬을 해석하고 체계화하며 그 배후에 스며있는 일반적인 원리를 추적하는 과정에서 촉발한 것이라고 할 수 있기 때문이다.[8] 이렇게 본다면 판례분석 방법이나 소크라테스식 문답법을 실무교육과 연결하는 것은 타당하지 않다.

물론 랭델 이후 판례분석 방법이나 소크라테스식 문답법이 추구하는 방법론적 지향점은 다소 달라졌다.[9] 개념법학처럼 판례분석을 통해 법적 원리를 추구하기보다는 판례를 분석함으로써 '법률가처럼 생각하는 능력'을 키우는 것을 더 강조하게 되었다. 이렇게 판례분석 방법의 방법론적 목표와 의미가 달라진 것은 미국 법학방법론의 흐름이 변화한 것과 무관하지 않다. 20세기 초반에 접어들면서 미국 법학에서는 새롭게 '법현실주의'가 등장하게 되는데 이들은 기존의 법학방법을 '법형식주의'라고 비판하면서 법관이 판결을 통해 사회변화

7) 이를 지적하는 최대권, 앞의 책, 131쪽.
8) 개념법학에 관해서는 양천수, "개념법학: 형성, 철학적·정치적 기초, 영향", 『법철학연구』 제10권 제1호(2007), 233-258쪽.
9) 최대권, 앞의 책, 131쪽.

에 적극 개입해야 한다고 주장한다. 이러한 법현실주의에 따르면 법률가는 판례에 담겨 있는 법적 개념이나 원리를 추구하기보다는 법적 분쟁을 설득력 있게 해결하는 데 더 중점을 두어야 한다.10) 이러한 관점을 판례분석 방법에 원용하면 판례분석 방법도 법관이 '어떤 논증을 통해' 당해 사례를 합리적으로 해결하고 있는가를 밝히는 데 더 주안점을 두어야 하는 것이다.

그러나 여기서 주의해야 할 점은 그렇다고 해서 판례분석 방법이 해당 판례가 어떤 결론을 냈는지를 익히는 데 중점을 두는 것은 여전히 아니라는 것이다. 지금도 마찬가지지만 로스쿨 1학년생들은 이른바 'IRAC' 체계에 따라 주어진 판례를 분석하는 것을 배운다.11) 이때 IRAC이란 판례를 'Issue'(쟁점) → 'Rule'(법규) → 'Application'(적용) → 'Conclusion'(결론)의 체계에 따라 분석하는 것을 말한다. 이러한 체계는 '삼단논법'과 유사하다. 이로써 알 수 있는 것은 판례를 분석하는 것은 일정한 법적 사례가 등장하였을 때 이 사례의 법적 쟁점을 추출하고 이에 관한 법규범을 탐색하며 이렇게 탐색한 법규범을 해당 사례에 적용하여 법적 결론을 도출하는 방법, 즉 '법학방법'을 배우는 데 그 초점이 있다는 것이다.

그런데 이러한 판례분석 방법은 대륙법 국가인 독일의 법학교육에서도 이미 찾아볼 수 있다. 왜냐하면 독일의 법학교육은 흔히 알고 있는 것과는 달리 이미 사례 해결을 중심으로 하는 교육 방법을 취하고 있기 때문이다. 법적 개념과 체계 그리고 무엇보다도 '학설대립'에 집착하는 우리의 법학교육과는 달리 독일의 법학교육은 기본적인 개념과 체계를 바탕으로 하여 아주 구체적이고 긴 사례를 푸는 방법을 습득시키는 데 집중한다. 상세한 학설대립을 익히는 것은 학부생에게는 그리 중요하지 않다. 이 때문에 독일 법학교육에서는 일방적인 강의보다는 연습 그리고 세미나가 더욱 큰 비중을 차지한다. 말하자면 오래 전부터 독일의 법학교육은 개념법학적 방법과 결별을 하고 있었던 셈이다.12)

---

10) 이러한 태도는 독일의 '자유법론'과 유사하다. 자유법론에 관해서는 우선 윤철홍, "칸토로비치의 '법학을 위한 투쟁'에 관한 소고, 『법철학연구』 제8권 제2호(2005), 193-214쪽.

11) 이를 소개하는 박권덕, 앞의 책, 24-25쪽.

12) 이에 관한 상세한 내용은 양천수, "법률가 양성교육 체제 정립기의 법학방법과 법학교육: 독일과 영국을 예로 하여", 『법철학연구』 제9권 제2호(2006), 47-49쪽 참고.

미국 로스쿨 교육과 독일 법과대학의 교육에서 우리는 다음과 같은 시사점을 획득할 수 있다. 첫째, 대륙법 체계이건 아니면 판례법 체계이건 상관없이 판례를 분석하는 방법은 법학교육에서 아주 유용한 교육 방법이 될 수 있다는 점이다. 둘째, 판례분석을 강조한다고 해서 그것이 반드시 실무교육을 강조하는 것이라고 이해해서는 안 된다는 점이다. 오히려 판례분석이 의도하는 것은 사례에 관한 법적 쟁점을 남김없이 추출하고 이에 관한 법규범이나 선례를 탐색하며 이렇게 탐색한 법규범이나 선례를 당해 사례에 논증적으로 적용하는 방법을 배우게 하는 데 있다는 점에 주의할 필요가 있다.

Ⅲ. 이상적인 법학전문대학원 교육 방법론

앞에서 미국 로스쿨이 어떤 법학교육 방법을 취하고 있는지, 여기에는 어떤 방법론적 의미가 담겨 있는지 살펴보았다. 그렇다면 우리의 법학전문대학원 교육은 어떤 방법론을 취해야 할까? 먼저 이상론의 견지에서 법학전문대학원의 교육 방법론에 관한 필자의 생각을 개진하겠다.

1. 기본 전제

제6장은 두 가지 기본 전제에서 출발한다. 첫째는 완벽한 법학방법이나 법학교육 방법이 선험적으로 존재하는 것은 아니라는 점이다. 둘째는 법학방법과 법학교육은 서로 밀접한 연관관계를 맺고 있다는 점이다.

법학방법론 혹은 법이론의 관점에서 볼 때 유일하게 확고한 방법이 존재하는 게 아니라 각기 다양한 방법이 존재한다는 것은 일반적으로 받아들여지는 주장이다. 이를 방법다원주의로 지칭하기도 한다. 예를 들어 전통적인 삼단논법에 기초한 법학방법론의 설득력이 사라지고 이를 대신해 다양한 양상을 보이는 '법적 논증이론'이 그 자리를 차지하는 점이 이를 예증한다.[13] 또한 법

13) 이에 관해서는 김영환, "법적 논증이론의 전개과정과 그 실천적 의의," 한국법철학회 (편), 『현

률해석에 관해서도 다양한 해석규칙 사이에 확고한 우선순위는 존재하지 않고 오히려 해석규칙 사이의 다원성을 인정할 수 있다는 점도 이를 뒷받침한다.[14]

이는 법학교육 방법에도 그대로 타당하다. 오직 유일하게 타당한 법학교육 제도나 방법이 존재한다고 말할 수는 없다. 영국의 법률가 양성체계가 잘 보여주는 것처럼 법학교육은 그 사회의 역사적·사회적 맥락과 밀접한 관련을 맺으면서 형성 및 제도화된다. 만약 사실이 그렇다면 우리는 우리 사회의 역사적·사회적 맥락과 요청에 가장 상응하는 법학교육 방법을 모색해야 한다.

법학방법과 법학교육 사이에는 밀접한 연관이 있다는 점에 그동안 우리 학계는 상대적으로 관심을 기울이지 않았던 듯싶다.[15] 그러나 독일의 경우만 보더라도 법학방법과 법학교육 사이에 밀접한 연관성이 있음을 정확하게 인식한다. 이러한 이유에서 예를 들어 법학공부와 관련한 책을 들춰보면 법학방법의 차원에서 사례 문제에 관해 어떻게 답안을 작성해야 하는지, 리포트(Hausarbeit)는 어떻게 작성해야 하는지, 더 나아가 박사학위 논문은 어떻게 써야 하는지 등을 조언하는 경우를 만날 수 있다.[16] 우리 역시 법학교육 방법을 논할 때는 이러한 점도 염두에 두어야 하지 않을까?[17]

대법철학의 흐름』(법문사, 1996), 126쪽 아래 참고.

14) 이상돈, 『법철학』(법문사, 2003), 129쪽.

15) 다만 양창수, "법적 사고의 구체적 전개: 사법시험 채점소감", 『민법산고』(박영사, 1998), 355쪽 아래는 한 예외를 보여준다. "한편 나는 평소부터 다음과 같은 생각을 품어 왔다. 사법시험에 수많은 사람이 매달린다. 그러므로 답안을 어떠한 **방법**으로 작성하여야 하는지, 문제를 내는 사람이 어떠한 방법으로 답안이 작성되기를 요구 또는 기대하는지 하는 것은 그 많은 사람들의 관심사일 것이다. 특히 요즈음 점점 많이 출제되고 있는 소위 「사례형 문제」에 대하여는 더욱 그러하다. 그런데 그에 대하여 우리는 과연 대부분이 수긍하는 적절한 방법을 가지고 있는 것인가? 우리는 지금까지 그에 대한 논의를 소홀히 하여 온 것은 아닐까? (…) 그런데 간혹 이것을 읽어보면, 대체로 그 사안을 다룸에 있어서 논의되어야 할 쟁점이 무엇인가, 다시 말하면 어떠한 **내용**을 다루어야 할 것인가에 중점이 놓여 있다는 인상을 받는다."(강조는 원문)

16) 이를 잘 보여주는 Thomas M. J. Möllers, *Juristische Arbeitstechnik und wissenschaftliches Arbeiten*, 2. Aufl. (München, 2002) 참고.

17) 역시 이를 의식하는 양창수, "법학교육의 문제점: 민법교수의 입장에서", 『민법연구』 제4권(박영사, 1997), 53쪽 아래 참고.

2. 법학교육 방법의 방향

그렇다면 우리는 어떤 방향으로 법학교육 방법을 모색해야 할까? 필자는 다음과 같은 방향을 제시하고자 한다. 법학의 학문성을 유지하면서 동시에 전문성과 실무지향성을 추구해야 한다는 것이다.

여기서 주의해야 할 점은 법학의 실무지향성을 강조한다고 해서 그것이 곧 '소장 작성 훈련'과 같은 기술적인 실무교육을 강조해야 하는 것으로 이해해서는 안 된다는 것이다. 물론 여러 실무가가 주장하듯이 법학교육의 실무지향성을 구현하려면 일정 정도 기술적인 실무교육을 해야 할 필요가 있을 것이다.[18] 그러나 법학교육에서 지향해야 하는 실무지향성이란 가령 판례의 태도가 무엇인지 아는 것이 아니라 해당 판례 안에서 어떻게 추상적인 법적 개념이나 원리·법리 등이 녹아내리고 있는지 파악할 수 있는 능력을 키우는 것이라 할 수 있다. 요컨대 실무지향성에 관해 법학교육에서 중점으로 삼아야 할 것은 다양한 법적 소재를 합리적으로 취급할 수 있는 능력을 습득시키는 것이다. 다양한 '내용'을 가르치는 것보다 '방법'을 습득하게 하는 것이 더 필요하다고 생각한다. 기술적인 법률실무교육은 영국의 주요 로펌들이 주장하듯이 법학전문대학원이나 법과대학을 졸업한 후 해당 실무 현장에서 수습과정을 거치면서 획득해도 그리 늦지 않다고 말할 수 있다.

법학의 전문성을 어떻게 획득할 것인가에는 독일이 도입한 '중점영역 과목'이 좋은 시사를 한다. 사실 법학의 전문성은 경제법이나 환경법 등과 같은 특별 제정법을 '고립적'으로 공부하는 것으로는 충분하게 획득할 수 없다. 오늘날 사회가 다양한 기능체계로 분화하고 이와 동시에 각 체계가 서로 중첩하는 현상이 발생하면서 '전문법'이라는 새로운 법형식이 성장한다.[19] 이러한 상황을 고려할 때 법학의 전문성은 오히려 다양한 관점이 교차하는 '전문법'을 습득함으로써 달성할 수 있는 게 아닌가 한다.

---

18) 예를 들어 이응세, "지정토론문 (1)", 『안암법학』 제20호(2005), 113쪽 아래; 이상현, "지정토론문 (2)", 『안암법학』 제20호(2005), 118쪽 아래 등 참고.

19) '전문법'에 관해서는 이상돈, 『법철학』(법문사, 2003), 단락 [6] "전문법: 이성의 지역화된 실천" 참고.

마지막으로 법학이 법적 기술이 아닌 한, 법학이 전문직업학교에서 교육하는 법률실무가 아닌 한, 법학은 독자적인 학문성을 마련해야 한다. 미국 로스쿨의 역사가 잘 보여주는 것처럼 말이다.

3. 문제변증론적 · 논증이론적 법학교육

그렇다면 법학전문대학원에서는 구체적으로 어떻게 법학을 교육해야 할까? 이에 필자는 '문제변증론적 · 논증이론적 법학교육'을 법학전문대학원의 교육방법으로 제안한다. 여기서 문제변증론적 · 논증이론적 법학교육이란 독일 법학방법론에서 제시된 문제변증론과 논증이론에 기반을 둔 것이다.

독일의 민법학자 테오도르 피벡(Theodor Viehweg)이 제시한 '문제변증론'(Topik)은 기존의 공리론(Axiomatik)과는 달리 논의의 출발점을 체계에 두지 않는다.[20] 오히려 문제변증론은 사안이 지닌 논점들에서 논의를 시작한다. 체계가 지닌 논리 일관성에 중점을 두어 문제를 해결하려 하기보다는 사안을 적절하게 합리적으로 해결하는 데 중점을 둔다. 그래서 만약 기존의 체계가 문제를 해결하는 데 적합하지 않은 것으로 판명된 때에는 그 체계를 고수하지 않고 다른 새로운 체계를 도입하여 문제를 해결하고자 한다. 이를 위해 문제변증론은 당해 사안이 담는 논점을 정리 · 분석하고 이 논점들 사이의 관계를 정리한 후에 비로소 이러한 논점들을 해결하는 데 필요한 체계를 탐색하거나 새롭게 형성한다. 이처럼 문제변증론은 개념법학과는 달리 체계의 완결성 대신 문제해결의 적절성에 초점을 맞춤으로써 변화하는 상황 및 새롭게 등장하는 문제에 더욱 개방적 · 탄력적으로 대처할 수 있다.

한편 '논증이론'은 기존의 삼단논법과는 달리 법적 결론이 삼단논법적인 추론 과정을 통해 자연스럽게 도출되는 것이 아니라고 말한다. 오히려 논증이론에 따르면 법적 결론은 각기 다양한 방법이나 추론 과정으로 획득할 수 있고,

---

20) 문제변증론에 관해서는 T. Viehweg, *Topik und Jurisprudenz*, 5. Aufl. (München, 1974) 참고. 이러한 문제변증론을 일목요연하게 소개하는 문헌으로 계희열 (편역), 『헌법의 해석』 (고려대학교 출판부, 1992), 42-49쪽 참고.

여기서 더욱 중요한 것은 이렇게 획득한 법적 결론을 '정당화'하는 것이라고 한다. 논증이론은 일정한 법규범을 해석하고 이를 적용할 때 논리적으로 양립할 수 있는 복수의 답이 존재할 수 있음을 긍정하면서 복수의 답 중에서 좀 더 나은 정당성과 설득력을 얻은 답이 최종적으로 정당한 것으로 승인될 수 있다고 보는 것이다. 그러므로 이러한 논증이론에 따르면 법적 추론 과정에서 중요한 것은 결론이 아니라 오히려 이러한 결론을 '논증하는 과정'이다. 수학의 예로 본다면 수학 문제의 정답을 맞히는 것이 중요한 것이 아니라 이러한 정답을 얼마나 수학적으로 정연하게 이끌어냈는가 하는 그 과정이 더욱 중요한 셈이다.

이렇게 볼 때 '문제변증론적 · 논증이론적 법학교육'을 실시한다는 것은 크게 두 가지 의미가 있다. 첫째, 법적 개념이나 체계를 익히거나 혹은 여기에 절대적으로 의존하는 것보다 구체적으로 발생한 법적 분쟁을 설득력 있게 해결하는 방법을 배우는 것이 더욱 중요하다는 것이다. 둘째, 법적 분쟁을 설득력 있게 해결한다고 할 때 설득력 있는 결론만을 제시하는 것에 그치지 않고 이러한 결론을 논리적이고 설득력 있게 논증하는 것이 더욱 중요하다는 것이다.

그런데 사실 이러한 교육 방법은 법학전문대학원에서만 실시할 수 있는 것은 아니다. 기존의 법과대학 제도에서도 이러한 방법을 쓸 수 있다. 실제로 독일 법과대학에서 이루어지는 연습(Übung) 강의를 보면 법적 개념이나 체계 또는 학설대립을 풍부하게 배우는 것보다 이러한 개념이나 원리 등을 어떻게 구체적으로 그리고 논증적으로 사례에 적용하는지를 배우는 데 더 주안점을 둔다. 같은 맥락에서 민법학자인 양창수 교수는 이미 1995년에 발표한 "법학교육의 문제점: 민법교수의 입장에서"에서 이와 유사한 취지의 주장을 하기도 하였다. 좀 길더라도 직접 인용해 보도록 한다.[21]

> "많은 사람이 현재의 법학교육은 理論에 치중하고 實務를 무시하고 있다고 비판합니다. 그런데 저는 이러한 비판은 이론/실무의 二分法에서 출발하는 점에 기본적으로 문제가 있다고 생각합니다. 도대체 현재 법

21) 양창수, 앞의 논문, 62쪽.

학교육에서 가르쳐지고 있다는 소위 「이론」이란 무엇을 가리키는 것일까요? 앞서 본 예에서 보자면, 착오의 의의, 종류, 요건, 효과 등등에 관한 抽象的 法命題들을 강의실에서 그대로 다시 말하고 학생들로 하여금 이것을 외우도록 하는 것이 소위 「이론」의 「교육」인가요? 또는 비유하자면, 날고기를 씹지도 아니하고 삼키도록 하고 시험지 위에 소화되지 않는 채로 그대로 쏟아놓게 하는 것이 「이론교육」인가요?

현재의 법학교육에서 문제인 것은 그것이 「이론」을 가르키는가, 「실무」를 가르치는가 하는 教育對象의 점이 아니라, 「이론」이 의미하는 바를 이해·납득시키고 그것이 실제의 분쟁에서 가지는 기능을 제대로 전달하는가 教育內容의 점에 있다고 생각합니다. 다시 말하면, 현재의 법학교육은 주로 교과서에서 쓰여져 있는 추상적 법명제들을 보다 抽象度가 덜한 다른 용어로 바꾸어 말하는 데 치중하고 있지, 그것이 우리 주변에서 일어날 수 있는 紛爭에 어떻게 관련되며 그 紛爭의 法的 解決(즉 권리의무의 확인)에 있어서 그것이 어떠한 指針을 주는지는 설명하지 않는다는 데 그 문제의 태반이 있다는 것입니다."

그러면서 양창수 교수는 실제로 이러한 방식에 따라 자신의 강의를 운영하곤 하였다고 한다. 여기서 분명하게 알 수 있는 것은 문제변증론적·논증이론적 법학교육이 '법적으로 사고하는 능력'을 키우는 데 더 효과적일 수 있고, 이러한 교육은 교육제도가 법과대학이냐 아니면 법학전문대학원이냐에 따라 크게 좌우되는 것은 아니라는 점이다. 다만 법학전문대학원에서는 교육과정이 3년이므로 상대적으로 짧은 시간 안에 법적인 능력을 배양하기 위해서는 아무래도 이러한 방법이 더욱 효과적일 수 있을 것이다.

4. 판례분석 방법에 기초를 둔 법학교육

다음으로 법학전문대학원에서는 미국의 로스쿨처럼 판례분석 방법에 기초를 둔 법학교육을 해야 할 필요가 있다. 물론 우리 법체계는 기본적으로 대륙법체계이므로 판례법체계인 영미법처럼 '당연하게' 판례분석 방법을 도입해야 할 필요는 없을 것이다. 과목에 따라서는 대법원 판례를 언급하지 않고도 가상 사례를 제시함으로써 법적 사고력을 키울 수 있을 것이다. 그러나 생생하게 살아 있는 '현재 있는 법'을 확인한다는 측면에서도 판례분석 방법을 적절하게 활용하는 것은 필요하다고 생각한다.

그러나 이때 주의해야 할 점은 미국 로스쿨의 판례분석 방법이 시사하는 것처럼 가령 대법원의 태도가 무엇인지 확인하기 위해서 그리고 대법원의 태도를 '외우기' 위해서 판례분석 방법을 동원해서는 안 된다는 점이다. 그러면 왜 우리는 판례분석 방법을 원용해야 할까? 가장 우선적으로는 판례 자체가 법적 사고력과 논증 능력을 키우는 데 유용한 소재가 된다는 것이다. 판례 자체를 IRAC 체계에 따라 분석하는 훈련을 하면 자연스럽게 법적 사고력과 논증 능력을 키울 수 있다. 그리고 더욱 중요한 것으로, 판례분석 방법은 추상적인 법규범이나 법명제가 현실에서 어떻게 구체화되는지, 현실에서는 도대체 어떤 법적 문제가 대두하는지 파악하는 데 도움이 된다. 말하자면 판례분석 방법을 통해 우리는 '현재 있는 법'이 무엇인지 인식할 수 있고 이를 통해 '현재 있어야 할 법'을 모색하는 데 도움이 될 수 있다.[22]

5. 통합적인 법학교육

나아가 법학전문대학원에서는 통합적인 법학교육을 할 필요가 있다. 여기서 통합적인 법학교육이란 헌법, 민법, 형법과 같은 종래의 전공이 그어 놓은 경계선에 따라 헌법, 민법, 형법에 관한 지식 혹은 사고방식만을 가르치지 말고 가능하면 동일한 법적 분쟁과 연관을 맺는 다양한 법적 지식이나 사고를 동시에 통합적으로 가르치는 것을 말한다. 과거처럼 사회가 그리 복잡하지 않았던 경우에는 각 전공에만 집중하여 법학을 교육해도 큰 문제가 없었을 것이다. 그러나 오늘날처럼 사회가 복잡해지고 이에 따라 다양한 법적 관점이나 쟁점이

22) 같은 생각으로 양창수, 『민법입문』 제4판(박영사, 2006), 144-145쪽.

얽혀있는 전문적인 사례가 등장하는 상황에서는 한편으로는 전문화되고, 다른 한편으로는 통합적인 법적 관점과 능력을 갖출 수 있도록 법학교육을 할 필요가 있다. 이는 특히 '전문법'이 새로운 법 현상으로 등장함으로써 그 필요성이 분명해진다.

가령 '전문법' 구상을 제안한 이상돈 교수는 오늘날에 이르러 법은 홍수를 이루고 있고, 더 나아가 판덱텐 체계에 입각한 기본 육법 체계로 설명하기 어려운 법률들이 등장하고 있다고 지적한다. 이러한 현상은 단순히 법률의 양적 팽창에 그치지 않고 법적 구조의 질적 변화, 즉 구조적 변화를 낳는다고 한다. 말하자면 새로운 법적 형태인 '전문법'이 성장하고 있다고 진단한다.[23] 이렇게 전문법이 증가하는 오늘날의 상황에서는 종래의 '전공영역주의'에 충실하게 전공의 틀 안에서만 법학교육을 하는 것은 현실 적응력이 떨어진다. 물론 그렇다고 해서 전공 자체를 해체하는 것은 바람직하지 않다. 전문화된 사회에서 전공은 여전히 필요하고 중요하다고 생각한다. 다만 전공을 중시한 나머지 전공의 벽 속에 갇힌 법학교육을 해서는 안 된다는 것이 필자의 생각이다.

그렇다면 구체적으로 어떻게 통합적인 법학교육을 할 수 있을까? 이에 필자는 크게 3단계를 통해 통합적인 법학교육을 실시할 수 있다고 생각한다. 제1단계는 같은 전공 영역에서 실체법과 절차법을 통합하는 방안이다. 예를 들어 민사법 영역에서 민사실체법과 민사절차법을 통합해서 교육하는 것을 생각할 수 있다. 제2단계는 서로 다른 전공 영역을 통합해서 교육하는 방안이다. 예를 들어 헌법과 행정법을 통합해서 교육하거나 민법과 형법을 통합해서 교육하는 방안을 생각할 수 있다. 제3단계는 전문법 영역을 대상으로 하여 기초법학뿐만 아니라 각기 다양한 실정법학을 통합해서 교육하는 방안을 거론할 수 있다. 가령 대표적인 전문법이라 할 수 있는 '환경법'을 교육하면서 환경철학, 법경제학, 환경민사법, 환경공법, 환경형법 등을 통합해서 교육하는 것을 생각할 수 있을 것이다.

---

23) 이상돈, 앞의 책 참고.

6. '전문대학원'의 교육으로서 법학전문대학원 교육

그 밖에도 법학전문대학원은 학부가 아닌 대학원의 일종이라는 점을 고려하여 법학교육을 할 필요가 있다. 이는 구체적으로 다음과 같이 이해할 수 있다. 법학전문대학원에서는 학부 법학교육처럼 다소 천편일률적인 틀과 체계에 사로잡힌 강의 중심의 교육에서 탈피하여 전문적인 세미나 중심의 교과목을 많이 개설할 필요가 있다는 것이다. 물론 그렇다고 해서 마치 학자 양성을 주된 목적으로 하는 일반대학원처럼 매번 창의적인 또는 담당 교수의 학문적 관심에 의거한 교과목을 개설해야 한다는 것은 아니다. 필수과목이나 변호사 시험과 직결되는 교과목의 경우에는 일정한 체계와 틀에 따라 법학교육을 할 필요가 있다. 그러나 주로 상급 학생을 대상으로 하는 선택과목에서는 다소 창의적인 방식으로 수업을 운영해야 할 필요가 있다.

이에 관해서는 독일 법과대학이 일반적으로 마련하고 있는 커리큘럼이 좋은 참고가 될 수 있다. 독일 법과대학은 법과대학 1~2학년(1-4학기) 때는 기본과정으로서 공법, 사법, 형사법을 '강의'(Vorlesung) 중심으로 개설한다. 그리고 중간시험(Zwischenprüfung)을 통과한 상급 학생들을 대상으로 한 심화 과정에서는 각종 연습강좌와 세미나 강좌를 적절하게 개설한다. 미국처럼 박사과정이 별도로 개설되지 않는 독일 법과대학에서는 상급 학생을 대상으로 한 세미나 강좌를 이용해 박사과정생을 지도하기도 하고 교수 자신의 연구 테마를 다루기도 한다. 물론 이러한 강좌는 학부 상급 학년생을 대상으로 한 것이므로 이러한 세미나 강좌에는 학부생도 당연히 참여할 수 있다. 이러한 세미나 강좌의 내용은 일정하지 않고 매 학기 달라진다.

이렇게 독일 법과대학이 마련하는 커리큘럼처럼 우리 법학전문대학원의 교과과정도 이원적으로 운영할 필요가 있다. 1학년을 대상으로 하는 교과목에서는 일정한 진도 체계에 따라 법학교육을 하고 2~3학년을 대상으로 하는 교과목, 특히 기초법학에 관한 교과목에서는 좀 더 자유롭게 세미나 방식으로 수업을 운영하는 것이 필요하다. 이를 통해 한편으로 수강생들이 좀 더 창의적으로 법적 사고력을 키우는 데 도움을 줄 수 있고 다른 한편으로 법학전문대학원의 학문적인 수준을 유지·향상하는 데 기여할 수 있을 것이다.

7. 기초법학의 경우

마지막으로 법학전문대학원에서는 기초법학을 어떻게 다루고 교육해야 하는지 살펴본다.

(1) 법학전문대학원에서 기초법학의 의미

먼저 기초법학이 법학전문대학원 교육에서 어떤 의미와 위상을 갖는지 검토할 필요가 있다. 일단 법학전문대학원 체제가 출범하던 당시에는 외형적으로 볼 때 기초법학이 법학전문대학원에서 필수 불가결한 요소로 자리매김하는 것처럼 보였다. 실제로 2008년 당시 서울대학교 법과대학의 경우 기초법학 관련 전임교수만 6명을 확보하고 있었고 연세대학교 법과대학이나 성균관대학교 법과대학, 한양대학교 법과대학 및 영남대학교 법과대학도 기초법학 전임교수를 각각 2명씩 확보하고 있었다. 이렇게 법학전문대학원에서 기초법학이 '외형적으로' 호황(?)을 누렸던 것은 우리나라에서만 찾아볼 수 있는 현상은 아니었다. 우리 법학전문대학원의 모범이 된 미국 로스쿨에서도 이와 유사한 현상을 찾아볼 수 있다. 아니 오히려 미국의 전국적인 명문 로스쿨에서는 외형적으로뿐만 아니라 실제로도 기초법학이 중요한 비중을 차지한다. 하버드 로스쿨의 경우만 보더라도 상당수의 교수가 실정법뿐만 아니라 기초법학을 자신의 전공으로 삼고 있음을 확인할 수 있다.

필자는 그 이유를 다음과 같이 생각한다. 독일과 같이 대륙법 전통에 서 있는 법학과는 달리 판례법 전통에 기반을 둔 영미법학에서는 아무래도 독일 법학처럼 개념적이고 체계적인 법도그마틱을 구축하지 못하고 있다고 할 수 있다. 그 때문에 법학의 학문성을 추구하고자 하는 법학자들이 인문학이나 사회과학에 기반을 둔 기초법학에 힘입어 법학의 학문성을 정립하고자 하는 것이 아닐까? 사실이 그렇다면 법학전문대학원의 학문성을 유지하기 위해서라도 기초법학은 필수 불가결한 것이 되어야 한다.

그러나 법학전문대학원의 '현실'을 면밀하게 고찰하면 위에서 언급한 주장이 단순한 이상론에 지나지 않음을 알 수 있다. 현재 대부분의 법학전문대학원에서는 기초법학 과목을 '선택과목'으로 운영한다. 이는 현실적으로 아주 중대한 의미를 지닌다. 기존의 법과대학 체제에서는 다수의 명문 법과대학이 법철학과 같은 대표적인 기초법학 과목을 전공필수로 지정하고 있었다. '학부제'에서도 가령 고려대학교 법과대학의 경우에는 사실상 전공필수처럼 운영되어 법과대학 재학생들은 거의 반드시 법철학을 수강해야 했다. 이러한 제도적인 이유로 기초법학 과목은 어느 정도 유지될 수 있었다. 하지만 법학전문대학원에서는 거의 예외 없이 법철학을 포함한 기초법학을 선택과목으로 운영한다. 더군다나 현재 실시되는 변호사 시험에는 기초법학을 시험과목에서 배제한다. 이로 인해 기초법학 과목은 법학전문대학원 교육 현실에서 철저하게 외면되는 게 현실이다.

(2) 전통적인 기초법학 교육 방법의 한계

이렇게 기초법학이 처한 현실을 염두에 두면서 법학전문대학원에서는 어떻게 기초법학을 교육해야 하는지 검토하겠다. 이에 관해 먼저 지적하고 싶은 것은 기존의 기초법학 교육 방법이 법학전문대학원에서도 여전히 유용할 수 있는가 하는 점이다. 법철학을 예로 보면 종래 법철학 교과목에서는 법철학사를 중심으로 혹은 법철학자의 이론을 중심으로 하여 강의가 진행되는 경우가 많았다. '법의 개념'이나 '법의 효력' 등과 같이 쟁점 중심으로 법철학을 강의하는 경우에도 특정한 법철학자의 이론 자체를 다루는 데 비중을 많이 두었다. 이러한 교육방식 자체에 학문적 의미가 없는 것은 아니다. 법철학을 현실에 응용하려면 그 전에 법철학에 관한 이론 자체를 정확하게 이해할 필요가 있기 때문이다. 그렇지만 오늘날의 철학이 그런 것처럼 이론 자체에만 몰두하여 이러한 법철학적 이론이 어떻게 현실에 적용될 수 있는지, 실정법학과는 어떻게 연결될 수 있는지를 해명하지 않는다면 그러한 법철학 교육은 이론가들에게만,

장차 학자를 지망하는 학생들에게만 매력적일 수 있을 것이다. 앞으로 실무법률가가 되기를 희망하는 법학전문대학원 학생들에게는 적절하게 어필하지 못할 수도 있다. 그러므로, 학문으로서 기초법학을 하는 경우는 별론으로 하고, 법학전문대학원 재학생들을 대상으로 하여 기초법학을 교육하는 때에는 종전과는 다소 다른 방식으로 교육을 해야 하지 않을까 생각한다.

(3) 중간기초법학 구축 및 교육

그러면 어떻게 기초법학을 교육해야 할까? 이를 위해서는 종전과는 구별되는 새로운 기초법학을 구축할 필요가 있다고 생각한다. 필자는 이에 하나의 대답으로 '중간기초법학' 또는 '응용기초법학'을 제시할 수 있다고 생각한다.[24] 여기서 '중간기초법학'이란 기초법학과 실정법학(법도그마틱)을 연결하는 것으로서 이 둘 사이에 놓인 기초법학이라고 말할 수 있다.

지금까지 우리 학계에서는 '전공영역주의' 때문에 '기초법학/실정법학'이라는 또 다른 이분법이 자리 잡고 있었다. 기초법학자들은 실정법학과는 무관한 '이론'을 다루어야 하고 실정법학자들은 기초법학과는 무관하게 실정법을 해석하고 적용하는 것에 몰두해야 한다는 관념이 우리 학계를 지배하였다. 그러나 우리 법학에 많은 영향을 미친 독일의 경우만 보더라도 이러한 이분법이 타당하지 않다는 것을 인정할 수 있다. 왜냐하면 독일에서는 대부분의 기초법학자가 실정법학도 겸하기 때문이다. 예를 들어 필자의 지도교수이자 당대 독일의 철학자 하버마스(Jürgen Habermas)의 제자인 클라우스 귄터(Klaus Günther) 교수는 법철학을 주전공으로 하지만 오히려 법과대학에서는 형법을 많이 담당한다. 알렉시(Robert Alexy) 교수 역시 법철학자인 동시에 헌법학자이다. 이렇게 보면 기초법학과 실정법학을 엄격하게 분리하는 것은 이론적으로도 그리 설득력이 많지 않다는 것을 알 수 있다.

서구의 법철학사를 보면 기초법학과 실정법학을 연결하려는 중간기초법학

---

24) 이를 달리 실정법철학으로 지칭할 수도 있을 것이다. 실정법철학에 관해서는 양천수, "실정법철학의 가능성과 방법: 민법학을 예로 하여", 『법학논총』 (조선대) 제29집 제1호(2022), 161－190쪽 참고.

이 전혀 새로운 것이 아님을 알 수 있다. 예를 들어 이성적 자연법학자이자 국제법의 아버지로 불리는 후고 그로티우스(Hugo Grotius)는 그 당시까지 팽배하던 '추상적인' 자연법론에 만족하지 않고 추상적인 자연법과 개별 실정법상 제도를 연결하는 구체적인 자연법 명제, 즉 자연법의 '중간 원리'를 밝히는 데 전념하였다.[25] 오늘날 계약법의 기본원칙으로 정립된 "약속은 지켜야 한다"(pacta sunt servanda)는 이러한 맥락에서 그로티우스가 이끌어낸 자연법의 중간 원리에 해당한다.

필자는 법학전문대학원에서는 이러한 중간기초법학, 달리 말해 응용기초법학을 교육하는 데 무게중심을 두어야 한다고 생각한다. 이는 앞에서 언급한 판례분석 방법이 의도하는 것과도 합치한다. 판례분석 방법은 추상적인 법명제가 어떻게 현실에서 구체적으로 문제가 되는지 인식하는 데 그 우선적인 목표를 두고 있는 것처럼 중간기초법학을 통해 추상적인 기초법학의 명제들이 어떻게 현실에서 구체화되는지를 인식하는 데 도움을 줄 수 있다. 아울러 이러한 중간기초법학을 교육하는 과정에서 자연스럽게 판례분석 방법을 원용할 수 있다. 물론 기초법학과 관련을 맺는 판례를 구하는 것은 쉽지 않을 수 있다. 그렇지만 기초법학과 관련을 맺는 판례가 전혀 없는 것도 아니다. '라드브루흐 공식'이 문제가 될 수 있는 대법원 판례나 헌법재판소가 내놓은 각종 판례는 기초법학과도 관련을 맺을 수 있다.

(4) 문제변증론적 · 논증이론적 기초법학 교육

나아가 기초법학을 교육할 때도 문제변증론적 · 논증이론적 교육 방법을 사용해야 할 필요가 있다. 문제변증론적 · 논증이론적 기초법학 교육을 한다는 것은 기초법학의 이론을 단순히 배우고 익히는 데 그치지 않고 왜 그러한 이론이 등장한 것인지, 그러한 이론은 종전의 이론과 어떤 점에서 차이가 있는지, 그러한 이론은 자신의 주장을 논증하기 위해 어떤 '논증 전략'을 구사하는지, 이러한 이론은 실제 사례에서 어떻게 적용되는지, 이러한 이론은 구체적으로

25) 한스 벨첼, 박은정 (옮김), 『자연법과 실질적 정의』 (삼영사, 2002), 181쪽.

어떤 실정법적 제도와 연결될 수 있는지, 이에 따르면 어떤 결론을 도출할 수 있는지를 학생 스스로가 생각하도록 하는 것을 뜻한다. 무엇보다도 일정한 기초법학적 이론이 실제에서 어떻게 사용될 수 있는지에 초점을 맞춤으로써 이론의 '실제적 의미'를 체득하도록 하고 이 이론의 응용력을 키우는 데 목표를 둔다. 가령 하버마스가 제시한 '법의 대화이론'(Diskurstheorie des Rechts)을 법학전문대학원의 법철학 수업에서 다룬다고 하면 왜 법의 대화이론이 등장하게 되었는지, 법의 대화이론은 어떤 논증 전략을 구사하는지, 법의 대화이론이 어떻게 법 영역에서 구현될 수 있는지, 이것의 실제적인 의미가 무엇인지를 다루어야 할 필요가 있다.

(5) 기초법학 교육과 통합적인 법학교육

이렇게 중간기초법학에 토대를 두어 문제변증론적·논증이론적으로 기초법학을 교육하면 앞에서 언급한 통합적인 법학교육을 하는 데도 일종의 시너지 효과를 거둘 수 있다. 통합적인 법학교육은 복합적인 법적 분쟁이 발생하였을 경우 다양한 법적 관점을 원용하여 이 분쟁을 다루고 해결하는 능력을 배양하는 것을 목표로 한다. 그런데 만약 각기 병존하는 상이한 법적 관점을 유기적으로 연결할 수 있는 '메타 관점'이 없다면 각 관점은 그저 비체계적으로 혼용되고, 때에 따라서는 서로 충돌하는 문제가 발생할 수 있다. 예를 들어 일정한 환경문제가 발생하였을 경우 환경민사법과 환경형법이 각기 다른 결론을 추구한다면 환경민사법의 관점과 환경형법의 관점이 당해 사례에서 서로 충돌하는 경우라고 볼 수 있는데, 이를 어떻게 취급해야 하는지 문제가 될 수 있다. 이럴 때 기초법학은 설득력 있는 메타 이론을 제공할 수 있다. 예를 들어 위의 사안에서는 법경제학에 기반을 둔 사회과학의 관점을 동원하여 환경민사법적 규제를 우선시하고 환경형법적 규제를 포기하는 것이 왜 타당한지 해명할 수 있다. 또한 부동산 명의신탁을 법적으로 규율할 때 왜 부동산 명의신탁에 관해 민법의 관점과 형법의 관점이 일치하지 않을 수 있는지를 '법의 분화'(Ausdifferenzierung des Rechts)라는 체계이론의 관점에서 메타적으로 설명할 수도 있을 것이다.

(6) 전통적인 기초법학의 유용성

그렇다면 전통적인 기초법학은 더 이상 필요하지 않은 것일까? 법학전문대학원에서 볼 때 전통적인 기초법학은 낡아버린 구시대의 유물에 지나지 않은 것일까? 그렇지는 않다. 전통적인 기초법학, 예를 들어 여전히 칸트와 헤겔 등으로 거슬러 올라가는 법철학적 이론들을 규명하는 법철학이나 법의 역사 그 자체를 규명하는 법사학 등은 학문적인 빛을 잃지 않고 또 빛을 잃지 않아야 한다. 이는 특히 학문후속세대 양성을 위해서도 필요하다.

이와 관련하여 필자는 법학전문대학원의 전임교원은 크게 세 가지 임무를 수행해야 한다고 생각한다. 첫째는 장차 법률전문가로 활동할 학생들을 교육하는 것이고, 둘째는 학자로서 법학 연구에 매진하는 것이며, 셋째는 장차 법학자로 활동할 학문후속세대를 양성하는 것이다. 이 가운데 첫 번째를 위해서는 지금까지 말한 법학교육 방법이 전적으로 유효하다. 그렇지만 두 번째와 세 번째를 위해서는 중간기초법학을 구축하는 것 이외에도 전통적인 기초법학에 매진하는 것이 필요하다.

Ⅳ. 현실에 비추어 본 법학전문대학원 교육 방법

지금까지 법학전문대학원에서는 어떻게 법학교육을 해야 하는지를 살펴보았다. 그러나 지금까지 제시한 것은 이상론에 해당한다. 법학전문대학원이 미국 로스쿨처럼 입학정원의 압박도, 변호사 시험 합격률의 압박도 거의 없는 경우를 전제로 한 것이다. 그러나 현재 우리 법학전문대학원이 처한 현실을 고려하면 과연 이상론에서 주장한 것처럼 법학교육을 할 수 있을지 의문이 든다.

1. 총입학정원 문제

현실적인 문제는 현행 「법학전문대학원 설치·운영에 관한 법률」이 규정하는 총입학정원 제도에서 출발한다. 정원을 자율적으로 규제하도록 하는 미국 로스쿨과는 달리 현행 법령은 총입학정원을 정한다. 이에 따르면 현재 총입학정원은 2,000명이다. 이렇게 총입학정원을 정한다는 것은 변호사 배출 숫자를 국가가 통제하겠다는 것을 뜻한다. 그리고 이는 현실이 되었다. 현재 변호사 시험에 합격하는 수는 매년 1,600명 선이 되었다. 변호사 시험 합격률도 50% 대로 유지된다. 이로 인해 현재 각 법학전문대학원은 이상론에 입각한 법학교육을 하기보다는 변호사 시험 위주의, 효율성 중심의 법학교육을 하는 게 현실이 되었다. 총입학정원 논리 때문에 우리의 법학전문대학원은 처음부터 단추를 잘못 끼우고 말았다.

2. 변호사 시험 제도의 문제

현행 변호사 시험 제도도 문제를 유발한다. 가장 큰 문제는 변호사 시험이 객관식 시험을 둔다는 것이다. 종래의 법학교육이 가졌던 문제 중에서 가장 큰 문제는 사법시험 제도에서 비롯하였다. 특히 사법시험 제1차 시험이 객관식 시험으로 구성되고 사법시험이 일종의 '떨어뜨리기 위한 시험'으로 작용하면서 제1차 시험에서는 지엽적이고 단순 암기 능력을 테스트하는 문제들이 출제되었다. 이 같은 현상은 출제 오류에 대한 소송 가능성이 높아지면서 더욱 심화하였다. 이 때문에 법적 사고력을 중요시하는 정상적인 법학교육만으로는 사법시험에 합격하기 쉽지 않았고 수험생들은 자연스럽게 고시학원을 찾아갔다. 시험 준비라는 측면에서는 고시학원이 훨씬 효율적이었기 때문이다.

변호사 시험 제도가 객관식 시험을 운용하면서 위와 같은 문제가 변호사 시험에서도 되풀이된다. 이는 법학전문대학원의 법학교육에 악영향을 미친다. 그 때문에 변호사 시험 과목에 속하는 교과목의 경우에는 객관식 시험에 대비하는 강의를 하지 않을 수 없다. 그리하여 법학전문대학원이 추구하고자 했던 이상적인 법학교육은 물거품이 되고 말았다.

3. 변호사 시험 합격률의 관점에서 본 법학교육

법학전문대학원은 기존의 법과대학 교육이 본래 역할을 제대로 수행하지 못하고 있다는 반성에서 기획되었고 오랜 논의 끝에 도입되었다. 무엇보다도 법과대학 교육이 '고시학원'으로 전락하는 것을 막고 암기 위주의 교육이 아닌 '법률가처럼 생각하기'를 지향하는 법학교육을 실현하는 것을 목표로 삼았다. 그러나 변호사 시험의 합격률이 50% 선으로 전락하면서 다수의 법학전문대학원, 그중에서도 지방에 소재하는 법학전문대학원은 합격률에 신경 쓰지 않을 수 없게 되었다.

법학전문대학원이 아무리 우수한 교수진을 확보하고 있고 세계적인 수준의 교육과정과 교육시설 및 재정을 갖추고 있더라도 변호사 시험 합격률이 낮으면 우수한 학생을 유치하는 데 어려움을 겪을 수밖에 없다. 따라서 합격률에 신경을 써야 하는 법학전문대학원의 교원들은 '시험지향적인 교육'을 해야 할 수밖에 없다. 변호사 시험과 직접적인 관련을 맺지 않는 교육은 소홀하게 취급되고 수업 방식도 시험에 적합하게, 즉 토론 중심의 수업보다는 주입식 위주의 일방적인 강의가 주류를 이룬다. 그리하여 법학전문대학원을 도입하는 본래 취지는 뒷전으로 사라지고 말았다. 결국 법학전문대학원은 그동안 음성적으로 존재하던 고시학원을 양성화하는 역할을 하는 곳으로 전락하고 말았다.

4. 여전히 중요한 것

현실을 보면 법학전문대학원에서 수행하는 법학교육의 미래는 암울하다. 지방에 소재하는 영남대학교 법학전문대학원의 시각에서 보면 법학교육의 이상론보다는 현실론이 더 강하게 다가온다. 더군다나 변호사 시험과 그리 상관이 없는 기초법 전임교원의 관점에서 보면 법학전문대학원 시대가 그리 즐겁지만은 않다. 이러한 맥락에서 양창수 교수가 했던 다음과 같은 발언은 직접적으로 피부에 와 닿는다.[26]

---

26) 양창수, 『민법연구』 제9권(박영사, 2007), 서문(ii).

> "그 사이에 법학전문대학원제도의 도입이 확정되었다. 나는 그것이 그 사이에 조금씩, 그러나 분명하게 쌓여 온 법학교수들의 학문적 역량을 다 흡수해서 고갈시키고 또 학문후속세대 양성의 일에 소홀하게 만들지 않을까 걱정이다. (…) 그런데 이제 이 교육시스템을 새로이 마련하고 또 제대로 뿌리박게 하려면 대학교수들은 아마도 상당한 시간 동안 연구와 학문후속세대의 양성에 전념하지 못할 것이다."

그러나 아무리 법학전문대학원 교육이 시험 중심으로 이루어진다 하더라도 여전히 중요하게 취급할 수밖에 없는 것이 있다. 그것은 법학의 기본 개념과 원리 등을 이해시키는 작업이다. 시험전문가들도 인정하듯이 시험공부는 무작정 암기하는 것만으로 되지 않는다. 암기 이전에 각 교과목이 다루는 기본 개념이나 원리 등을 제대로 이해해야 한다. 그렇지 않으면 설사 변호사 시험에 합격할 수 있다 하더라도 고득점 합격은 이루어낼 수 없다. 그러므로 아무리 법학전문대학원 교육이 시험지향적으로 진행되어야 한다 하더라도 법학교육은 언제나 이해 중심의 교육을 선행시켜야 할 것이다. 물론 판례분석 방법이나 소크라테스식 문답법을 제대로 활용할 수는 없다 하더라도 말이다.

제 03 부

법학전문대학원을 둘러싼 논쟁과 해법

제 7 장 법학전문대학원과 평등

I. 서 론

지난 2009년 새롭게 법학전문대학원 체제가 출범하면서 우리의 법학교육은 새로운 패러다임을 접하게 되었다. 그중 한 가지로 이제는 법학전문대학원을 졸업한 사람만이 변호사 시험에 응시할 수 있게 된 점을 꼽을 수 있다. 주지하다시피 그 이전 법과대학 체제에서는 사법시험으로써 법률가를 양성하였는데 이러한 사법시험은 응시 자격을 엄격하게 제한하지 않았다. 따라서 법과대학을 졸업하지 않은 사람도 일정한 조건을 충족하기만 하면 사법시험에 응시할 수 있었다. 우리 사회에서 사법시험은 오랫동안 신분 상승의 관문으로 활용되었다. 따라서 가난한 집안 출신자라도 사법시험을 통해 신분 상승을 꾀할 수 있었다.

그렇지만 법학전문대학원 체제가 출범하면서 사법시험은 역사의 뒤안길로 사라졌다. 이러한 변화의 배후에는 시험이 아니라 교육을 통해 법률가를 양성한다는 이념이 놓여 있다. 그러나 이러한 변화에 관해서는 법학전문대학원 자체가 많은 비용이 필요하고, 따라서 이제 가난한 집안 출신자들은 법학전문대학원에 진학할 수 없고, 이에 따라 변호사 시험도 응시할 수 없다는 근거에서 비판을 받는다. 특히 대한변호사협회(이하 '대한변협'으로 약칭함)는 법률가양성의 평등을 위해 사법시험을 존속시키거나 예비시험을 신설해야 한다고 주장하기도 하였다. 대한변협은 법학전문대학원 시스템이 공정하지 않은 제도라고 비판한다. 제7장은 이러한 문제상황에서 법학전문대학원이 과연 부자들을 위한 제도인지, 변호사양성의 평등을 위해서는 사법시험을 존치해야 하는지를 살펴보겠다.[1)]

Ⅱ. 사법시험 존치를 둘러싼 논쟁

1. 개 관

먼저 이 문제에 관한 쟁점을 명확하게 한다는 점에서 사법시험 존치 또는 예비시험 신설 문제에 관해 필자가 대한변협 관계자와 논쟁한 내용을 소개한다. 필자는 2013년 8월 19일에 발행된 『대한변협신문』에서 사법시험 존치에 관해 해당 신문이 객관적인 정보에 입각하지 않은 채 법학전문대학원에 편파적으로 기사를 쓰고 있다는 점을 지적하면서 사법시험 존치에 관한 문제를 합리적으로 토론하기 위해서는 법학전문대학원에 관한 객관적이고 정확한 정보가 전제되어야 한다고 주장하였다. 그러면서 필자는 말미에 현행 법학전문대학원을 둘러싸고 발생하는 문제들은 근본적으로 변호사 시험 제도의 폐단에서 비롯된다는 점을 지적하였다. 이에 2013년 9월 16일에 발행된 『대한변협신문』은 필자의 견해를 정면에서 반박하는 글을 실었다. 이 글은 자못 흥미로운 쟁점을 포함하고 있어 제7장에서 이 쟁점들을 소개하는 것도 유익하다고 생각한다. 이에 제7장에서는 먼저 필자의 주장을 소개하고 이에 대한 대한변협사무차장(이하 '사무차장'으로 약칭함)의 반론을 요약해서 소개하겠다.

2. 필자의 주장

필자의 주장은 2013년 8월 5일에 발행된 『대한변협신문』의 기사 "서민 위한 사다리 사법시험 존치 움직임 어디까지 왔나?"를 대상으로 한 것이다. 말하자

1) 이에 관한 문헌으로는 김호정, "로스쿨 출신 변호사들의 사회진출 양상과 변호사시험 합격자 수의 결정", 『외법논집』 제37권 제4호(2013), 101－113쪽 참고.

면 필자의 주장은 이 기사에 대한 반론에 해당한다. 2013년 8월 19일자 『대한변협신문』에도 필자의 주장은 이 기사에 대한 반론으로 게재되었다. 아래에서 이러한 필자의 반론 전문을 전재(全載)한다.[2] 아래는 필자의 반론 전문이다.[3]

지난 1년 동안 미국에서 연구년을 보내고 최근 우리나라에 돌아와 보니 그동안 여러 흥미로운 일들이 진행되고 있었다는 것을 알게 되었다. '사법시험 존치논의'도 바로 그중 한 예에 속한다. 사실 사법시험 존치 주장은 '아나운서 비하 발언'으로 논란의 중심에 섰다가 최근 케이블 TV의 "썰전" 등으로 명예 회복(?)을 하고 있는 강용석 전 국회의원이 지난 제18대 국회에서 강력하게 주장한 것이기도 하다. 사법시험 존치 주장은 "개천에서도 용이 나올 수 있도록 해야 한다."는 주장과 맞물려 그리고 '경제민주화'와 '복지' 등을 강조하는 현 정부의 정책적 흐름과도 발맞추어 다시금 상당한 힘을 얻고 있는 듯싶다. 여기에는 우리의 법학전문대학원(로스쿨)에 대한 막연한 거부감도 한몫하는 것 같다. 이런 와중에서 2013년 8월 5일자 대한변협신문은 "서민 위한 사다리 '사법시험 존치' 움직임 어디까지 왔나?"라는 기사(이하 '기사'로 약칭함)로써 이 문제에 대한 대한변협의 태도를 흥미롭게 보여준다. 필자는 그리 길지 않은 이 기사를 관심을 갖고 열심히 읽어보았다. 몇 가지 점에서는 공감하는 부분도 있었지만 쉽사리 동의할 수 없는 주장들도 눈에 띄었다. 그동안 대한변협신문은 '사법시험 존치'에 대한 찬반 주장을 다수 실었던 것으로 알고 있으므로 이러한 주장들을 지금 여기서 되풀이하는 것은 별 의미가 없을 것이다. 그런데도 몇 가지 점에서는 분명히 하고 싶은 것이 있다.

일정한 정책적 문제에 관한 논의가 합리적으로 진행되려면 논의 자체가 정확한 사실에 근거를 두고 있어야 한다. 정확하지 않은 사실에 입각하고 있거나 자신의 주장을 관철하기 위해 사실을 일면적으로만 소개하여 논의를 전개하면 합리적이고 타당한 결론을 이끌어내기 어려울 것이다. 예를 들어 기사는 "외국의 법조인 양성 제도"를 소개하면서 독일이 법률서비스의 질적 제고를 위

2) 양천수, "'사법시험 존치 논의'를 보면서", 『대한변협신문』 제459호(2013. 8. 19), 13쪽.

3) 원문을 기본으로 하되 약간의 수정을 가하였다.

해 교육이 아닌 시험을 통해 법조인을 양성하고 있는 것처럼 소개한다. 그러나 독일은 철저하게 교육을 통해 법조인을 양성하는 대표적인 나라에 해당한다. 우리의 사법시험과 유사한 국가시험이 존재하기는 하지만 국가시험은 오직 법과대학 교육과정을 성공적으로 이수한 학생들만이 칠 수 있다. 그것도 우리처럼 여러 번 칠 수 있는 것이 아니라 오직 두 번밖에 칠 수 없다. 또한 지난 2003년 '법조인양성개혁법'이 제정되어 시행됨으로써 제1차 국가시험 성적에 법과대학 성적을 반영한다. 요컨대 독일에서는 법과대학 졸업자가 아니면 법조인이 될 수 없고 제1차 국가시험은 법과대학의 졸업시험으로서 기능하는 것이다. 이는 법과대학 졸업자가 아니라도 응시할 수 있도록 한, 달리 말해 법과대학 교육과는 무관한 우리의 사법시험 제도와는 분명 다른 제도이다. 기사는 이 점을 정확하게 소개했어야 한다. 이와 마찬가지 맥락에서 일본과 미국의 법조인 양성 제도 역시 정확하게 보여주었어야 한다. 가령 일본은 예비시험을 인정함으로써 로스쿨 제도가 파행으로 치닫고 있다는 점을, 미국은 로스쿨의 정원도, 변호사 시험의 합격률도 우리처럼 엄격하게 통제하지 않는다는 점을 소개했어야 한다. 이렇게 하지 않고 미국, 독일, 일본과 같은 법률선진국들이 우리의 사법시험 제도와 유사하게 법조인을 양성하고 있다는 식으로 소개한 것은 무엇 때문인지 궁금하다.

기사 하단에 소개한 양재규 대한변협 부협회장의 주장에서도 비슷한 느낌을 받는다. 현재 법학전문대학원이 처한 정확한 사실보다는 막연한 인상에 입각해서 주장을 하고 있다는 느낌이 그것이다. 예를 들어 "로스쿨제도는 고액의 등록금을 부담할 수 있는 고소득층과 법학전문대학원 졸업자라는 고학벌자를 위한 제도"라고 하는데, 물론 법학전문대학원은 고액의 등록금을 도입하고는 있지만 이와 동시에 탄탄한 장학제도를 확충하고 있다는 점 역시 분명히 밝힐 필요가 있다. 또한 왜 법학전문대학원이 고액의 등록금을 도입한 것인지도 생각해보아야 한다. 교육부가 마련한 인가지침을 지키기 위해 많은 인적·물적 자원을 투자해야 했고 이로 인해 자연스럽게 등록금이 인상되었다는 점 역시 주목해야 한다. 그런데도 대부분의 법학전문대학원은 막대한 재정적 부담으로 고생하는 것이 현실이다. 이외에도 법학전문대학원은 '특별전형' 방식으로써 저소득층이 법률가가 될 수 있는 길을 열어놓고 있다. 이른바 '서민을 위한 사다리'가 사법시험에만 있는 것은 아니라는 점 역시 분명히 소개해 주었어야 한다.

나아가 법학전문대학원의 문제점으로 지적되는 "서열화"나 "양극화" 또는 "특성화과목 등의 폐강속출" 등은 법학전문대학원의 제도적 문제가 아니라 현행 변호사 시험 제도의 폐단에서 비롯된 것이라는 점을 분명히 할 필요가 있다. 법학전문대학원의 총정원을 못 박아 놓고 이것도 모자라 변호사 시험 합격자 수를 일률적으로 정해놓음으로써 법학전문대학원이 원래 취지대로 작동하지 못하고 있는 것이다. 문제는 변호사 시험의 운용 방식에 있는 것이지 법학전문대학원 제도에 있는 것이 아니다. 그런데도 법학전문대학원의 실패를 운운하는 것은 문제의 본질을 잘못 파악한 것이 아닐까.

마지막으로 기사는 "양질의 법조인을 양성하기 위해서는 치열한 경쟁을 통해 피땀어린 노력으로 전문지식을 습득하도록 해야"한다고 말하는데 이렇게 강조하는 치열한 경쟁은 법학전문대학원 교육과정에서 그리고 변호사 시험에서 이미 잘 발견할 수 있다. 현재 우리 법학전문대학원에서는 전 세계에서 유래가 없는 엄격한 상대평가를 통해 학사 운영을 하고 있고 변호사 시험 역시 치열한 경쟁을 뚫어야만 합격할 수 있는 구조로 나아가고 있다. 그런데도 치열한 경쟁이 사법시험에만 있는 것처럼 주장하는 것은 과연 무엇을 근거로 한 것인지 의문이 든다.

필자는 현재 법학전문대학원 제도가 노정하는 문제는 현행 변호사 시험 제도를 개선함으로써만 근본적으로 해결할 수 있다고 생각한다. 기존의 사법시험 제도가 전공에 관계없이 우수한 학생들을 고시생으로 전락시키고 또 많은 고시 낭인을 양산해 왔다는 것은 이미 알 만한 사람은 다 아는 사실이 아닐까. 물론 이러한 주장에는 반론이 있을 수 있고 바로 그 때문에 '사법시험 존치' 문제에 관해 여전히 견해가 팽팽하게 대립하는 것이라고 생각한다. 그런데도 여기서 필자가 분명히 하고 싶은 것은 이 문제를 합리적이고 설득력 있게 해결하려면 이 문제에 관한 합리적 대화와 토론이 이루어져야 하고 또 그러려면 사법시험과 법학전문대학원 제도에 관한 정확한 사실 파악이 전제되어야 한다는 점이다. 그러지 않고 막연한 인상론에 기대어 법학전문대학원의 문제를 말하는 것은 합리적인 대화 자세가 아니라고 생각한다.

3. 대한변협 사무차장의 반론

2013년 9월 16일자 『대한변협신문』에서 당시 오은경 사무차장이자 변호사는 필자의 글을 정면으로 반박하였다.[4] 아래에서는 이러한 오은경 사무차장의 글에서 주된 쟁점이 되는 부분을 요약해서 소개하겠다.

(1) 일본 로스쿨 실패와 예비시험 제도의 상관성

위에서 소개한 글에서 필자는 일본 로스쿨이 실패한 원인으로서 일본이 도입하는 예비시험 제도를 꼽았다. 이에 오은경 사무차장은 일본 로스쿨이 실패한 이유는 일본이 "엄격한 인가주의를 취한 우리와는 달리, '준칙주의'를 취하고 있어 무려 74개의 로스쿨이 난립하는 바람에 로스쿨 졸업자가 많고, 신사법시험 응시자도 많"기 때문이라고 반박한다. 따라서 일본 로스쿨 제도가 실패한 것은 예비시험 제도 시행과는 무관하다고 한다.

(2) 법학전문대학원 장학금 제도의 취약성

다음으로 오은경 사무차장은 필자가 긍정적으로 평가한 법학전문대학원 장학금 제도가 사법시험을 대체할 만큼 완전하지는 않다고 지적한다. 이에 관한 이유로서 크게 두 가지를 언급한다. 첫째, 각 법학전문대학원이 확충한 장학금이 진정 저소득층에게 돌아가는지 의문이라고 한다.

> "만약 장학금 혜택이 진정 저소득층에게 돌아간다면, 그야말로 잘 된 일이다. 그런데 지금까지 로스쿨이 공개한 자료 어디에도 경제적 기준에 따른 장학금이 누구에게, 얼마나 지급되고 있는지가 드러나지

---

4) 오은경, "'서민 위한 사다리'는 어디로 갔나: 사법시험 존치 또는 예비시험 제도 도입 필요", 『대한변협신문』 제463호(2013. 9. 16), 11쪽.

> 않는다. 과연 경제적 기준이 무엇인지도 의문이다. 장학금 수급자들이 진짜 저소득층인지 검증이 이뤄지고 있는지도 알려진 바 없다. 실제 운영상황을 전혀 확인 불가능한 현 상황에서, 단지 탄탄한 장학제도가 있다는 사실만으로는 불충분하다."

둘째, 오은경 사무차장은, 이를 더욱 근본적인 문제로 지적하는데, "탄탄한 장학제도가 있으면 기회균등을 도모할 수 있다는 등식이 성립하는지 의문"이라고 한다. 왜냐하면 "탄탄한 장학제도가 있으면 기회균등을 도모할 수 있다는" (필자의) 주장은, 오은경 사무차장이 볼 때, "로스쿨이 대학원 체제인 까닭에 대학 과정까지 의무적으로만 마쳐야만 하는 경제적 부담이 기본적으로 전제되어 있다는 사실을 외면하고" 있기 때문이라고 한다.

(3) 법학전문대학원 입학전형의 불투명성

나아가 오은경 사무차장은 아무리 법학전문대학원이 탄탄한 장학금 제도를 확충하고 있다 하더라도 입학전형 자체가 투명하지 않기 때문에 사법시험을 대체할 수는 없다고 한다. 법학전문대학원은 "입학전형의 불투명성을 전혀 해소하지 못하는 한계를 갖는다. 입학기준을 알 수 없어 객관성, 공정성 시비가 크고, 비명문대, 지방대 출신은 입학 자체가 어려운 것이 현실이다."고 한다. 그러면서 "2009~2012년 수도권 15개 로스쿨 입학생의 출신대학 현황을 보면, 4년 동안 지방대 학생은 전체 입학생 4,692명 중 109명을 차지하여 2.3%에 불과하다. 반면 최근 4년간 사법시험 합격자 중 지방대 출신 비율은 3,523명 중 318명으로 9%를 차지하였다."는 점을 언급한다.[5)]

(4) 법학전문대학원 교육과정의 문제점

한편 오은경 사무차장은 현재 법학전문대학원이 겪는 문제는 근본적으로는 현행 변호사 시험 제도에 기인한다는 필자의 주장에 미국 로스쿨의 경우를

---

5) 그러나 왜 수도권 법학전문대학원만 그 대상으로 삼은 것인지 궁금하다. 지역 소재 법학전문대학원에는 더 많은 수의 이른바 지방대 출신 학생들이 있는데 말이다. 지역 소재 법학전문대학원은 법학전문대학원 축에도 끼지 못한다는 의미인지 정말 궁금하다.

예로 들면서 필자의 주장을 반박한다. 오은경 사무차장은 송기춘 교수의 주장을 원용하면서 다음과 같이 주장한다.

> "2013년 2월 실시된 뉴욕주 변호사시험의 경우 뉴욕주 소재 로스쿨을 졸업한 첫 응시자의 73%가 합격하였고(2012년 2월 실시된 시험의 경우 첫 응시자의 62% 합격), 전국 인증 로스쿨 졸업자 가운데 첫 응시자의 75%가 합격하였다(2012년 2월 실시된 시험의 경우 69% 합격). 이러한 합격률을 유지하기 위해 미국의 로스쿨에서 수험공부에 치중한 강의를 하는 경우는 찾아보기 어렵다고 한다."

그러면서 오은경 사무차장은 "우리나라의 경우 75% 정도의 합격률을 유지하고 있는데도 시험공부가 별도로 필요하다면, 과연 교육과정 자체가 충실하게 이루어지고 있는지, 교육기간이 지나치게 짧은 것은 아닌지 돌이켜 볼 일"이라고 한다.

(5) 법대의 존치

마지막으로 오은경 사무차장은 3년이라는 짧은 기간 안에 변호사를 양성하는 나라는 우리 이외에 미국밖에 없다고 지적한다. 그러면서 변호사가 되는데 독일은 최저 7년, 영국은 6년, 오스트리아는 7년, 스위스는 전문 변호사까지 되는 데 9년, 스웨덴은 8-10년이 걸린다는 점을 언급한다. 또한 대부분의 나라가 학부제 교육을 통해 법률가를 양성한다는 점을 지적한다. 이를 통해 결론으로서 오은경 사무차장은, 박찬운 교수의 주장을 원용하여, 법학교육을 정상화하기 위해서는 법대를 부활시켜야 한다고 주장한다.[6)]

---

6) 박찬운, "스웨덴 Advokat 제도와 법학교육 그리고 한국 로스쿨 법학교육의 문제점", 『인권과 정의』 제433호(2013).

Ⅲ. 사법시험 존치를 둘러싼 논쟁 검토

1. 개 관

『대한변협신문』 기사에 필자가 반론을 펴고 이에 다시 오은경 사무차장이 재반론을 펼침으로써 일단 사법시험 존치를 둘러싼 논쟁은 끝이 난다. 원래 필자는 오은경 사무차장의 재반론 글을 읽고 이를 다시 반박하는 글을 기획하였다. 그렇지만 이미 필자가 본래 의도한 바는 필자의 글을 통해 충분히 개진하였고 오은경 사무차장의 글 자체가 명백하게 서로 모순되는 쟁점들을 담고 있어 재반론을 포기하였다.[7] 그러나 오은경 사무차장의 글에 필자는 여전히 반박하고자 하는 쟁점들을 갖고 있으므로 아래에서는 오은경 사무차장의 글에 어떤 허점이 있는지를 짚어보겠다.

2. 일본 로스쿨의 실패와 예비시험 제도의 상관성에 관해

먼저 일본 로스쿨 제도의 실패와 예비시험 제도의 상관성에 관해 살펴본다. 이에 필자는 다음과 같이 재반론할 수 있다고 생각한다. 만약 필자가 일본이 도입한 예비시험 제도가 일본 로스쿨이 실패하는 데 결정적인 이유가 되었다고 주장했다면 오은경 사무차장의 반론은 적절한 것이라고 생각한다. 그러나 필자는 이러한 취지로 주장을 한 것은 아니다.[8] 일본 로스쿨 제도가 실패한 이유로는 복합적인 이유를 제시할 수 있다.[9] 우리처럼 엄격한 인가주의를 취하지 않고 준칙주의를 채택한 것도 한 이유가 될 수 있다.[10] 그러나 이보다 더욱

7) 아래에서 다시 언급하겠지만, 한편으로는 법학전문대학원의 고비용을 언급하면서 다른 한편으로는 현행 법학교육이 너무 짧다는 지적은 어떻게 받아들여야 할지 의문이다. 오은경 사무차장은 법과대학 교육은 아주 저렴하다고 생각하는 것일까? 그렇다면 지난 이명박 정부 때부터 계속해서 화두가 되었던 '반값 등록금'은 어떻게 새겨야 하는 것일까?

8) 물론 필자가 다소 명확하지 않게 주장했다는 점을 고려하면 필자에게도 일정 부분 책임이 있다.

9) 물론 그 전에 일본 로스쿨 제도가 과연 '실패'한 것인가에는 좀 더 냉정하게 관찰할 필요가 있다고 생각한다. 그러나 일본 로스쿨이 원래 의도한 대로 작동하지 못하고 있다는 점은, 2012년 당시 신사법시험 합격률이 25.1%까지 떨어졌다는 점을 고려할 때, 어느 정도 분명해 보인다.

10) 그러나 현재 인구가 약 5천만 명에 달하는 우리나라가 25개의 법학전문대학원을 보유한 점을

중요한 원인은 다음 두 가지라고 생각한다. 첫째는 일본이 로스쿨과 더불어 법학부를 유지하고 있다는 점이고, 둘째는 일본의 전체 인구에 비추어볼 때 너무 적은 수의 신사법시험 합격자수를 배출하고 있다는 점이다.

우선 일본은 법학부 교육과 로스쿨 교육을 병존시키는 투트랙 시스템을 유지한다. 이 때문에 전체 법학교육이 로스쿨에 집중되지 못하고 분산된다. 무엇보다도 일본 도쿄대 등과 같은 명문대학들이 법학부를 존치함으로써 해가 지나도 로스쿨의 위상이 확고하게 자리 잡지 못한다. 일본에서는 법학의 중심이 여전히 법학부에 있다는 인상이 강하다.[11)]

나아가 일본은 전체 인구 및 법학부 그리고 로스쿨 재학생 수를 고려하지 않은 채 사법시험 합격자 수를 상대적으로 아주 적게 유지함으로써 로스쿨의 신사법시험 합격률이 지속적으로 하락하도록 유도한다. 만약 우리가 일본 로스쿨 제도가 실패로 치닫고 있다고 진단할 수 있다면 그 원인은 무분별한 준칙주의와 이에 따른 실력 없는 로스쿨이 난립했기 때문이라기보다는 법학부를 유지하면서 신사법시험의 합격자 수마저 적게 유지하는 일본의 사법 정책 때문이라고 말할 수 있다. 이렇게 로스쿨 학생들의 신사법시험 합격률이 극히 저조한데도 예비시험까지 인정함으로써 예비시험이 일본 로스쿨이 제대로 안착하지 못하는 데 일정 부분 기여하는 것이다. 필자는 바로 이 같은 부분을 지적한 것이다.

3. 법학전문대학원 장학금 제도의 취약성에 관해

다음으로 오은경 사무차장이 지적한 법학전문대학원 장학금 제도의 취약성에 관해 본다. 오은경 사무차장은 법학전문대학원이 확충한 장학금이 진정 저소득층에게 귀속되고 있는지, 경제적 기준이란 구체적으로 무엇인지 명확하지 않다고 한다.

고려할 때 우리보다 인구가 약 2.4배 많은 인구 약 1억 2천만 명의 일본이 당시 74개의 로스쿨을 갖고 있던 상황을 과연 로스쿨이 난립하는 상황으로 볼 수 있는지 의문이 든다.

11) 이는 필자가 법학전문대학원 동료 교수들과 2008년 여름 일본 로스쿨을 벤치마킹하기 위해 일본 관서의 명문인 同志社大學, 立命館大學, 京畿大學, 關西學園大學 로스쿨을 방문해서 해당 교수들을 인터뷰했을 때 느낀 점이기도 하다.

그러나 필자는 이 같은 반론이야말로 가장 대표적인 '인상론'이라고 생각한다. 법학전문대학원이 장학금을 어느 정도까지 지급해야 하고 그중에서 경제적 기준을 어떻게 고려해야 하는지에 관해서는 대한변협 산하의 법학전문대학원평가위원회가 마련한 "법학전문대학원 평가기준"에 명확하게 제시되어 있다.[12] 이는 법학전문대학원이 자의적으로 만들 수 있는 것이 아니다. 정기적으로 이루어지는 평가를 받아 '인증'을 획득하기 위해서는 반드시 지켜야 하는 기준이다. 그리고 이 기준은 바로 대한변호사협회가 만든 것이다. 그런데도 대한변협 사무차장이나 되는 오은경 변호사가 이를 고려하지 않은 채 막연하게 법학전문대학원의 장학금 제도를 비판했다는 것은 상당수의 변호사가 그 얼마나 막연하게 법학전문대학원을 바라보고 있는지를 간접적으로 예증한다고 생각한다. 평가기준을 보면 알 수 있듯이 법학전문대학원의 장학금은 경제적 기준을 우선적으로 고려하여 지급해야 한다.[13]

4. 법학전문대학원 입학전형의 불투명성에 관해

나아가 법학전문대학원 입학전형의 불투명성에 관해 본다. 오은경 사무차장은 법학전문대학원이 "입학전형의 불투명성을 전혀 해소하지 못하는 한계를 갖는다. 입학기준을 알 수 없어 객관성, 공정성 시비가 크고, 비명문대, 지방대 출신은 입학 자체가 어려운 것이 현실이다."고 지적한다. 그러나 법학전문대학원의 입학 기준을 알 수 없다고 단정하는 것은 너무 성급한 판단이라고 생각한다. 「법학전문대학원 설치·운영에 관한 법률」에 따라 모든 법학전문대학원은 입학전형 요소로서 어학 점수와 학부 성적 및 LEET 점수 등을 고려해야 한다. 물론 그 비율은 각 법학전문대학원이 자율적으로 결정할 수 있으므로 현재로서는

12) 대한변호사협회 법학전문대학원평가위원회, 『법학전문대학원 평가기준』(2011), 111−113쪽.

13) 물론 법학전문대학원 재학생의 학업성취를 위해 일정 부분 성적 기준을 반영하기도 한다. 그러나 평가기준에 따라 이러한 성적 기준을 경제적 기준보다 우선해서는 안 된다. 그리고 경우에 따라서는 경제적 사정이 아주 좋지 않은데도 성적이 아주 나빠 장학금을 받지 못하는 경우도 있을 수 있다. 그렇지만 이렇게 학업성취도가 아주 낮은 경우에도 무조건 장학금을 지급해야 하는 것인지도 의문이다. 이러한 학생들은 설사 사법시험 제도 아래에서도 그 치열한 경쟁을 뚫고 사법시험에 합격하지는 못할 것이기 때문이다.

다원적으로 결정된다. 이외에도 법학전문대학원은 입학지원자의 잠재적·총체적 역량을 평가하기 위해 다양한 요소를 평가 요소로 고려한다. 이렇게 각 법학전문대학원이 마련한 입학 기준은 한편으로는 다원적이고 다른 한편으로는 정성적인 측면도 가진다. 이는 성적이라는 정량적 기준만으로 합격자를 결정하는 사법시험과는 차이가 있는 부분이다.[14]

그러나 이것만으로 법학전문대학원의 입학 기준을 알 수 없다고 단정하는 것은 타당하지 않다. 현재의 입학 기준만을 놓고 보아도 지원자가 자신이 무엇을 준비해야 자기가 원하는 법학전문대학원에 입학할 수 있는지를 어느 정도 예측할 수 있다. 또한 2013년에 참여연대가 법학전문대학원에 관해 발간한 보고서를 통해서도 알 수 있듯이 현행 법학전문대학원 체제 아래에서는 더욱 많은 이른바 지방대 출신 지원자들이 법학전문대학원에 입학하였다.[15] 지방대 출신 지원자들의 비율이 더욱 높아졌다는 것은 비수도권 10개 법학전문대학원에서 확연하게 검증할 수 있다. 오은경 사무차장이 수도권에 소재하는 15개의 법학전문대학원만을 기준으로 해서 지방대 출신 재학생들이 사법시험의 경우보다 줄어들었다고 판단하는 것은 너무나 자의적인 판단이다. 이는 마치 지방에 소재하는 법학전문대학원은 법학전문대학원에 속하지 않는다는 인상을 풍긴다.

5. 법학전문대학원 교육과정의 문제점에 관해

이어서 법학전문대학원 교육과정의 문제점에 관해 본다. 오은경 사무차장은 미국 로스쿨의 예를 언급하면서 응시자의 75%를 합격시키는 변호사 시험 체제 아래에서도 법학전문대학원 교육과정을 충실하게 운영할 수 있다고 한다.[16] 요컨대 문제는 변호사 시험 제도에 있는 것이 아니라 법학전문대학원 교

14) 그러나 사법시험의 경우에도 제3차 시험이라는 면접 및 집단토론 시험을 통해 비록 소수이기는 하지만 지원자를 탈락시키기도 한다. 이러한 면접 및 집단토론이 정성적인 측면도 갖고 있다는 것은 부정할 수 없다.

15) 참여연대, 『로스쿨 도입 5년 점검보고서』 (2013) 참고.

16) 우리가 모델로 삼은 미국 로스쿨이 완전하지 않고 요즘 들어 여러 문제에 직면하고 있다는 점에 관해서는 브라이언 타마나하, 김상우 (옮김), 『로스쿨은 끝났다: 어느 명문 로스쿨 교수의 양심선언』 (미래인, 2013) 참고.

육과정 자체에 있다는 것이다.

그러나 이 같은 주장에는 크게 다섯 가지 허점이 있다.

첫째, 총입학정원을 국가가 통제하지 않는 미국과는 달리 우리나라는 국가가 법학전문대학원의 총입학정원을 통제한다. 미국 로스쿨은 재학생의 합격률이 떨어지면 자율적으로 정원을 줄일 수 있다. 그 반대로 합격률이 올라가면 정원을 늘릴 수도 있다. 그 모든 것은 각 법학전문대학원 스스로가 자율적으로 판단할 수 있다. 그러나 우리의 경우에는 처음부터 국가가 총입학정원을 법령으로 정해놓고 있다.

둘째, 이 같은 상황에서 우리는 재학생의 75%가 아닌 응시자의 75%를 합격자로 미리 정해놓고 있다. 이 때문에 변호사 시험 실질 합격률은 이보다 더욱 낮은 수준으로 하락하여 현재는 50% 수준으로 유지된다. 이러한 상황에서 원래 예정했던 이상적인 법학전문대학원 교육과정을 운영한다는 것은 현실을 모르는 주장이라고밖에 말할 수 없다.

셋째, 우리 법학전문대학원은 전 세계에서 그 예를 찾아볼 수 없는 엄격한 상대평가를 시행한다. 이러한 엄격한 상대평가 때문에 법학전문대학원 재학생들은 학점을 신경 쓰지 않을 수 없고 이로 인해 자신이 관심을 갖거나 자신의 전문성을 키우는 데 도움이 되는 기초과목이나 전문과목 등을 자유롭게 선택할 수 없는 게 현실이다. 이러한 상황에서 법학전문대학원의 교육과정에서 나타나는 문제점을 법학전문대학원의 책임으로만 돌리는 것은 타당하지 않다.

넷째, 변호사로서 직무를 수행하는 데 필요한 법적 지식과 더불어 법적으로 사고하기를 주된 평가대상으로 하는 미국 변호사 시험과는 달리 우리 변호사 시험은 법적 지식, 그중에서도 판례의 태도를 정확하게 아는지를 주된 평가대상으로 한다. 종전의 사법시험에 사법연수원에서 실시하던 기록형 시험을 혼합한 것이 현재의 변호사 시험이어서 시험의 패러다임이라는 측면에서 큰 차이가 존재하지 않는다. 그러나 이렇게 법적 사고력이 아니라 법적 지식을 평가하는 변호사 시험을 준비하기 위해서는 현행 3년 과정이 아주 짧을 수 있다. 그러므로 법학전문대학원 교육과정을 정상화하기 위해서는 변호사 시험 출제

방식을 바꾸어야 한다.

마지막으로, 이는 아주 기술적인 부분일 수 있지만, 우리의 경우에는 법학전문대학원의 마지막 학기가 종료하고 변호사 시험을 보기 전까지 겨우 1개월의 시간적 여유밖에 없다는 점을 거론할 수 있다. 미국 로스쿨의 경우에는 로스쿨 학기가 종료하고 변호사 시험을 보기 전까지 대략 3개월 정도의 시간적 여유가 있다. 이 기간 미국 로스쿨 학생들은 집중적으로 변호사 시험을 대비한다. 미국 로스쿨 학생들도 수험공부로부터 분명 자유롭지는 않다. 다만 그 기간이 우리와 비교할 때 짧을 뿐이다. 우리도 이를 고려하여 변호사 시험을 2월 말에 보는 것을 고려할 수 있다. 아마도 사법시험이 폐지되면 그렇게 할 수 있으리라 생각한다. 결국 이와 같은 상황을 고려하면 우리 법학전문대학원과 미국 로스쿨을 단순하게 비교하는 것은 타당하지 않다는 점을 확인할 수 있다.

6. 법대의 존치에 관해

마지막으로 법대의 존치에 관해 본다. 오은경 사무차장은 3년이라는 짧은 기간 동안 변호사를 양성하는 것은 타당하지 않다고 하면서 그 대안으로 법대의 부활을 주장한다. 그러나 이러한 주장은 앞뒤가 맞지 않는 명백한 자기 모순적인 주장이다. 오은경 사무차장은 한편으로는 법학전문대학원 체제가 고비용을 요구한다고 말하면서도 다른 한편으로는 법학전문대학원 체제의 법률가양성 기간이 너무 짧다고 지적하는 것이다. 또한 오은경 사무차장은 사법시험을 존치하여 '서민의 사다리'가 유지될 수 있도록 해야 한다고 하면서도 법대의 부활을 이야기한다.

그러나 법과대학 4년 과정이 결코 저렴하지 않다는 것은 그 누구나 알고 있는 사실 아닐까? 또한 지난 사법시험 체제 아래에서도 법과대학 재학 중 시험에 합격하는 경우가 극히 예외적이었다는 것 또한 주지의 사실 아닌가? 대다수 학생이 법과대학 4년 과정을 마친 후 이른바 신림동 학원에서 약 3년 정도를 더 공부해야 합격할 수 있는 시험이 사법시험이 아니었던가? 이뿐만 아니라 일본 로스쿨이 실패한 이유 가운데 가장 중요한 이유가 바로 법학부를 유지하는 것 때문이었다는 점을 상기할 필요가 있다.

IV. 변호사 시험과 평등

지금까지 필자와 오은경 사무차장 사이에서 전개된 논쟁을 중심으로 하여 현행 변호사 시험 체제에 어떤 문제가 있는지 검토해 보았다. 이를 토대로 하여 아래에서는 법학전문대학원 졸업자들만이 응시할 수 있는 변호사 시험 제도가 비법학전문대학원 출신자들의 평등권을 침해하는 것인지 검토해 본다. 이를 위해서는 그 전에 법학전문대학원의 설립 취지 등을 살펴볼 필요가 있다.[17]

1. 법학전문대학원 설립 취지

(1) 시험이 아닌 교육을 통한 법률가 양성

왜 우리는 법학전문대학원 체제를 새롭게 도입한 것일까? 이에는 가장 우선적으로 시험이 아닌 교육으로써 법률가를 양성하겠다는 이념을 제시할 수 있다. 종전 사법시험 체제에서는 법과대학을 졸업했는지와는 상관없이 사법시험에만 합격하면 변호사가 될 수 있는 길을 열어 주었다. 하지만 이렇게 함으로써 상당수의 사법시험 응시자가 법과대학 교육보다는 신림동으로 대변되는 학원 교육에 더욱 몰입하였다. 사법시험 경쟁률이 격화되면 될수록 법과대학 교육이 호황을 누리기보다는 신림동 학원들이 호황을 누렸다.[18] 다소 격하게 말하면 변호사가 되는 데 법과대학 교육은 별 필요가 없었던 것이다. 그런데 문제는 이러한 경향이 법과대학에서만 나타난 것이 아니라 전 학문 분야에서 공통

17) 이에 관해서는 양천수, "이상과 현실 사이에 선 법학전문대학원 교육방법론: 기초법학을 예로 하여", 『사회과학연구』(영남대) 제27집(2008), 63-87쪽; 최대권, 『법학교육·법학방법론: Law School을 중심으로』(박영사, 2003) 등 참고.

18) 이 때문에 신림동 학원들의 이익을 대변하는 것으로 보이는 대표적인 고시 신문인 『법률저널』은 기본적으로 법학전문대학원 체제에 비판적인 시각을 보이기도 하였다. 이들은 사법시험 존치를 옹호하였다.

적으로 등장했다는 점이다. 학문 분야에 상관없이 사법시험에 응시하고자 하는 학생들이 전 학문 분야에 걸쳐 늘어나면서 대학 교육 전체가 비정상적으로 운영되는 폐단이 나타나게 된 것이다.[19] 바로 이 같은 문제를 개선하고자 시험이 아닌 교육으로 법률가를 양성하고자 하는 법학전문대학원 체제를 새롭게 도입한 것이다.

(2) 변호사의 위상 변화

이렇게 법률가 양성시스템을 바꾼 것은 법률가, 특히 변호사의 위상 역시 바뀌어야 한다는 요청과 무관하지 않다. 종전에는 판사, 검사와 더불어 변호사가 '법조 삼륜'이라는 이름 아래 일종의 특권층으로 군림하였다. 이는 사법시험이 조선시대에 시행되었던 '과거시험'의 연장선에 있다는 일반적 의식과 무관하지 않다. 조선시대의 과거시험이 일제시대의 고등문관시험으로 이어지고 이러한 고등문관시험이 해방 이후 고등고시와 사법시험으로 연결되면서 사법시험은 곧 출세를 위한 관문으로 이해되었다. 따라서 이러한 사법시험을 통해서만 될 수 있었던 변호사 역시 조선시대의 관리나 일제시대의 고등문관과 유사한 지위로 인식되었던 것이다. 대한변협이 사법시험 존치를 위해 내세우는 '서민의 사다리'나 '개천에서도 용이 나올 수 있도록 해야 한다.'는 주장 역시 변호사가 사다리 위에 있는 직업이라는 또는 용이라는 자기 정체성 의식과 무관하지 않다.

그러나 민주화·다원화·전문화가 지배하는 오늘날 변호사를 이렇게 이해하는 것은 시대 착오적인 것이라고 말할 수 있다. 지난 1990년대 이후부터 법적 조력을 하는 것을 법적 '서비스'를 제공하는 것으로 이해하고 이에 따라 변호사 역시 법률서비스를 제공하는 주체로 이해하는 경향이 확산하면서 오늘날 변호사를 과거의 관리 혹은 고등문관과 유사한 직업으로 파악하는 경향은 사라졌다. 오히려 변호사 역시 의사처럼 전문 직업인으로 파악해야 한다는 인식

---

19) 이는 한때 서울대 비법대 출신자들이 서울대 법대 출신자들과 더불어 사법시험 합격자를 가장 많이 배출하는 집단이었다는 사실이 잘 예증한다.

이 확고해졌다. 이에 따라 의과대학 교육과정을 통해 의사를 양성하는 것처럼 법률가 역시 전문 법학교육 과정으로 양성해야 한다는 시각이 자리 잡게 되었다. 오늘날 변호사는 더 이상 특권층이 아니라 전문 직업인의 일종인 것이다.

(3) 사법시험의 폐해

법률가 양성시스템을 바꾼 것은 종전의 사법시험이 유발하는 폐해와도 무관하지 않다. 크게 두 가지 이유를 언급할 수 있다.

첫째, 종전의 사법시험은 합격률이 극히 낮아 우리 사회의 고급 인력들이 오랜 시간 사법시험 공부로 낭비되는 폐해를 낳았다. 이른바 무수한 고시 낭인들이 사법시험 때문에 양산되었다. 이는 국가적으로 큰 낭비였다.

둘째, 사법시험 응시자의 자격을 제한하지 않음으로써 전 학문 분야의 대학생들이 사법시험 준비에 몰두하는 폐단을 야기하였다. 극단적으로 말하면 서울대학교의 경우에는 전체 학부가 사법시험 준비로 몸살을 앓아왔다. 이 역시 국가적인 측면에서 볼 때 큰 낭비일 수밖에 없었다. 서민의 사다리를 존치한다는 명목 아래 더 큰 국가적·사회적 손실을 감수해야 했다. 이러한 희생을 치를 만큼 변호사를 양성하는 것이 우리 사회에 큰 의미가 있었던 것일까? 지금 우리에게 필요한 인재는 '혁신 경제'를 실현할 수 있는 인재 아닐까?

(4) 지역균형발전

이는 다소 본질적인 측면은 아니겠지만 법학전문대학원 체제는 지역균형발전이라는 측면도 담는다. 점점 심화하는 '수도권 중심주의'에 맞서 법률가양성의 측면에서도 지역균형발전을 실현하려 했던 고 노무현 대통령의 의지가 법학전문대학원 체제에 반영되어 있다. 이러한 상황에서 사법시험을 존치하거나 예비시험을 새롭게 도입하면 특히 지방 소재 법학전문대학원에 큰 타격을 줄 수 있었다.

2. 변호사 시험과 평등

(1) 필자의 견해

이러한 법학전문대학원 설립 취지를 고려할 때 법학전문대학원 졸업생들에게만 변호사 시험 응시 자격을 부여하는 현행 체제는 비법학전문대학원 졸업생들에게 인정되는 직업선택의 자유를 자의적으로 차별하는 것으로서 평등원칙 또는 평등권을 침해하는 것이라고 볼 수 없다. 그 이유를 다음과 같이 말할 수 있다.

우선 우리 헌법이 인정하는 평등권은, 잘 알려진 것처럼, 절대적인 평등을 추구하는 것이 아니라 상대적인 평등을 추구하는 것임에 유념할 필요가 있다. 합리적 근거가 있는 경우에는 합리적 차별도 허용된다. 필자는 위에서 언급한 법학전문대학원의 설립 취지를 고려할 때 법학전문대학원 졸업자들과 비법학전문대학원 졸업자들을 차별하는 것이 합리적 근거를 갖는다고 생각한다.

나아가 변호사 시험에 관해서는 직접적으로 직업선택의 자유가 문제되는데 이러한 직업선택의 자유야말로 다른 기본권에 비해 제한이 많이 되는 기본권이라는 점을 기억할 필요가 있다. 기본권 제한 도그마틱으로서 많이 사용되는 비례성 원칙을 검토하면 법학전문대학원 졸업생들에게만 변호사 시험 응시 자격을 부여하는 것은 비례성 원칙에 반하지 않는다고 생각한다.

첫째, 목적의 정당성을 검토하면 위에서 살펴본 법학전문대학원 설립 취지에 비추어볼 때 비법학전문대학원 졸업생의 응시 자격을 제한하는 목적의 정당성은 긍정할 수 있다.

둘째, 수단의 적합성을 검토하면, 법률가의 위상을 변화시키고 법률서비스의 질적 수준을 제고하기 위해 법학전문대학원 졸업생들에게만 변호사 시험 응시 자격을 부여하는 것은 수단의 적합성을 인정할 수 있다.

셋째, 법학전문대학원 자체는 지원 자격에 차별적인 제한을 두지 않고 또한 특별전형을 통해 사회적 취약계층을 배려하고 있다는 점에서 볼 때 수단의 필요성도 긍정할 수 있다.

넷째, 종전의 사법시험 체제보다 법학전문대학원 체제가 우리 사회에 더욱 많은 이득을 준다는 점에서 볼 때 수단의 비례성도 인정할 수 있다.

이 같은 근거에서 볼 때 법학전문대학원 졸업생들에게만 변호사 시험 응시 자격을 부여하는 현행 제도는 비법학전문대학원 졸업생들이 갖는 직업선택의 자유를 침해하지 않을 뿐만 아니라 이들을 자의적으로 차별하는 것이라고도 볼 수 없다.

(2) 헌법재판소의 태도

이를 뒷받침하듯 헌법재판소는 2012년 4월 24일에 선고했던 2009헌마608 "변호사시험법 제5조 제1항 위헌확인" 결정에서 변호사시험법 제5조 제1항이 법학전문대학원을 졸업하지 않은 사람들의 평등권이나 직업선택의 자유를 침해하지 않는다고 결정하였다.

먼저 헌법재판소는 다음과 같은 이유로 변호사시험법 제5조 제1항이 법학전문대학원을 졸업하지 않은 사람들이 갖는 직업선택의 자유를 침해하지 않는다고 결정하였다.

> "변호사시험법 제5조 제1항 본문은, 양질의 법률서비스를 제공하기 위하여 다양한 학문적 배경을 가진 전문법조인을 법률이론과 실무교육을 통해 양성하고, 법학교육을 정상화하며, 과다한 응시생이 장기간 사법시험에 빠져 있음으로 인한 국가인력의 극심한 낭비와 비효율성을 막기 위한 취지에서 도입된 법학전문대학원 제도의 목적을 변호사시험 제도와의 연계를 통하여 효과적으로 달성하기 위한 것이므로, 그 목적의 정당성과 수단의 적합성이 인정된다. 사법시험 병행제도 및 예비시험 제도는 위와 같은 입법목적을 달성하기에 부족한 것으로 보이는 반면, 법학전문대학원법은 특별전형제도, 장학금제도 등을 통해 경제적 자력이 없는 사람들에게도 법학전문대학원 과정을 이수할 기회를 부여하였고, 변호사시험법은 사법시험을 2017년까지 병행 실시하도록 하여 기존 사법시험 준비자들의 신뢰를 보호하였으므로, 위

법률조항은 침해의 최소성 원칙에도 위배되지 않는다. 마지막으로, 위 법률조항으로 인하여 청구인들이 받게 되는 불이익보다는, 그것이 추구하는 공익이 더 크다고 할 것이어서 위 법률조항은 법익의 균형성 원칙에도 위배되지 아니한다. 따라서 변호사시험법 제5조 제1항 본문은 과잉금지의 원칙에 위배하여 청구인들의 직업선택의 자유를 침해한다고 보기 어렵다."

다음으로 헌법재판소는 "법학전문대학원의 석사학위라는 변호사 시험 응시자격의 취득에 있어서 경제력에 따른 사실상의 차별이 존재하는 것은 별론으로 하고, 경제력에 따른 규범적인 차별은 존재하지" 않는다는 근거로 변호사시험법 제5조 제1항 본문은 법학전문대학원을 졸업하지 않은 사람들의 평등권 역시 침해하지 않는다고 판시하였다.

V. 몇 가지 제언

마지막으로 현행 법학전문대학원 체제가 어떻게 하면 더욱 나은 방향으로 나아갈 수 있는지에 관해 간략하게 언급하겠다.

1. 입학전형 개선

우선 법학전문대학원의 입학전형 방식을 더욱 개선할 필요가 있다. 물론 필자가 주장한 것처럼 현재로서도 법학전문대학원의 입학전형 방식은 자의적이지 않고 합리적인 요소를 갖추고 있다. 그렇지만 현행 입학전형 방식이 지원자들의 법학적성이나 잠재력을 충분히 평가하지 못하고 있는 부분도 분명 존재한다. 가장 큰 이유를 법학적성시험(LEET)에서 찾을 수 있을 것이다. 현재 실시되는 법학적성시험이 법학전문대학원 응시자들의 실제적인 법학적성을 성공적으로 평가하고 있는지에는 여전히 논란이 분분하다. 물론 그사이 법학전문대학원협의회의 노력 등으로 법학적성시험이 상당 부분 개선되었다. 법학적성시험과 법학교육 수학 능력의 상관성이 제고되었다. 그렇지만 법학적성시험은 앞으로도 지속적으로 개선될 필요가 있다. 그렇게 해야만 속칭 비명문대 출신자라도 법학적성시험에서 고득점을 함으로써 법학전문대학원에 입학할 수 있는 계기가 마련되기 때문이다.

2. 지역균형발전 강화

다음으로 현재 그 격차가 점점 벌어지는 수도권 소재 법학전문대학원과 지방 소재 법학전문대학원 사이의 수준 차이를 줄일 수 있도록 해야 한다. 집권 내내 지역균형발전을 위해 노력했던 고 노무현 대통령의 의지가 법학전문대학원에도 담겨 있다는 점에 주목해야 한다. 법학전문대학원은 엘리트 교육을 강화하기 위해 등장한 것이 아니라 사법개혁의 일환으로 도입된 것이다. 그러므로 이러한 원래 취지를 실현하기 위해서는 지방 소재 법학전문대학원에 대한 국가적 지원을 강화해야 한다. 이를 위해서는 학부 차원에서 실시되는 지역대학육성사업을 지역 법학전문대학원까지 확대 적용해야 할 필요가 있다.

3. 예비시험 발전 방향에 관해

이미 주장한 것처럼 필자는 사법시험을 존치하거나 예비시험을 신설하는 것에 기본적으로 반대한다. 그러나 현행 법학전문대학원 입학전형 방식이 완벽하지는 않다는 점을 고려할 때 다음과 같은 방안은 일종의 타협책으로 모색할 수 있다. 필자는 사법연수원을 전제로 하는 사법시험을 존치하는 것은 국가적인 낭비라고 생각한다. 그러므로 더욱 나은 방안은 예비시험을 도입하는 것이다. 어학성적과 법학적성시험 성적 및 기본적인 법학 성적으로 구성되는 예비시험을 도입하고 이 예비시험의 합격자를 100명 수준으로 유지한다. 이렇게 예비시험을 통해 합격한 사람들은 각 법학전문대학원에 2학년으로 편입할 수 있도록 허용한다. 이 경우 국가가 전액장학금을 부담하고 이렇게 각 법학전문대학원에 편입한 자원은 정원외 자원으로 유지한다. 나아가 이 자원들이 변호사 시험에 응시하는 경우에도 이를 정원외 자원으로 인정하여 예비시험 합격자 가운데 75% 정도가 변호사 시험에 별도로 합격할 수 있도록 관리하는 것이다. 이렇게 하면 한편으로는 법학전문대학원 체제를 유지하면서도 다른 한편으로는 '서민의 사다리' 역시 존치할 수 있는, 다시 말해 서로가 '윈-윈'하는 방안을 실현할 수 있다고 생각한다.

제 8 장

법학전문대학원 교육과정 법제 개선 방안

I. 서 론

많은 이가 공감하듯이 우리 법학교육과 법학은 현재 중대한 위기에 처해 있다.[1] 무엇보다도 법학의 위기가 심각하다.[2] 이에는 여러 이유를 언급할 수 있다. 그중 중요한 이유 하나로 본래 목표에서 벗어나 운용되는 법학전문대학원 체제도 언급할 수 있다. 본래 법학전문대학원 체제는 사법개혁의 일환으로, 법률가 양성 체계 개혁의 일환으로 그리고 법조 시장 개방에 대한 대비책으로 오랜 시간 논의된 끝에 도입되었다. 이러한 법학전문대학원 체제가 지향한 목표 가운데 하나는 시험이 아닌 교육으로 법률가를 양성하는 것이었다.[3] 법학전문대학원이 제공하는 양질의 교육과정을 통해 급변하는 현대사회의 법적 문제에 대처할 수 있는 법률 전문가를 길러내겠다는 것이다.[4]

그러나 현재 관찰할 수 있는 현실의 법학전문대학원은 본래 설정되었던 목표에서 상당히 벗어나 있다. 교육이 아닌 시험이 법률가 양성 과정에서 더욱

1) 많은 연구 가운데 형법학의 관점에서 이를 지적하는 이원상, “한국 법학 교육과 형법학의 위기 극복에 대한 소고”, 『비교형사법연구』 제23권 제2호(2021), 245-276쪽 참고.

2) 다만 이에 관해서는 법학이 과연 학문이 될 수 있는지, 만약 그렇다면 법학의 학문성을 담보하는 것은 무엇인지 문제가 된다. 법학의 학문성에 관해서는 양천수, “기초법학의 의의와 필요성”, 『법철학연구』 제25권 제1호(2022), 95-122쪽 참고.

3) 이에 관해서는 양천수, “법률가 양성교육 체제 정립기의 법학방법과 법학교육: 독일과 영국을 예로 하여”, 『법철학연구』 제9권 제2호(2006), 31-56쪽 참고.

4) 필자는 2006년 9월 1일에 영남대학교에 전임강사로 임용된 직후인 2007년부터 2009년 초반까지 영남대학교 법학전문대학원 설립추진단 실무위원장, 총괄지원부장을 경험하면서 법학전문대학원의 이상과 앞으로 펼쳐질 현실을 직접 체험할 수 있었다.

결정적인 역할을 하는 현상이 되풀이된다. 극단적으로 표현하면 법학전문대학원 교육과정이 변호사 시험에 종속되고 식민지화되는 문제가 점점 더 심화한다. 이에 발맞추어 과거 사법시험의 경우처럼 변호사 시험 합격을 둘러싸고 경쟁이 치열해지면서 법학전문대학원 교육과정에서 전략적인 '선택과 집중'이 이루어진다. 이는 학생의 시각에서는 어찌 보면 목적 합리적인 선택일 수 있다. 그 결과 시험과목이 아닌 기초법학 과목과 시험과목이지만 비중이 약한 전문법학 과목은 현실의 교육과정에서 포함(inclusion)이 아닌 배제(exclusion)의 대상이 되었다. 기초법학 과목은 본래부터 인기가 많지 않은 과목이라고도 말할 수 있겠지만, 세법이나 지식재산권법과 같이 실제 법실무에서 매우 중요한 전문법학 과목도 선택의 대상이 되지 못하는 것은 현재 우리 법학이 어떤 처지에 놓여 있는지를 단적으로 보여주는 예라 할 수 있다.

제8장은 이 같은 상황에서 출발한다. 법학교육과 법학의 위기가 법학전문대학원 체제와 연결되고 법학전문대학원 체제의 문제 가운데 중요한 하나가 교육과정에 있다는 점을 전제로 하여, 현재 우리 법학교육과 법학이 처한 위기를 해결하려면 법학전문대학원 교육과정을 어떻게 개선하는 게 바람직한지 논의하고자 한다. 특히 이를 위해 법학전문대학원 관련 법제가 어떻게 개정되어야 하는지 고민하겠다.

Ⅱ. 법학전문대학원 규제 거버넌스

법학전문대학원 교육과정 개선을 논의하려면 법학전문대학원이 현재 어떤 상황에 놓여 있는지 살펴볼 필요가 있다. 그리고 이에 관한 원인을 분석하려면 법학전문대학원에 관한 규제 거버넌스를 개략적이나마 검토할 필요가 있다.

1. 법학전문대학원의 구성 요소

체계이론(systems theory)의 관점에서 접근하면 법학전문대학원은 교육체계의 부분 영역에 해당한다.[5] 동시에 법학전문대학원은 법학이라는 학문체계가 작동하는 데 중요한 환경적 기초가 된다. 이러한 법학전문대학원을 구성하는 요소로 크게 네 가지를 언급할 수 있다. 학생, 교원, 물적 환경, 교육과정이 그것이다. 학생과 교원이 인적 요소(휴먼웨어)라면 물적 환경은 물적 요소(하드웨어) 그리고 교육과정은 정보적 요소(소프트웨어)라 할 수 있다.[6] 이외에 이들 요소를 체계적·유기적으로 결합하는 교육이념 등 상징적 요소를 추가할 수 있을 것이다.[7] 이러한 요소들이 모두 갖추어져야 법학전문대학원은 비로소 제대로 작동할 수 있다.[8]

2. 법학전문대학원 규제 거버넌스

법학전문대학원 규제 거버넌스를 구성하는 요소로는 크게 세 가지를 언급할 수 있다. 규제 대상, 규제 주체, 규제 수단이 그것이다. 여기서 규제 대상은 당연히 법학전문대학원이다. 규제 주체는 규제를 담당하는 기관, 규제 수단은 법학전문대학원을 규제하기 위해 투입하는 수단 또는 방식을 말한다. 법학전문대학원은 1995년경부터 모색되기 시작하여 오랜 논의 및 진통 끝에 2009년부터 시행되었다. 그런 만큼 법학전문대학원에는 여러 규제가 적용된다. 이는 크게 세 가지로 나눌 수 있다. 인가 규제, 평가 규제, 시험 규제가 그것이다. 이는 법학전문대학원이라는 사회적 체계의 투입(input), 작동 과정, 산출(output)에 대응하는 규제라 말할 수 있다.

인가 규제는 법학전문대학원 인가에 관해 적용되는 규제를 말한다. 우리

5) 교육체계에 관해서는 니클라스 루만, 이철·박여성 (옮김), 『사회의 교육체계』 (이론출판, 2015) 참고. 법학전문대학원을 포함하는 대학을 매체(media)로 파악하는 경우로는 요시미 슌야, 서재길 (옮김), 『대학이란 무엇인가: 대학이라는 '미디어'의 역사 그리고 재탄생』 (글항아리, 2014) 참고.

6) 물론 루만(Niklas Luhmann)의 엄격한 체계이론에 따르면, '체계/환경'이라는 기초적 구별에 따라 교육과정은 교육체계에, 학생, 교원, 물적 환경은 모두 환경에 속한다고 말할 수 있다.

7) '목적/수단'이라는 구별을 활용하면 상징적 요소가 목적에, 인적·물적·정보적 요소가 수단에 해당한다고 말할 수 있다. 교육이념이라는 상징적 요소를 구현하기 위해 인적·물적·정보적 요소라는 수단이 필요하다는 것이다. '목적/수단'의 측면에서 조직을 분석하는 경우로는 Niklas Luhmann, *Funktionen und Folgen formaler Organisation* (Berlin, 1964), S. 17 ff. 참고.

8) 법학전문대학원 평가 기준이 이들 요소를 기준으로 하여 설정되어 있다는 점이 이를 보여준다.

는 법학전문대학원에 준칙주의가 아닌 인가주의를 채택하였다. 이에 따라 전국에서 오직 25개의 법학전문대학원만을 인가했을 뿐만 아니라 총입학 정원도 2,000명으로 한정하였다. 동시에 지역균형발전과 특성화 정책이 인가를 고려하는 과정에 적용되었다. 법학전문대학원이 수도권 중심주의에 대항하는 수단으로도 도입된 것이다.

평가 규제는 법학전문대학원이 제대로 운영되고 있는지에 관해 적용되는 규제를 말한다. 이는 5년마다 이루어진다. 그사이 3년 주기로 자체 평가가 시행된다.

시험 규제는 바로 변호사 시험에 관해 적용되는 규제를 말한다. 이에 관해서는 합격률을 어떻게 설정해야 할지가 가장 큰 논란거리가 된다. 법학전문대학원의 본래 취지에 따르면 변호사는 시험이 아닌 교육으로 양성되어야 한다. 그렇다면 시험은 선발 시험이 아닌 자격시험으로 설계되어야 한다. 그렇지만 현재 변호사 시험은 평균 합격률 50% 선으로 설정되어 운용되고 있다. 이는 변호사 시험이 자격시험이 아니라 이미 경쟁이 치열한 선발 시험으로 실행되고 있음을 보여준다.

이러한 규제에 관한 권한은 어느 한 기관에 집중되지 않는다. 일종의 정치적 타협의 결과로 규제 권한은 교육부, 대한변호사협회, 법무부로 각각 분할되어 귀속되었다. 정치적 관점에서 보면 바로 이 덕분에 법학전문대학원 제도가 도입될 수 있었다고도 말할 수 있다. 이에 따라 인가 규제 권한은 교육부에, 평가 규제 권한은 대한변호사협회에, 시험 규제 권한은 법무부에 부여되었다. 그러나 이는 피규제자가 되는 법학전문대학원에는 비극의 탄생이 되는 준거점이라 말할 수 있다. 서로 다른 이해 관심을 가진 규제 당국에 의해 실행되는 규제로 법학전문대학원은 불합리한 중복 규제의 늪으로 빠져들었기 때문이다. 더군다나 각 규제가 적절하게 균형을 이루지 못하고 변호사 시험 규제가 압도적인 비중과 영향력을 갖게 되면서 법학전문대학원은 왜곡되기 시작하였다.

Ⅲ. 법학전문대학원 교육과정의 이상과 현실

1. 교육과정의 이상

사법개혁의 일환으로 법학전문대학원 도입을 검토할 당시 우리가 주로 참고 모델로 삼았던 것은 예일대나 하버드대와 같은 미국의 Top 로스쿨이었다. 이들 로스쿨에서는 법적 지식보다는 법적 사고 능력이, 실무보다는 이론이 강조된다고 이해되었다.[9] 더불어 새로운 법적 문제에 전문적·창의적으로 대처할 수 있는 전문법학적·기초법학적 역량이 강조된다고 파악되었다. 이러한 로스쿨 체제야말로 사법시험에 의해 식민지화되어 고시 학원으로 전락한 법과대학의 법학교육을 정상화할 수 있는 방안으로, 더 나아가 법조 시장의 세계화에 대처할 수 있는 방안으로 논의되었다.

이러한 이해 방식은 법학전문대학원의 실정법적 근거가 되는 「법학전문대학원 설치·운영에 관한 법률」(이하 '법학전문대학원법'으로 약칭함) 제2조가 규정하는 교육이념에서 확인된다. 이에 따르면 "법학전문대학원의 교육이념은 국민의 다양한 기대와 요청에 부응하는 양질의 법률서비스를 제공하기 위하여 풍부한 교양, 인간 및 사회에 대한 깊은 이해와 자유·평등·정의를 지향하는 가치관을 바탕으로 건전한 직업윤리관과 복잡다기한 법적 분쟁을 전문적·효율적으로 해결할 수 있는 지식 및 능력을 갖춘 법조인"을 양성하는 것이다. 교육이념은 다음과 같이 분석할 수 있다.

제2조는 목적/수단 구조를 갖춘다. 최종 목적은 "국민의 다양한 기대와 요청에 부응하는 양질의 법률서비스를 제공"하는 것이다. 여기서 흥미로운 점은 법률가가 수행하는 직무를 "법률서비스"의 관점에서 접근한다는 점이다. 교육이념은 이러한 목적을 실현하기 위해 법조인 양성의 방법을 수단으로 제시한다. 이에 따르면 법학전문대학원에서 시행하는 법조인 양성은 첫째, "풍부한 교양, 인간 및 사회에 대한 깊은 이해와 자유·평등·정의를 지향하는 가치관을

9) 이에 관해서는 최대권, 『법학교육·법학방법론: Law School을 중심으로』 (박영사, 2003) 참고.

바탕"으로 해야 한다. 둘째, "건전한 직업윤리관"을 갖춘 법조인을 양성해야 한다. 셋째, "복잡다기한 법적 분쟁을 전문적·효율적으로 해결할 수 있는 지식 및 능력을 갖춘 법조인"을 양성해야 한다. 이를 [표]로 표현하면 다음과 같다.

[표] 법학전문대학원법 교육이념의 구조

풍부한 교양 / 인간 및 사회에 대한 이해 /
자유·평등·정의를 지향하는 가치관 + 건전한 직업윤리관 + 전문적 법적 지식과 능력

⇩

법률가 양성

⇩

양질의 법률서비스 제공

⇩

국민의 기대와 요청 부응

이러한 배경에서 법학전문대학원이 받아들여야 하는 이상적인 교육과정으로 다음이 제시되었다.[10] 기초법학 과목, 기본 법학 과목, 전문법학 과목, 실무 법학 과목이 균형 있게 유기적으로 체계화된 교육과정이 그것이다. 이는 상당히 이상화된 모델이었다. 한편으로는 구체적인 법적 문제를 실천적으로 해결할 수 있는 실무 역량을 갖추면서도, 다른 한편으로는 복잡하고 전문화된 현대 사회에서 발생하는 여러 새롭고 전문적인 법적 문제에 대처할 수 있는 법률가를 양성하는 교육과정 모델이었기 때문이다. 그것도 3년이라는 극히 제한된 기간 안에 말이다.

그러나 사실 이러한 이상화된 모델을 3년 안에 충실하게 이행하는 것은 매우 어려운 과제였다. 기존 법과대학과 사법시험 체제 아래에서는 현실적으로 법과대학 4년에 사법시험 준비 기간이 2~3년 추가되고 이에 더해 2년 간의 사법연수원 과정을 거침으로써 제 몫을 하는 법률가를 양성할 수 있었기 때문이다.

---

10) 이를 기초법학의 관점에서 분석하는 양천수, "이상과 현실 사이에 선 법학전문대학원 교육방법론: 기초법학을 예로 하여", 『사회과학연구』 제27집(2008), 63-87쪽 참고.

이에 비추어보면 3년이라는 시간적 기준은 턱없이 부족해 보였다. 이에 관한 해결책으로 제시된 것은, '내용/형식'에 대응하는 '지식/방법'이라는 구별을 활용하여, 지식보다는 방법을 가르치는 것에 주안점을 두는 것이었다. 말하자면 법학전문대학원은 법에 관한 방대한 지식을 전수하는 곳이라기보다는 '법률가처럼 사고하는 법'(thinking like a lawyer)을 가르치는 곳이어야 한다는 점이었다.

2. 교육과정의 현실

그러나 이상은 역시 이상일 뿐이었다. 법학전문대학원이 실제로 작동하면서 교육과정의 이상과 현실 사이에는 큰 괴리가 나타났다. 현실은 법학교육과 법학에 부정적인 측면으로 그리고 결국에는 이에 위기를 안겨주는 방식으로 진행되었다. 이는 크게 세 가지 측면에서 언급할 수 있다.

(1) 변호사 시험의 식민지화

가장 먼저 언급할 현실이자 문제는 변호사 시험이 법학전문대학원 교육과정을 식민지화하였다는 것이다.[11] 사법시험의 식민지로 전락했던 법과대학의 문제가 법학전문대학원에서도 되풀이되는 것이다. 이에 따라 법학전문대학원의 교육과정은 변호사 시험의 시험과목에 해당하는지, 해당하는 경우 그 비중이 어떻게 되는지에 따라 선택과 집중의 대상이 되었다. 이에 우선 시험과목과 비시험과목이 구별되면서 전자는 선택의 대상으로, 후자는 배제의 대상으로 규정되었다. 나아가 시험과목의 비중에 발맞추어 교과목의 우선순위가 선택 및 집중되었다. 이로 인해 자연스럽게(?) '민사법 > 형사법 > 공법 > 전문법'이라는 합리적 선택의 서열이 만들어졌다.[12] 비시험과목인 기초법학 과목은 이러한 서열에서조차 배제되었다.

---

11) 이는 독일의 사회철학자 하버마스(Jürgen Habermas)가 제시한 '생활세계의 식민지화'를 변용한 것이다.

12) 법학전문대학원 수업 시간표는 이러한 서열에 맞추어 편성되고는 한다. 이른바 수업하기 좋은 시간대는 민사법에 가장 우선적으로 배치되고는 한다. 비시험과목인 기초법학 교과목은 주요 시험과목과 겹치지 않도록 해야 하기에 결과적으로 주로 선호되지 않는 시간대로 배치되는 경향이 강하다.

(2) 판례의 지배

다음으로 판례가 법학전문대학원 교육과정에서 가장 중요한 교육 대상으로 자리매김하였다는 점을 언급할 수 있다. 이상적인 법학전문대학원 교육과정 모델에 따르면 법학전문대학원에서는 법학 지식보다는 법적 사고 능력을 키우는 데 초점을 맞추어야 한다. 그러나 현실에서는 법적 사고 능력보다는 지식이, 그것도 학설보다는 판례 중심의 지식이 강조된다. 이 역시 변호사 시험과 무관하지 않다. 판례가 변호사 시험 정답 선택의 기준이 되면서 법학전문대학원에서도 어떻게 하면 판례를 정확하게 전달할 수 있는지에 관심이 집중된다.

물론 법학교육에서 판례가 차지하는 비중은 결코 간과해서는 안 된다. 법학교육은 기본적으로 '현재 있는 법'(de lege lata)이 무엇인지에서 출발해야 하는데, 이때 현재 있는 법으로는 실정법 이외에도 판례를 언급할 수 있기 때문이다. 판례는 현재 있는 법 가운데 하나로서 언제나 법적 논의의 출발점이 되어야 한다. 하지만 그렇다고 해서 법학교육이 판례에 전적으로 구속되어서는 안 된다. 실정법도 변경될 수 있기에 절대적인 규범이 아닌 것처럼 판례 역시 언제나 변경 대상이 되기 때문이다.[13] 따라서 더욱 중요한 것은 판례가 어떤 배경에서, 어떤 이익 형량 과정에서 형성된 것인지, 그러한 배경이 '지금 여기서도' 여전히 유효한 것인지를 비판적으로 따져 묻는 논증적 작업이 되어야 한다.

(3) 실무의 지배

나아가 법학전문대학원 교육과정에서 실무 과목이 과도하게 강조된다.[14] 물론 기존의 법과대학에서 이루어진 교육과정이 실무 능력을 도외시한 면이 있고 이로 인해 법학 이론과 실무 사이에 큰 괴리가 있었다는 점은 문제가 되었다. 그 때문에 법학전문대학원에서 실무 능력을 갖춘 법률가를 양성하는 것

---

13) 이를 법과 시간의 관점에서 접근하는 양천수, "법과 시간: 판례 변경의 필요성과 기준을 예로 하여", 『영남법학』 제57호(2023), 187-216쪽 참고.

14) 이때 무엇이 실무교육인가에 관해서는 의문이 없지 않다. 과연 무엇을 기준으로 하여 이론교과목과 실무교과목을 구별할 수 있는지의 문제가 빈번하게 제기된다. 이는 마치 상법학에서 무엇이 상행위인가에 관한 문제와 유사하다. 이 문제에 관해서는 박준, "법학전문대학원에서의 이론교육과 실무교육", 『저스티스』 제151호(2015), 301-354쪽 참고.

도 교육 목표로 포섭되었다. 하지만 그렇다고 해서 법학전문대학원이 마치 사법연수원처럼 실무교육 기관이 되어야 하는지에는 반대 의견이 더 많았다. 미국의 Top 로스쿨이 그렇게 하는 것처럼 법학전문대학원에서는 기본적인 실무교육만 실시하고 구체적이고 전문적인 실무 능력은 실제 실무를 경험하는 과정에서 습득하도록 하는 게 목표로 설정되었다. 애초에 실무 능력이라는 것은 실제로 발생한 법적 분쟁을 해결하는 과정에서 획득될 수 있기에 이를 법학전문대학원이라는, 의과대학과는 달리 부설 로펌을 갖추고 있지 않은 교육기관에서 제대로 담당한다는 것은 실현되기 어렵다고 말할 수 있다.

이러한 측면에서 보면 법학전문대학원에서 실무교육이, 특히 법원이나 검찰, 경찰에 의해 이루어지는 실무교육이 현실적으로 큰 비중을 차지하는 현실에는 문제가 없지 않다. 이들 기관이 주도하는 실무교육은 현재 거의 필수과목처럼 운용되면서 그 결과 전문법학 과목이나 기초법학 과목 등이 학생들의 선택에서 불가피하게 배제되는 문제가 발생하기 때문이다. 이 과정에서도 학생들의 전략적인 선택과 집중이 이루어진다.

3. 문 제

법학전문대학원 교육과정이 직면하는 이 같은 현실에 분명 문제가 있다는 점은 부정하기 어렵다. 사법개혁의 일환으로 도입된 법학전문대학원이 본래 목표로 했던 교육과정에서 상당 부분 일탈해 있기 때문이다. 이에는 그동안 이미 여러 연구가 진행되었다. 따라서 아래에서는 구체적인 문제 가운데 두 가지만 선별해 언급하고자 한다.

(1) 전문적인 법적 문제 대응 역량

민사법과 형사법을 중심으로 한 변호사 시험 과목, 판례 및 실무에 매몰된 법학전문대학원 교육과정은 오늘날 새롭게 출현하는 전문법적 문제에 적절하게 대응하는 데 한계가 있다. 이미 현재도 대형 로펌들은 인공지능이나 데이터 등에 관한 법적 문제에 관심을 기울인다. 특히 유럽연합 인공지능법이 시사하듯이 급속하게 발전하는 인공지능이 새롭게 제기하는 법적 문제에 관해 현 법학전문대학원의 교육과정이 과연 적절하게 대응하는지에 의문이 없지 않다. 의료나 보건 영역에서 제기되는 법적 문제, 가령 첨단재생의료에 관한 법적 문제에도 비슷한 의문을 던질 수 있다.

물론 이러한 모든 전문법학 영역에 관한 지식을 법학전문대학원 교육과정에서 빠짐없이 제공해야 하는 것은 아니다. 그렇게 하기에 충분한 인적·물적·시간적 자원을 법학전문대학원이 갖추기는 현실적으로 불가능하다. 그렇지만 법적 사고 능력을 충실히 가르친다면 오늘날 새롭게 등장하는 여러 전문법적 문제에도 기본적으로 대처할 수 있다. 전문법의 문제는 기본적으로 기본 법학의 개념이나 체계, 원리 등을 각 전문 영역에 맞추어 확장 또는 변용한 것으로 볼 수 있기 때문이다.[15] 그렇다면 기본 법학에서 배운 개념이나 체계, 원리 등을 각 전문 영역에 확장 및 응용할 수 있는 법적 사고 능력을 함양한다면 전문법의 문제에 어느 정도 대처할 수는 있다. 이때 필요한 것이 바로 기초법학에 관한 지식과 능력이다. 법적 사고 능력의 토대를 마련하는 것은 법학방법론이나 법철학, 법사학 등과 같은 기초법학이기 때문이다. 하지만 앞에서 지적하였듯이 현실의 법학전문대학원 교육과정에서는 이러한 부분이 간과되고 있다.

(2) 리걸테크의 도전

급속하게 발전하는 리걸테크(Legal Tech), 특히 범용 인공지능(general purpose AI)을 활용하는 리걸테크도 법학전문대학원 교육과정에 커다란 도전이자 문제를 제기한다. 현재 진행되는 인공지능의 발전 속도는 예측하기 어려울 정도이다. 법률 GPT처럼 법률 실무에 적용되는 인공지능의 성능은 나날이 좋아지고 있다. 앞으로는 인공지능을 잘 활용하는, 어쩌면 더 나아가 인공지능과 잘 협업하는 법률가가 필요한 시대가 올 것이다. 이는 반대로 지금처럼 많은 수의 인간 존재 법률가가 앞으로도 과연 필요한지에 의문을 제기한다. 과거에는 공상처럼 보였던 인공지능의 인간 대체, 특히 전문직 영역에서 이루어지는 인간 대체가

15) 이를 보여주는 예로서 金井高志, 『民法でみる知的財産法』 (日本評論社, 2012) 참고.

점점 멀지 않은 현실로 다가온다. 이러한 상황에서 여전히 인간중심주의, 실제 세계 중심주의, 유체물 중심주의에 바탕을 둔 법학전문대학원 교육과정을 고수해야 하는지에도 의문을 떨쳐버리기 어렵다.[16]

IV. 대응 방안

1. 실효성 vs. 효력

법학전문대학원 교육과정이 변호사 시험의 식민지로 전락한 것은 외견적으로 보면 자유로운 선택에서 출발한 결과이다. 변호사 시험 합격을 둘러싼 경쟁이 치열해지고 3년이라는 제한된 시간 안에 많은 양의 공부를 해야 하는 학생의 관점에서 보면 선택과 집중을 전략적으로 활용하여 자신이 가진 자원을 최대한 효율적으로 배분해야 한다. 이에 따라 선택된 결과가 바로 변호사 시험 과목 중심 + 판례 중심 + 실무 중심 공부이다. 학생과는 다른 처지에 있는 이들이 이를 비판만 할 수는 없는 노릇이다. 이에 더해 변호사 시험 합격률과 수도권 중심주의에 터 잡아 형성된 법학전문대학원 서열이 점차 확고해지는 상황에서는 각 법학전문대학원 역시 변호사 시험 합격률을 제고하는 데 집중하는 것이 합리적인(?), 아니 어쩌면 생존을 위한 법학전문대학원 경영일 수밖에 없다.[17]

문제는 이러한 선택의 결과가 살아 있는 규범이자 제도로 작동한다는 점이다. 특정한 방향을 향한 선택이 많아지면 이는 점점 더 많은 선택을 끌어들이는 자기 증식화의 길을 걷는다. 이러한 경향은 사회적 트렌드가 되어 일종의 규범적 기대를 형성한다. 이에 따라 특정한 방향을 향한 선택은 살아 있는 규범

---

16) 현대사회는 인간중심주의, 실제 세계 중심주의, 유체물 중심주의에서 벗어나고 있다고 진단하는 경우로는 양천수, "현대사회의 구조변혁과 법규범의 대응 방향", 『인간연구』 제46호(2022), 37-75쪽 참고.

17) 필자 역시 다년간 법학전문대학원 부원장 경험을 하면서 기초법학 전공자이면서도 변호사 시험 합격률에 우선적인 관심을 둘 수밖에 없는 그 때문에 학생들에게 전략적인 선택을 조언할 수밖에 없는 상황을 경험하고는 하였다.

으로 자리매김하여 사회 구성원을 향해 실효성(Wirksamkeit)을 발휘한다. 개인이 이러한 선택의 실효성에 저항하는 것은 쉽지 않다. 살아 있는 규범이 결정한 방향과는 다른 선택을 하기 위해서는 여러 불확실한 위험을 감수해야 하기 때문이다.

따라서 이러한 실효성에 대항하려면 개인의 자율적인 선택을 넘어서는 힘, 즉 제도화의 힘이 필요하다. 더욱 정확하게 말하면 '효력'(Geltung)이라는 법의 힘이 필요하다. 이는 청탁금지법이 잘 예증한다. 이른바 우리의 생활세계에서 왜곡된 청탁과 선물 관행을 바로 잡고자, 달리 말해 청탁과 선물에 관해 살아 있는 규범을 변경하고자 국가는 청탁금지법이라는 실정법을 제정해 투입한 것이다. 마찬가지로 법학전문대학원 교육과정에 관해 실효성을 발휘하는 살아 있는 규범을 바로 잡기 위해서는, 마치 법과대학 체제를 법학전문대학원 체제로 변경할 때처럼, 국가가 전면에 나서 효력이 있는 실정법 규범을 적용해야 한다.

2. 세 가지 국가법과 선택지

실정법을 살아 있는 법과 구별되는 규범으로 파악한다면 이에는 크게 세 가지를 언급할 수 있다.[18] 법률, 하위법령, 판례가 그것이다. 이 가운데 판례가 법규범인지 혹은 법원(Rechtsquelle)인지에는 논란이 있다.[19] 지배적인 견해는 우리가 선례구속의 원칙을 받아들이지 않았다는 근거에서 이를 법규범으로 인정하지 않는다. 그렇다 하더라도 판례가 살아 있는 법보다는 더욱 강력한 규범적 힘을 발휘한다는 점은 부정하기 어렵다.

문제에 봉착한 법학전문대학원 교육과정을 개선하기에는 이 중에서 법률이라는 매체가 가장 성공 가능성이 높은 선택지가 될 것이다. 애초에 법학전문대학원 체제 자체도 법학전문대학원법으로 도입되었기에 이러한 체제를 개선하고자 한다면 역시 국회에서 제정하는 법률이 가장 바람직한 선택지가 될 것

18) 물론 법다원주의를 받아들인다면 실정법뿐만 아니라 살아 있는 법도 법 개념에 포섭할 수 있다.
19) 이 문제에 관해서는 양천수, "판례의 법원성 재검토: 법이론의 관점에서", 『사법』 제52호(2020), 431–465쪽 참고.

이다. 그렇지만 법학전문대학원 체제 자체에 관해서는 다양한 관점과 견해, 심지어 여전히 팽팽하게 대립하는 이해 방식이 존재한다는 점을 고려하면 빠른 시간 안에 국회에서 법학전문대학원 교육과정을 개선하는 법률을 제정하기는 어려워 보인다. 어떤 법률이 실제로 입법되는 데 성공하는가는 입법학 등에서 볼 때 매우 흥미로운 논의 주제인데, 입법에 성공하는 법률안이 내용적인 면에서도 바람직하거나 시급한 것인지에는 언제나 의문이 없지 않기 때문이다. 그만큼 특히 법학이라는 학문체계나 법학교육이라는 교육체계에서 중요하고 절실하다고 여기는 것과 정치체계에 속하는 국회가 중요하다고 여기는 법률안 사이에는 분명 괴리가 있다. 이를 고려하면 법학이 직면한 위기가 명백하고 현존하는 지금 시점에서 법률이라는 선택지를 활용하는 것은 전략적으로 볼 때 적절하지는 않다.

판례 역시 적합한 선택지는 아니다. 판례는 많은 경우 현행 체제를 안정적으로 유지하는 역할을 하기에 적합하기 때문이다. 물론 헌법재판 제도를 활용하는 개선 방안도 고려해 볼 수 있겠지만 법학전문대학원 체제를 규율하는 법률에 헌법적 문제가 있다고 보기는 어렵기에 이 역시 적합한 수단은 아니다.

그렇다면 현재 선택할 수 있는 가장 적절한 선택지는 하위법령, 즉 법률에 위임을 받아 구체화하는 하위법령을 활용함으로써 법학전문대학원 교육과정을 개선하는 것이다. 더욱 구체적으로 말하면 하위법령을 개정함으로써 법학전문대학원 교육과정을 바람직한 방향으로 개선하는 것이다.

3. 하위법령을 통한 개선 가능성

법학전문대학원 교육과정은 하위법령으로 개선하는 게 가장 좋은 선택지라면 이러한 방안이 법학전문대학원을 규율하는 현행법상 가능한지 검토해야 한다. 이에 관한 실정법상 근거는 법학전문대학원법에서 찾을 수 있다. 법학전문대학원법은 제20조에서 교육과정을 규율한다. 우선 제20조 제1항은 다음과 같이 정한다. "법학전문대학원은 제2조의 교육이념의 취지에 부합하는 법조인의 양성에 필요한 교과목을 개설하는 등 체계적인 교육과정을 운영"하여야 한다. 여기서 알 수 있듯이 법학전문대학원법은 각 법학전문대학원이 "체계적인" 교육과정을 개설해야 함을 규정한다.

나아가 제2항은 다음과 같이 정한다. "법학전문대학원이 개설하여야 하는 교과목 등에 관하여 필요한 사항은 **대통령령**"으로 정한다는 것이다(강조는 인용자). 이에 따르면 각 법학전문대학원이 교육과정을 구체적으로 어떻게 체계화해야 할지는 대통령령으로 구체화할 수 있다. 법학전문대학원법이 대통령령이라는 하위법령에 교육과정 구체화 권한을 위임하는 것이다. 바로 이 점에서 법학전문대학원 교육과정 개선이라는 목표를 하위법령을 통해 달성할 수 있는 실정법상 가능성이 마련된다.

한편 법학전문대학원법 제21조는 "설치기준의 수립·변경에 대한 의견수렴"이라는 표제 아래 "교육부장관은 교원·시설·교육과정 등 법학전문대학원의 설치에 관한 중요한 기준을 수립·변경하고자 하는 경우에는 법원행정처장·법무부장관·대한변호사협회장 및 한국법학교수회장 등의 의견을 들어야 한다."고 정한다. 이는 법학전문대학원 교육과정을 개선하는 과정에 법학교수회가 관여할 수 있음을 보여준다.

4. 교육과정 개선 방향

(1) 기본 방향

법학전문대학원 교육과정 개선 방향은 어떻게 설정해야 할까? 법학전문대학원법 제2조가 설정하는 교육이념을 구현할 수 있게 교육과정을 하위법령으로 설정 및 유도하는 방향이 될 것이다. 말을 바꾸면 기초법학, 기본 법학, 전문법학, 실무 법학이 법학전문대학원 교육과정에 균형 있게 포섭 및 체계화될 수 있도록 하는 것이다. 비유적으로 말하면 변호사 시험의 강력한 식민지화에 대항할 수 있는 규범적 장치를 마련하는 것이다.

(2) 절차주의적 규제

변호사 시험에 저항할 수 있는 규범적 힘을 법학전문대학원 교육과정에 부여하려면 교육과정에 체계적으로 편성 및 개설되는 교과목을 하위법령으로 규제할 수 있어야 한다. 이때 적용되는 규제 원칙으로 절차주의적 규제, 달리 말해 '규제된 자율규제'를 언급할 수 있다.[20] 타율규제와 자율규제 또는 직접 규제와 간접 규제를 적절하게 혼합하는 것이다.

법학전문대학원 교육과정을 효과적으로 통제하기에는 타율규제 또는 직접 규제가 적합할 것이다. 하지만 그렇게 하면 급변하는 환경에 법학전문대학원이 탄력적으로 대처하는 데 문제가 발생할 수 있다. 교육의 자율성은 기본적으로 보장되어야 한다. 반대로 자율성을 강조하여 교육과정을 법학전문대학원에 전적으로 맡기면 현재 교육과정이 처한 문제, 즉 변호사 시험의 식민지 전략 문제를 해소하기 어렵다. 바로 이 같은 근거에서 절차주의적 규제 또는 규제된 자율규제가 필요한 것이다.

이는 다음과 같이 구체화될 수 있다. 법학전문대학원 교육과정을 정상화하기 위해 어떤 교과목이 반드시 편성 및 개설되어야 하는지에 관한 근거는 하위법령에서 정한다. 이때 중요한 점은 편성 및 개설되어야 하는 교과목의 외연을 일반적·추상적으로 획정하는 것이다. 이를 구체적으로 결정하면 이는 절차주의적 규제가 아닌 직접 규제로 변질될 것이다. 그리고 이렇게 일반적·추상적으로 근거가 마련된 교과목의 구체적인 내용을 형성하는 권한은 각 법학전문대학원에 자율적으로 맡기는 것이다. 이를 통해 타율규제와 자율규제, 직접 규제와 간접 규제가 결합한다.

(3) 선택적 필수 교과목 제도

이러한 절차주의적 규제를 구현할 수 있는 구체적인 방법으로 선택적 필수 교과목 제도를 언급할 수 있다. 그 개념이 시사하듯이 선택적 필수 교과목 제도는 한편으로는 필수 교과목 제도를 통해 교과목 편성 및 개설을 강제하면

---

20) 절차주의적 규제에 관해서는 Gralf-Peter Calliess, *Prozedurales Recht* (Baden-Baden, 1999) 참고.

서도, 다른 한편으로는 '선택적'이라는 방법을 활용하여 넓은 외연의 교과목 가운데 구체적으로 어떤 교과목을 이에 포섭하여 편성 및 개설하게 할 것인지를 각 법학전문대학원에 자율적으로 맡길 수 있다. 교육과정을 이수해야 하는 학생들도 선택적 필수 교과목 제도 아래에서 강제적인 필수와 자율적인 선택을 동시에 실천할 수 있다.[21] 그 점에서 하위법령은 선택적 필수 교과목 제도를 도입하는 방식을 활용하여 법학전문대학원 교육과정을 개선할 필요가 있다.

(4) 선택적 필수 교과목 제도의 대상 교과목

1) 대상으로서 기초법학과 전문법학

선택적 필수 교과목 제도의 대상이 되어야 하는 교과목은 두 가지이다. 기초법학 교과목과 전문법학 교과목이 그것이다.

2) 필수 교과목으로서 기초법학 영역과 전문법학 영역

하위법령은 이 두 가지 교과목, 더욱 정확하게 말해 '교과목 영역'이 법학전문대학원 교육과정에서 반드시 편성 및 개설될 수 있도록 강제해야 한다. 이를 필수 교과목으로 설정해야 한다. 더불어 이들 필수 교과목이 법학전문대학원 교육과정에서 최소한 몇 개 이상 개설되어야 하는지도 하위법령으로 강제할 필요가 있다. 그 점에서 이에는 타율규제가 적용된다.

3) 자율적 선택 대상으로서 개별 기초법학 및 전문법학 교과목

다만 기초법학 교과목과 전문법학 교과목 가운데 구체적으로 어떤 교과목이 선택적 필수 교과목의 선택 범위에 포함되어야 하는지는 각 법학전문대학원이 자율적으로 결정할 수 있도록 해야 한다. 이에 따라 각 법학전문대학원은 자신들이 처한 내적 상황과 외적 환경 및 역량을 고려하여 선택적 필수 교과목의 선택 범위를 자율적으로 결정한다. 이때 각 법학전문대학원이 지향하는 특성화 목표도 고려될 수 있을 것이다.

---

21) 그 점에서 이는 '조건화된 자율'이라고도 말할 수 있다.

(5) 기 타

이외에 다음 두 가지를 추가적으로 고려할 수 있다. 첫째, 현행 법조윤리 교과목과 기초법학 교과목을 연계하는 방안이다. 구체적으로 말하면 기초법학자들이 법조윤리를 담당할 수 있는 방안을 모색하는 것이다. 둘째, 현재 외부기관이 실시하는 실무교육을 합리적으로 개선하는 방안을 고민하는 것이다.

제9장 법률가 양성 체계의 개선 방향 모색

I. 서 론

제8장에서도 언급하였듯이 현재 우리 법학전문대학원 교육은 위기에 처해 있다. 법학전문대학원에서 이루어지는 교육의 현실은 본래 설정된 이상에서 한참 멀어져 있다. 이는 사법개혁으로 일환으로 도입되어 교육을 통한 법률가 양성을 목표로 했던 법학전문대학원 도입 취지가 현재 제대로 작동하지 못하고 있음을 보여준다.

제8장에서는 위기에 봉착한 법학전문대학원 교육과정의 현실을 해결하기 위해 어떻게 해야 하는지를 주로 다루었다. 이어 제9장에서는 좀 더 근원적인 논의를 위한 기초 자료를 마련하고자 한다. 법학전문대학원 제도의 문제점을 개혁한다는 맥락에서 영국과 독일에서 운영하는 법률가 양성체계를 검토하고자 한다.

물론 법학교육 개혁을 포함하여 법률가 양성교육체계 전반을 개혁하는 것은 단순히 새로운 제도를 도입함으로써 해결할 수 있는 것은 아니다. 이와 병행하여 다음과 같은 내용적·방법론적 물음, 즉 어떤 법학방법론에 기초하여 법학교육 방법의 방향을 짤 것인지, 어떤 방식으로 그리고 어느 정도에서 법조실무교육을 법학교육에 포함할 것인지, 나아가 어떻게 법학교육의 '학문성'(Wissenschaftlichkeit)을 확보할 것인지, 어떤 과정을 통해 학문후속세대를 양성할 것인지 등에 관한 물음에 답을 제공할 수 있어야 한다.

제9장은 이러한 문제의식에 입각하여 법학교육 개혁이라는 화두를 기본적으로 법학방법(juristische Methodik)이라는 시각에서 접근하고자 한다.[1] 이를 위해 영미법과 대륙법이라는 서로 다른 전통에 바탕을 두는 영국과 독일에서는 법학교육 및 법률가 양성에 관해 어떤 방법론적·제도적인 체계를 마련하는지 일종의 비교법적 측면에서 살펴보고자 한다. 이를 통해 우리 법학교육 개혁에 관해 의미 있는 몇 가지 시각을 획득하겠다.

Ⅱ. 대륙법과 영미법의 법학방법

독일과 영국의 법학교육체계를 분석하기에 앞서 일반적으로 언급하는 대륙법과 영미법의 법학방법을 간단하게 살펴보겠다. 흔히 독일을 중심으로 하는 대륙법의 법학방법으로 '개념법학적 방법'을 그리고 영미법학의 법학방법으로 '판례 분석 방법'(case method)을 거론한다.

1. 개념법학적 방법

개념법학적 방법은 법체계의 완결성을 전제로 하여 논리가 일관되고 체계적인 법적 개념과 요건/효과 그리고 도그마틱을 정립하는 것을 주된 목표로 삼는 방법이라고 말할 수 있다. 말하자면 '개념의 피라미드'를 구축하는 것이 개념법학적 방법의 지향점이라고 할 수 있다.[2] 독일의 사회학자 루만(Niklas Luhmann)의 분석을 빌려 말하면 개념법학적 방법은 법체계와 환경의 관계에서 볼 때 환경으로부터 법체계를 향해 진행되는 투입(Input)에 일정한 경계를 제시하는 '분류기능'(Klassifikationsfunktion)을 지향하는 방법에 해당한다.[3]

---

1) 여기서 '법학방법'과 '법학방법론'(juristische Methodenlehre)을 어떻게 구별해야 할지 문제가 될 수 있다. 이에 관해서는 다양한 논의가 있을 수 있는데 일단 여기서는 '법학방법론'을 좀 더 '추상적이고 학문적인 것'으로 이해하고 '법학방법'은 '구체적이고 법학교육에 직접 관련을 맺는 것'으로 이해하고자 한다.

2) '개념의 피라미드'는 자연법학자인 크리스티안 볼프(Christian Wolff)로 거슬러 올라간다. H. Schlosser, *Grundzüge der Neueren Privatrechtsgeschichte*, 10. Aufl. (Heidelberg, 2005), S. 153.

2. 판례 분석 방법

이에 반해 영미법학의 주된 방법인 판례 분석 방법은 논리 일관된 개념이나 체계를 구성하는 것보다는 개별 사례가 담고 있는 사물논리를 적절하게 평가하여 그때그때 정의로운 판결을 이끌어낼 수 있도록 하는 데 중점을 두는 방법으로 정의내릴 수 있다. 따라서 영미법학의 시각에서 볼 때 완결된 법체계를 구성하고자 하는 것은 무익한 일이 될 수 있다. 오히려 (판례)법체계가 환경인 사회에 어떤 산출(Output)을 생산하는지에 더욱 관심을 기울인다고 말할 수 있다. 따라서 영미법학의 방법은, 루만의 용어를 빌려 말하면, '결과지향'(Folgenorientierung)에 중점을 둔다고 말할 수 있다.[4]

3. 두 방법 간 차이의 희석

이렇게 대륙법과 영미법의 법학방법 사이에서 보이는 이원적이면서 상호대립적인 측면은 대륙법이 '법전화 운동'을 거치면서 민법전을 중심으로 하는 자기완결적인 실정법을 제정한 반면 영미법은 '보통법'과 '형평법'으로 대별되는 판례법 전통에 기반을 둔다는 점에서 일반적으로 승인을 받는 것으로 보인다. 실제로 19세기에 제정된 여러 법전법 중에서 가장 체계적이면서 추상적인 성격을 갖는 독일 민법전(BGB)은 로마법학을 연구했던 개념법학자들이, 무엇보다도 빈트샤이트(Bernhard Windscheid)가 주도하여 제정되었다는 점은 널리 알려진 사실이다.[5] 그러나 이러한 사정 때문에 여전히 대륙법의 방법은 개념법학이고 영미법의 방법은 체계를 도외시하는 판례법학이라고 주장한다면 이는 오늘날의 상황에는 맞지 않는 '오해'라고 말할 수 있다. 그 이유를 다음과 같이 언급할 수 있다.

---

3) N. Luhmann, *Rechtssystem und Rechtsdogmatik* (Stuttgart/Berlin/Köln/Mainz, 1974), S. 27.
4) N. Luhmann, 위의 책, S. 32 ff.
5) 목적법학을 주창했던 예링은 민법전 제정 과정에 참여하지 못했다. 이에 관해서는 H. Schlosser, 앞의 책, S. 182.

우선 이미 대륙법학에서도 개념법학에 반대하여 예링(Rudolf von Jhering), 헤크(Philipp Heck), 칸토로비츠(Hermann Kantorowicz) 등을 통해 개념이나 체계보다는 사회현실에 담겨 있는 목적이나 이익을 강조하는 '목적법학', '이익법학' 그리고 '자유법 운동'이 전개되었기 때문이다. 그뿐만 아니라 본래 개념법학은 완결된 실정법을 전제로 하여 등장한 법학방법이라기보다는 마치 영미법의 케이스 북처럼 개별 사안 중심적으로 짜여있던 로마법대전의 '학설휘찬'(Digesten)을 해석하고 체계화하며 그 배후에 스며있는 일반적인 원리를 추적하는 과정에서 촉발된 것이라고 할 수 있다.[6] 예를 들어 개념법학 또는 판덱텐법학의 선구자라 할 수 있는 역사법학의 창시자 사비니(Friedrich Carl von Savigny)는 그 유명한 강령논문 "입법과 법학을 위한 우리 시대의 사명"(Vom Beruf unserer Zeit für Gesetzgebung und Rechtswissenschaft)(1814)에서 "역사법학"의 방법으로서 "주어진 모든 소재를 그 근원까지 추적해서 유기체적인 원리(organisches Princip)를 발견하고, 이를 통해 여전히 생명력이 있는 것과 이미 죽어버려 이제는 단지 역사에만 속하는 것을 구별해야 하는 것"을 제시하는데, 이는 분명 우리가 흔히 알고 있는 개념법학적 방법과는 다른 것이다.[7] 마찬가지 맥락에서 목적법학의 창시자 예링은 사비니의 능력으로서 "로마법률가의 사고과정을 극도로 엉클어진 부분까지 파고들어서 개별적인 점이나 징조로부터 이론의 기본적인 노선이나 근본이념을 재발견하는 능력"을 거론하였다.[8] 또한 개념법학이 절정에 이르렀던 당시 독일은 아직 통일된 민법전을 갖고 있지 않았다.

다른 한편 영미법학 역시 일반적인 원리나 체계, 개념들을 도외시한다고 섣불리 판단하는 것은 적절하지 않다. 가령 미국 로스쿨의 아버지 랭델(Christopher Langdell)이 하버드 대학에 로스쿨을 설립하면서 제창했던 법학방법의 내용을 면밀하게 따져보면 여기서 우리는 사비니가 추구했던 방법과 유사한 흔적을 찾을 수 있다.[9] 랭델이 '소크라테스 문답법'을 통해 강조했던 것은

6) 이를 지적하는 프레데릭 헨리 로슨, 양창수·전원열 (역), 『대륙법입문』 (박영사, 1994), 22쪽.
7) H. Schlosser, 앞의 책, S. 149에서 다시 인용.
8) 인용은 양창수, "예링의 사비니 추도문", 『민법산책』 (박영사, 2006), 6쪽.
9) 이에 관해서는 박강우, "미국 법학교육의 과거의 현재", 『법과 사회』 제29호(2005), 346-351쪽.

각 사례를 그때그때 적절하게 해결하는 것보다는 오히려 그 사례에 담겨 있는 일반적인 개념이나 법원리를 찾는 것이었다. 20세기 초반 미국 법학을 지배했던 '법형식주의'는 이러한 속성을 잘 반영한다. 또한 영국의 법학 역시 오스틴(John Austin)을 통해 대륙의 개념법학적 방법을 수용하기도 하였고 이와 더불어 법학의 학문성을 정초하기 위해 다양한 기초법학적 논의를 진행하고 있다는 점은 영미법학이 흔히 말하듯이 판례분석 중심, 실무 중심의 법학교육이나 방법에만 머물러 있는 것은 아님을 잘 보여준다.

요컨대 우리는 다음과 같이 말할 수 있다. 개념법학과 판례분석 방법으로 대변되는 대륙법학과 영미법학의 방법은 그사이 자신들이 가진 문제점을 자각하였고 이를 통해 상호교류의 방식으로 각자의 문제점을 보완하고자 시도했다는 것이다. 그리고 이러한 방법적 기초는 각각의 법학교육과 법률가 양성체계에 고스란히 녹아내리고 있다는 점이다. 이를 아래에서 살펴보겠다.

Ⅲ. 영국의 법률가 양성체계

우선 영국은 어떤 법학교육체계 및 법률가 양성체계를 갖추고 있는지 검토한다. 그러나 이에 관해 필자는 전문가가 아니기에 아래에서는 국내 학자들이 영국의 법학교육에 관해 분석한 선행 연구를 원용한다.[10] 또한 영국의 법학교육체계에 관해서는 이미 상세하게 분석한 연구가 있기에 아래에서는 영국의 법학교육 전체를 평면적으로 서술하기보다는 몇 가지 제도적·방법론적 측면에 중점을 두어 체계적으로 다루고자 한다.

10) 영국의 법학교육 및 법률가 양성체계에 관해서는 우선 김기창, "영국의 법조인 양성 및 선발제도 개관", 『한국법학교육과 법조실무의 경쟁력: 도전과 대응』(2004년 제4회 한국법률가대회 발표논문집); 이근관, "영국의 '사법시험'제도에 관한 고찰", 『서울대학교 법학』 제45권 제4호(2004), 213쪽 아래.

1. 개 관

(1) 이원적 변호사 체계

영국의 법률가 양성체계를 이해하려면 그 전제로서 영국의 이원적인 변호사 체계를 이해해야 할 필요가 있다. 주지하다시피 영국은 변호사가 '사무변호사'(solicitor)와 '법정변호사'(barrister)로 이원화되어 있다. 이렇게 변호사가 이원화된 것은 복잡하게 전개해 온 영국의 고유한 법조 형성 과정에서 기인한다.11)

법정변호사의 임무는 소송 수행과 관련한 업무를 처리하는 것이다. 실제 재판 과정에 참여하는 일은 법정변호사가 담당한다. 그러나 법정변호사는 사건 의뢰인으로부터 직접 사건을 수임할 수는 없다.12) 법정변호사는 원칙적으로 사무변호사나 전문 의뢰인으로부터만 사건을 위탁받을 수 있을 뿐이다.

이에 대해 사무변호사는 법정변호사가 담당하는 업무의 전단계에 관한 업무를 처리한다. 바꿔 말해 법에 관한 일반적인 상담을 제공하는 것이 사무변호사가 담당하는 업무이다. 이렇게 보면 요즘 우리 사회에서 점점 더 중요성을 차지하는 로펌 변호사가 행하는 역할이 곧 사무변호사가 수행하는 것과 유사하다고 말할 수 있다. 또한 사무변호사는 법정변호사에게 사건을 의뢰하고 그 사건에 관해 설명(instruct)하는 업무도 수행한다.

(2) 다원적인 법률가 양성체계

이렇게 변호사 제도가 사무변호사와 법정변호사로 이원화된 것에 상응하여 영국의 법률가 양성체계도 독일과는 달리 다원적으로 형성되어 있다. 이를테면 변호사가 되기 위해 반드시 법과대학을 졸업해야 하는 것은 아니다. 법과대학 이외에 로스쿨과 같은 법률가 양성 전문대학(대학원)도 존재한다. 또한 법률가 양성체계도 사무변호사와 법정변호사 사이에 약간의 차이가 있다.13)

사무변호사를 기준으로 하여 변호사 양성 과정을 개관하면 다음과 같다.

---

11) 이 과정을 분석하는 이근관, 위의 글, 215-222쪽 참고.

12) 이근관, 앞의 글, 222쪽.

13) 가령 사무변호사가 되기 위해서는 반드시 학사학위를 취득할 필요가 없지만, 법정변호사가 되기 위해서는 법과대학을 졸업하거나 학사학위를 취득하고 전공전환 과정을 거쳐야 한다.

이미 언급하였듯이 사무변호사가 되기 위해 반드시 대학을 졸업할 필요는 없다. 그러나 1970년대에 들어와 대학을 졸업한 자가 사무변호사가 되는 것이 일반적인 일이 되었다. 대학 졸업을 기준으로 보면 사무변호사가 되려는 사람은 우선 법과대학에 진학하여 법학사 학위 과정을 마쳐야 한다. 이 단계는 '법학교육 과정'(academic stage)에 해당한다. 그다음으로 지원자는 '법률실무 과정'(Legal Practice Course: LPC)을 마쳐야 한다. 이 법률실무 과정은 보통 전문법과대학(가령 'College of Law')이나 로스쿨에서 담당한다. 법률실무 과정을 성공적으로 마친 지원자는 사무변호사 양성 과정의 최종단계로서 2년간의 '수습계약 과정'(training contract)을 거쳐야 한다. 이 과정을 모두 마쳐야 비로소 지원자는 사무변호사 자격을 획득할 수 있다.

그렇다면 법과대학을 졸업하지 않은 일반 학사학위 취득자는 어떻게 사무변호사가 될 수 있을까? 이 경우 학사학위를 취득한 지원자는 1년간 진행되는 '전공전환 과정'(Conversion Course)을 성공적으로 이수하고 '공통자격시험'(Common Professional Examination: CPE)에 합격함으로써 법률실무 과정에 들어갈 수 있다. 이 전공전환 과정은 전문법과대학인 'College of Law' 등에서 실시한다.

법정변호사의 경우에는 일단 법과대학을 졸업하거나 전공전환 과정을 성공적으로 이수한 후 '법정변호사 실무교육'(Bar Vocational Course: BVC)을 마쳐야 한다. 이후 12개월간 진행되는 '견습계약'(pupillage)을 마침으로써 법정변호사가 된다.

2. 제도적 분석

위에서 영국의 법률가 양성체계가 어떤 구조를 가지는지 개관하였다. 그렇다면 영국의 법률가 양성체계는 어떤 제도적 특성이 있는지 분석한다.

(1) 자유주의적·다원주의적 법률가 양성체계

먼저 영국의 법률가 양성체계가 보이는 자유주의적·다원주의적 성격에 주목해야 할 필요가 있다. 이러한 성격은 크게 세 가지 측면에서 구체화된다.

첫째, 영국에는 우리의 변호사 시험과 같이 국가가 주도하여 시행하는 통일된 법률가 시험체계가 존재하지 않는다. 법률가 양성에 관한 평가 권한을 가지는 주체는 법학교육과 법률가 양성 과정을 직접 담당하는 각급 법과대학 혹은 로스쿨이다. 여기에 비국가기관인 변호사 단체가 큰 영향력을 행사한다.[14] 이러한 점에서 영국의 법률가 양성체계는 자유주의적·탈국가적인 성격을 강하게 보인다.

둘째, 법률가 양성체계가 다원적으로 구성되어 있다는 점을 지적할 수 있다. 법과대학 졸업생뿐만 아니라 비법과대학 졸업자, 심지어 비대학졸업자도 일정한 요건을 갖춘 경우에는 변호사가 될 수 있는 가능성이 제도적으로 보장된다. 이 점에서 영국의 법률가 양성체계는 우리의 과거 사법시험 제도와 유사한 점이 있다. 그러나 비법과대학 졸업자가 무작정 법률실무 과정에 들어올 수 있는 것이 아니라 전공전환 과정처럼 짧지만 엄격한 과정을 통해 법학에 관한 기본지식을 습득할 수 있어야 한다. 그 점에서 볼 때 영국의 체계는 우리의 과거 사법시험 체제보다 더 '법학 중심적'이라고 평가할 수 있다.

셋째, 영국의 법률가 양성체계는 변호사를 중심으로 하여 구성된다. 일차적으로 사무변호사 혹은 법정변호사를 양성한 후 이들 변호사 중에서 판사와 같은 공직 법률가를 임명하는 방식을 취한다. 이 점은 같은 법계에 속하는 미국의 체계 그리고 우리의 현행 법률가 양성체계와 유사하다고 말할 수 있다.

(2) 법학교육 과정과 법률실무 과정의 이분화

다음으로 언급할 수 있는 것으로 법학교육 과정과 법률실무 과정이 이분화되어 있다는 점이다. 따라서 옥스퍼드나 케임브리지 등에 자리 잡은 유명 칼리지의 법과대학은 전문 변호사 양성을 목표로 하는 실무 중심의 법학교육을 하기보다는 '교양' 혹은 '학문'의 속성이 강한 법학을 교육한다. 영국의 법과대학은 기본적으로 '실무교육'과는 무관하다.[15] 이와 달리 법률실무 과정은 전통

---

14) 이근관, 앞의 글, 244쪽.
15) 이 점을 지적하는 김기창, "법학전문대학원(가칭)의 구성과 운영", 『안암법학』 제20호(2005), 96-97쪽.

적인 의미의 법과대학과는 구별되는 전문법과대학 또는 로스쿨에서 담당한다. 이러한 점에서 볼 때 영국의 법률가 양성체계는 교양과 학문적 성격을 갖는 법학을 교육하는 일반 법과대학과 사법시험 합격자를 대상으로 하여 실무 위주의 교육을 담당하는 사법연수원 체계로 이분화되어 있던 과거 우리의 법률가 양성체계와 유사하다.

그러나 영국의 법률실무 과정에서 원용하는 교과과정을 보면, 법관의 판결서 작성 중심으로 이루어진 과거 우리 사법연수원의 실무교육과는 달리 변호사를 중심으로 구성되어 있다. 또한 실제 소송 관련 서류작성에 관한 교육뿐만 아니라 "변론"(advocacy), "면접 및 상담"(interviewing and advising), "문제해결과 정보기술"(problem solving and IT)과 같은 과목도 포함한다.16) 이는 "협상기술" 등을 로스쿨의 교과과정에 포섭하는 미국의 로스쿨 교육 과정과 유사하다. 이 점에서 볼 때 영국의 법률실무 과정이 순전히 기술적·실무적인 것만을 교육한다고 이해하는 것은 섣부른 판단이다.

영국은 이러한 이분화된 체계를 여전히 유지하고 있고 이는 앞으로도 계속될 것으로 보인다. 그 이유는 변호사자격 취득과는 무관하게 법과대학에서 행하는 법학의 '자유교양과목'(liberal discipline)의 성격을 앞으로 더 강화해야 한다는 취지의 주장도 제시되기 때문이다.17) 이러한 영국의 체계는 미국식의 법학전문대학원 체제를 전면적으로 도입하여 운용하는 우리나라에 의미 있는 시사를 한다.

3. 방법적 분석

위의 제도적 분석에서 다음과 같은 방법적 관점을 획득할 수 있다.

(1) 법학(교육)방법의 이원화

앞에서 잠깐 말했듯이 영미법학은 판례법을 기초로 하여 개별 판례를 분

---

16) 이에 관한 예는 이근관, 앞의 글, 234쪽 참고.

17) Nicola Laver, *Blackstone's Guide to Becoming a Lawyer* (Oxford: Oxford University Press), p. 65; 이근관, 앞의 글, 245쪽에서 다시 인용.

석하는 실무 중심의 법학방법을 사용한다고 생각하기 쉽다. 이 점은 미국의 로스쿨을 바라보는 일반적인 그러나 정확하지 않은 관념에 상응하는 것이기도 하다.[18] 그렇지만 영국의 법률실무 과정은 과거 우리 사법연수원에서 행하였던 실무교육과 질적인 면에서 차이가 있고 또한 영국은 이러한 실무과정과 병행하여 자유교양의 성격을 지닌 법학을 일반 법과대학에서 가르친다. 여기서 일반 법과대학에서 전개되는 법학은, 물론 판례법에 기초를 두고 있기는 하지만, 개념적·원리적 방법의 성격을 강하게 보인다. 이 점은 영국의 법과대학 교재나 미국의 로스쿨 대비 교재를 한 번 일별해 보기만 해도 확인할 수 있다. 비록 구체적인 개념이나 체계구성 면에서는 차이가 있고 정교한 도그마틱이 존재하고 있지는 않다. 그렇지만 영국이나 미국에서 행하는 법과대학 교육은 독일의 법과대학에서 행하는 법학교육과 비교할 때 질적인 면에서 큰 차이를 보이지는 않는다고 생각한다.

하트(Herbert L. A. Hart)나 드워킨(Ronald Dworkin)의 법철학이 시사하는 것처럼 영국이나 미국의 법학도 분명 개념적·분석적 작업을 수행하고 있으며 각 구체적인 법적 제도나 판례 배후에 숨어있는 '원리'를 추구하고 있다는 점을 고려할 때 과연 영미법학이 '개별 사건 정의'(Einzelfallgerechtigkeit)만을 지향한다고 말할 수 있을까? 영미법학에서 원용하는 판례분석 방법은 이익법학의 방법이라기보다는 일종의 귀납법적 방법이라고 할 수 있지 않을까? 영미법학 역시 이른바 '선례구속 원칙'을 통해 체계적 일관성을 도모하는 것이 아닐까? 오히려 영국 법학이야말로 법학교육과 법률실무 과정을 이분화함으로써 일종의 '방법적 상호작용'을 시도하는 것이 아닐까, 라는 의문을 제기할 수 있다.

(2) 법학의 학문성을 담보하는 기초법학

이와 결부하여 최근 영국 법학에서 볼 수 있는 한 가지 현상으로 기초법학의 비중이 강화되고 있음을 언급할 필요가 있다. 필자의 개인 경험에 한정해서

---

18) 이 점을 지적하는 신창섭, "미국의 로스쿨과 법학교육", 『안암법학』 제20호(2005), 34쪽; 김인현, "지정토론문(I)", 『안암법학』 제20호(2005), 42-43쪽; 김기창, 앞의 글, 93-96쪽.

보면 최근 영국 법과대학, 가령 런던정경대(LSE)는 기초법학의 비중을 강화하는 경향이 있다. 이러한 현상은 기초법학에 대한 관심이 점차 퇴색하는 독일 법과대학과 비교할 때 흥미로운 점이라 할 수 있다.[19] 물론 영국의 모든 법과대학이 기초법학의 비중을 강화한다고 말할 수는 없을 것이다. 그렇지만 런던정경대를 예로 보면 무엇보다도 변호사 양성과는 무관한 대학원 과정에서 많은 수의 법사회학·법정책학(규제이론)·법이론에 관한 교과목을 개설하고 있음을 확인할 수 있다.[20]

필자는 이러한 현상을 다음과 같이 해석한다. 법학은, 그것이 법에 관한 단순한 기술이 아닌 한, 학문으로서 독자적인 방법을 갖고 있어야 한다. 만약 그렇지 않다면 법학을 대학에서 다룰 필요가 굳이 존재하지 않는다. 독일의 'Hochschule'와 같은 직업전문학교를 설치하여 법에 관한 기술, 예를 들어 재판에서 이기는 변론 기술이나 문서 작성 기술을 교육하는 것만으로 충분할 것이다. 물론 그렇게 되면 법학뿐만 아니라 법 관련 종사자의 사회적 권위는 현재보다 꽤 추락할 것이다.

그렇다면 법학의 학문성은 어디서 끌어와야 할까? 법도그마틱이 정교하게 발전한 독일의 경우에는 법학의 학문성이 주로 법도그마틱과 관련하여 문제가 되었다. 그러나 법도그마틱의 학문적 의미와 독자성은 오늘날 여전히 인정을 받고 있고 오히려 그 점 때문에 독일 법학에서는 기초법학의 지위가 점점 약화한다고 말할 수 있다. 왜냐하면 법도그마틱만으로도 법학의 학문성을 충분히 논증할 여지가 있기 때문이다.

반면 독일만큼 법도그마틱이 충분하게 발전하지 않은 영국 법학에서는 아무래도 법학의 학문성을 다른 영역에서 찾아야 할 것이다. 그리고 이에 관해 가장 손쉽게 의지할 수 있는 영역은 다른 사회과학 영역과 법학이 교착하는 기초법학 영역이라고 할 수 있다. 달리 말해 기초법학은 영국 법학의 '학문성'을

---

19) 예를 들어 독일 법과대학은 재정문제로 인해 기초법학 관련 강좌를 폐지하는 경우가 생기기도 하였다. 심지어 바이에른주의 경우에는 기초법학 관련 과목을 제1차 국가시험의 필수과목에서 제외하였다.

20) 이를테면 (http://www.lse.ac.uk/collections/law/study/indexOfCourses.htm) 참고.

담보하고 있고 바로 이 때문에 영국 법학에서 기초법학의 비중이 점차 증대하고 있다고 말할 수 있지 않을까 생각한다. 이는 또한 영국 법학의 방법이 '케이스 메소드'에만 머물러 있지 않음을 반증하는 강력한 증거가 된다.

4. 영국 법률가 양성체계의 문제점 및 개혁 방향

지금까지 본 것처럼 영국의 법률가 양성체계는 탈국가적이고 다원적인 모습을 강하게 보인다. 이는 영국의 역사적 전통과 밀접하게 연결된 것이기도 하다. 그런데도 영국의 법률가 수준은 세계적인 것이며 영국 변호사에 대한 일반 국민의 신뢰도나 만족도도 높은 편이다.

그러나 영국의 법률가 양성체계 역시 문제점을 노정한다. 우선 법학교육 과정과 법률실무 과정이 이원화됨으로써 학문과 실무 사이의 괴리가 점차 커지고 있다는 점이다.[21] 나아가 사회적 계층과 빈부 격차가 법률가 양성체계에서도 그대로 반영되는 경우가 많다는 점이다.[22] 이러한 근거 등에서 영국 법학계에서도 법률가 양성체계 개혁에 관한 논의가 활발하게 진행되었다. 이들 논의는 '하드웨어적 측면'과 '소프트웨어적 측면'을 모두 가진다.[23]

---

21) 예를 들어 2006년 2월 10일과 11일에 걸쳐 독일 프랑크푸르트대학교 법과대학에서 진행된 "범죄화 원리" 세미나에서 노이만(Ulfrid Neumann) 교수와 함께 이 세미나를 주관한 영국 케임브리지 대학의 형법 교수 앤드류 폰 히르쉬(Andrew von Hirsch)는 "영국에서 학문과 실무는 완전히 분리되어 있다."고 지적하기도 하였다.

22) 가령 영국에서는 직접 법과대학을 졸업하고 변호사가 되는 경우보다 비법과대학를 졸업하고 전공전환 과정을 거친 변호사를 더 선호한다고 한다. 그 이유는 일반적으로 비법과대학을 졸업한 후 변호사 영역에 들어오는 사람들이 더 폭넓은 관점과 지식을 갖고 있기 때문이라고 한다. 만약 사실이 그렇다면 영국에서 전공전환 과정은 미국의 로스쿨이 수행하는 것과 유사한 역할을 한다고 이해할 수 있다. 그러나 옥스퍼드 대학의 법학자 벅스(Peter Birks) 교수는 사회계층이론의 관점에서 이러한 통념을 비판한다. 벅스 교수에 따르면 소수 민족 출신이거나 사회경제적 지위가 높지 않은 학생들이 주로 재정적인 어려움이 적은 법과대학에 직접 진학하는 반면, 백인 계열의 중산층 이상 학생들은 재정적·경제적인 어려움을 감수하면서도 대학을 졸업한 후 전공전환 과정에 들어간다는 것이다. 물론 만약 백인 계열의 중산층 이상 학생들이 법과대학에 들어갈 실력이 있었다면 그렇게 할 수 있었을 것이다. 그러나 그렇지 못한 실력을 갖춘 경우에는 일단 비법과대학에 진학한 다음 높은 비용을 감수하더라도 전공전환 과정을 이수하여 법조계에 진출하는 방식을 선택할 수 있는 것이다. 한편 기존 법조계는 아무래도 백인 계열의 중산층 이상 변호사를 선호할 것이므로 자연히 비법과대학 출신의 변호사가 더 좋은 로펌 등에 취직할 수 있는 것이다. 이는 곧 경제적·사회계층적 측면이 법률가 양성 과정에 투영되어 법률가 양성 과정을 '식민지화'하는 것이라고 분석할 수 있다. 이에 관해서는 이근관, 앞의 글, 230-232쪽 참고.

먼저 제도적 측면에서는 장기적으로 사무변호사와 법정변호사의 이원화를 폐지하는 것을 거론할 수 있다.[24] 나아가 방법적 측면과 관련을 맺는 것으로, 런던시티에 있는 대형 로펌 8개가 기존의 법률실무 과정(LPC)에 대항하여 새로운 '시티 LPC'를 출범시킨 것을 들 수 있다. 이것이 방법적인 측면에서 중요한 것은, 이러한 새로운 법률실무 과정이 출범한 이유는 이들 로펌의 관점에서 보았을 때 기존의 법률실무 과정이 실용적이고 실무적인 기술을 강조하는 교육에 치중하였기 때문이다. 오히려 로펌의 관점에서 보았을 때는 법률실무 과정에서는 기본적인 법학지식을 교육하는 데 더 중점을 두어야 한다는 것이다.[25]

이는 현행 우리 법학교육에 중대한 시사를 한다. 전문법학대학원에서 다루는 실무지향적 법학교육은 분명 기술적인 성격이 강한 실무적인 법학교육과는 다른 것이어야 한다는 점이다. 기술적인 성격의 실무교육은 각 로펌이나 변호사 사무실에서 견습계약 또는 실무수습 형식으로 행하는 것으로 충분하다고 할 수 있다. 따라서 법학전문대학원에서 담당해야 하는 실무지향적 교육은 판례를 주된 분석 대상으로 하는 일종의 법학방법 지향의 교육이 되어야 한다는 것이다.

Ⅳ. 독일의 법률가 양성체계

독일의 법학이 우리에게 그리 낯설지 않은 것처럼 독일의 법학교육 체계를 포함한 법률가 양성체계 전모는 그동안 여러 학자가 충실하게 소개하였다.[26] 이들 연구에 따르면 독일 법학교육은 "일원적 법조인 양성," "2단계 법조인 양성," "통일적 법조인 양성"이라고 하는 "3원칙"을 그 주된 특성으로 한다.[27] 이

23) 김정오, "법조인양성제도의 개혁: 법학교육의 소프트웨어를 중심으로", 『법과 사회』 제24호(2003), 84쪽.

24) 이에 관해서는 이근관, 앞의 글, 221－222쪽.

25) 이근관, 앞의 글, 235－236쪽.

26) 이에 관해서는 이시우, "독일의 법학교육의 현황과 전망", 『고시계』(1995. 6), 47쪽 아래; 최광준, "독일의 법학교육", 『법과 사회』 제9호(1994), 63쪽 아래; 최갑선, "독일 법학교육의 내용과 방법", 『법과 사회』 제12호(1995), 224쪽 아래 등 참고.

러한 상황에서 독일은 2002년 7월 11일 「법조인양성개혁법」(Gesetz zur Reform der Juristenausbildung vom 11. Juli 2002)(이른바 '2003 법조인양성개혁법'[28])을 통과시킴으로써 기존의 법률가 양성체계를 중대하게 수정하였다. 물론 기존의 "3원칙"은 그대로 유지되지만 이 개혁법에 따라 국가뿐만 아니라 대학이 사법시험을 평가하는 한 주체로 자리를 잡게 되었다. 이는 종전의 '제1차 국가시험'(Die erste Staatsprüfung)이 '제1차 시험'(Die erste Prüfung)으로 바뀌면서 이 제1차 시험이 '대학주관 중점영역시험'(universitäre Schwerpunktbereichsprüfung)과 '국가주관 필수과목시험'(staatliche Pflichtfachprüfung)으로 이원화되는 것으로 구체화되었다. 그리고 내용적·방법적 측면에서 독일의 법학교육은 '사법적·행정적 및 법률상담적 실무' 그리고 이를 위해 필요한 '문제 해결 능력'(Schlüsselqualifikation)을 강조하는 '변호사 중심', '실무 중심', '전문가 중심'의 법학교육을 지향하게 되었다.

이러한 독일의 개혁법은 많은 영역에서 독일 중심의 대륙법을 모태로 삼는 우리 법학의 방법을 개혁하는 데 중요한 시사를 한다. 이에 우선 독일의 법률가 양성체계를 간단하게 개관한 후 제도적·방법적 측면에서 독일 법률가 양성체계가 지닌 특성을 분석하겠다.[29]

1. 개 관

독일은 영국과는 달리 변호사가 이원적으로 분화되어 있지 않다. 또한 지금까지 독일 법학교육은 과거 사법시험 체제의 우리처럼 판사 양성을 중심으로 이루어졌다. 따라서 여전히 국가시험에서 가장 우수한 점수를 받은 학생들이 교수나 판사를 지망한다.

---

27) 이에 관해서는 김병기, "독일의 법조인양성제도와 'Trier 주법무장관회의'를 중심으로 한 개혁논의", 『공법연구』 제30집 제3호(2002), 263쪽 아래; 강현호, "독일의 법조인양성시스템의 개혁", 『한국법학교육과 법조실무의 국제경쟁력: 도전과 응전』 (제4회 한국법률가대회 발표자료), Session IV: 법학교육의 국제적 시각, 37-38쪽.

28) 이에 관한 상세한 내용은 방승주, "'2003 법조인양성개혁법'에 따른 독일의 사법시험제도", 『서울대학교 법학』 제45권 제4호(2004), 156쪽 아래 참고.

29) 이에 관한 최근의 연구로는 허황, "독일에서의 법학 학문후속세대와 법학교수 양성 체계", 『법학논고』 제58집(2017), 63-92쪽 참고.

독일에서 법률가가 되기 위해서는 예외 없이 법과대학을 졸업해야 한다. 이 점은 영국과 분명 차이가 나는 점이다. 법과대학 졸업은 제1차 국가시험과 연결되어 있어 제1차 시험에 합격해야만 법과대학을 졸업한 것이 된다. 물론 그 이전에 기초과정(Grundstudium)을 마친 후 치르는 '중간시험'(Zwischeprüfung)에 합격하지 못하는 경우에도 법과대학을 졸업할 수 없다. 졸업시험인 제1차 시험에는 평균 80% 이상의 합격률을 보인다.[30] 제1차 시험에 합격한 학생은 사법연수원생(Referendar)으로서 2년 동안 사법연수 과정(Referendariat)을 거친다. 이때 사법연수원생은 과거 우리의 사법연수원생처럼 법원, 검찰, 변호사 사무실에서 각각 실무수습을 한다. 연수를 마친 후 사법연수원생은 제2차 국가시험을 치러야 한다. 이후 우수한 성적순에 따라 판사, 검사로 임용되거나 변호사로 활동하게 된다.

한편 독일은 학문과정과 실무과정이 연계되어 있다. 따라서 장차 학자가 되고자 하는 법과대학생은 우선 제1차 국가시험을 통과한 후 박사과정에 진학하거나 아니면 제2차 시험까지 마쳐 변호사 자격을 획득한 후 박사과정에 진학하기도 한다. 원칙적으로 판사에 임용될 만한 성적을 얻은 학생이 박사과정에 진학할 수 있고 박사학위를 우수한 성적('magna cum laude' 이상)으로 끝마친 학생만이 교수자격취득 과정(Habilitation)에 들어갈 수 있다. 따라서 독일 교수는 대부분 변호사 자격을 갖추고 있다. 그런 이유에서 독일 교수 가운데는 교수직과 판사직을 겸직하는 경우도 있다. 예를 들어 잘 알려진 것처럼 독일 연방헌법재판소에는 다수의 교수가 헌법재판관으로 활동한다.

2. 제도적 분석

위에서 언급한 독일 법률가 양성체계의 기본적인 과정은 '2003 법조인양성 개혁법'이 도입된 이후에도 여전히 유지된다. 따라서 '3원칙'이라는 독일 법률

30) 예를 들어 프랑크푸르트대학교 법과대학의 2003년 통계를 보면 86.30%의 합격률을 보인다. 헤센주 전체의 평균 합격률은 86.15%이다. 이 통계에 관해서는 Der Dekan des Fachbereichs Rechtswissenschaft (Hrsg.), *Kommentiertes Vorlesungsverzeichnis: Johann Wolfgang Goethe-Universität*, Sommersemester 2005, S. 99.

가 양성체계의 특징은 크게 변하지 않고 그 골격을 유지한다. 아래에서는 이 3원칙에 따라 독일 법률가 양성체계의 제도적인 특징을 언급하겠다.

(1) 일원적 법조인 양성

영국과는 대조적으로 독일은 국가, 더욱 정확하게 말하면 연방 법률로부터 수권을 받은 각 주의 정부가 법조인 양성을 책임진다. 또한 독일에서는 오직 법과대학을 졸업한 학생만이 법률가가 될 수 있다. 이러한 점에서 독일의 법률가 양성체계는 국가 중심적이면서 일원적인 특성을 띤다. 다만 이러한 기본 특성은 '2003 법조인양성개혁법'이 통과되면서 부분적으로 바뀌게 되었다. 왜냐하면 제1차 시험이 국가주관 필수과목시험과 대학주관 중점영역시험으로 구성됨으로써 대학도 국가와 더불어 법조인 양성에 참여하기 때문이다.

(2) 2단계 법조인 양성

독일은 법과대학에서 진행되는 법학교육 과정과 사법연수 과정에서 진행되는 법률실무 과정을 통해 법률가를 양성한다. 전자의 과정에서는 이론을 중심으로, 후자의 과정에서는 실무를 중심으로 하여 법학교육을 실행한다. 그 점에서 독일의 법률가 양성체계는 2단계 구조를 지닌다. 이는 과거 사법시험 체제 아래의 우리 법률가 양성체계와 유사하다. 또한 앞에서 살펴본 영국의 법률가 양성체계와도 비슷하다. 다만 우리의 과거 사법시험 체제와 독일 사이에서 차이를 보이는 부분은 독일에서는 법과대학 졸업시험이 제1차 시험에 해당하고 따라서 오직 법과대학생만이 국가시험에 응시할 수 있으며, 우리보다 더욱 많은 수의 법과대학생이 이 시험에 합격한다고 하는 점이다.[31]

(3) 통일적 법조인 양성

마지막으로 통일적 법조인 양성을 그 특징으로 꼽을 수 있다. 이는 일원적 법조인 양성구조와 짝을 이룬다. 독일은 연방 법률인 「독일 법관법」(Deutsches

---

31) 독일의 국가시험에서는 '객관식' 시험이 존재하지 않는다. 제1차 시험은 긴 사례를 풀어가는 주관식 사례 풀이 시험으로 5시간 동안 실시된다.

Richtergesetz)과 「연방변호사법」(Bundesrechtsanwaltsordnung)으로 법조인 양성뿐만 아니라 변호사의 업무 등을 통일적으로 규율한다. 따라서 법조인 양성체계가 영국처럼 다원적으로 구성되지는 않는다. 다만 독일 역시 연방국가이고 '연방주의'(Föderalismus) 역시 중요한 국가의 구성원리이므로, 각 주는 연방 법률이 정한 범위 안에서 일정한 자율권을 행사할 수 있다. 이에 따라 예를 들어 국가시험의 시험과목 등은 각 주가 독자적으로 결정할 수 있다.

3. 방법적 분석

(1) 독일 법학교육 방법의 전개 과정

1) 사례 해결 중심의 방법

'2003년 법조인양성개혁법'은 독일 법학교육이 변호사 중심·실무 중심·전문가 중심의 방향을 추구해야 함을 명시한다. 그러나 지금까지 독일 법과대학에서 진행된 교육과정을 법학방법의 관점에서 면밀하게 검토하면 이 방향이 아주 혁명적인 것은 아님을 알 수 있다. 왜냐하면 독일의 법학교육은 흔히 알려진 것과는 달리 이미 사례 해결을 중심으로 하는 교육 방법을 취하고 있었기 때문이다. 법적 개념과 체계 그리고 무엇보다도 '학설대립'에 집착했던 과거 우리의 법학교육과는 달리 독일의 법학교육은 기본적인 개념과 체계를 바탕으로 하여 아주 구체적이고 긴 사례를 푸는 방법을 습득시키는 데 집중하고 있었다. 상세한 학설대립을 익히는 것은 학부생에게는 그리 중요하지 않다. 이 때문에 독일 법학교육에서는 교수가 일방적으로 행하는 강의(Vorlesung)보다는 연습 그리고 세미나가 더욱 큰 비중을 차지한다. 말하자면 이미 오래전부터 독일의 법학교육은 개념법학적 방법과 결별하였던 것이다.

2) 법학교육 개혁논의

이렇게 독일 법학이 방법 측면에서 방향 전환을 한 것은 이미 오래전부터 법학교육 개혁에 관한 논의가 진행되었기 때문이다. 여기서는 예링의 주장 그리고 1970년대 독일 법학계를 휩쓸었던 법학교육 개혁에 관한 논의를 간단하게 언급한다.

개념법학에 대항하여 새롭게 목적법학을 제창한 예링은 자신의 새로운 방법을 단순히 이론 차원에만 머물게 하지 않았다. 이를 넘어 예링은 자신의 목적법학을 실제 법학교육에서 실현하고자 하였다.[32] 예링은 이 같은 기획을 1884년에 출간한 그의 유명한 저서 『법학에 관한 농담과 진담』(Scherz und Ernst in der Jurisprudenz) 제4부에서 구체화한다.[33] 여기서 예링은 자신의 기획을 실현하기 위한 수단으로 세 가지를 제안한다.[34] 첫째는 이론가가 되기 위해서는 일정 기간 사법실무 과정을 거치게 하는 방안이다. 사법연수 수료시험(Assessoreexamen)에 합격한 사람만이 이론가가 될 수 있도록 하는 것이다. 둘째는 대학에서 이루어지는 법학 과목을 재편하는 것이다. 가령 추상적인 개념이나 체계 혹은 법명제를 중심으로 교육하는 강의와 사례 풀이를 중심으로 하는 연습 강의를 서로 결합하는 방안이다. 셋째는 사법시험 방식을 개혁하는 것이다.

예링은 이에 구체적으로 여러 방안을 제시하는데 여기서 가장 중요한 것으로 시험방식을 논문 중심형에서 사례 풀이를 중심으로 하는 고립형 필기시험(Klausur)로 바꾸는 방안이다. 그 이유는 학생들이 어려운 공모 논문 문제에 관한 논문은 잘 쓰면서도 막상 구술시험에서는 기초적인 법적 지식도 체득하지 못하고 있음을 드러냈던 사례를 예링이 빈번하게 경험했기 때문이다. 예링은 이에 관한 이유로 학생들이 논문을 작성할 때 참고문헌 자료를 마음껏 이용할 수 있었기 때문이라고 지적한다. 그 때문에 예링은 시험의 중심을 고립형 필기시험으로 바꿀 것을 제안한 것이다.

이러한 예링의 세 가지 제안은 오늘날 독일의 법학교육에서 대부분 수용되었다. 법학자가 되기 위해서는 2년 과정의 사법연수 과정을 거쳐야 하고, 대학에서는 연습 강의가 중심을 이루며, 국가시험 역시 고립형 필기시험과 구술

---

32) 사실 예링이 개념법학에서 목적법학으로 방향을 선회한 것도 예링 자신이 대학에서 연습 강의를 담당하면서 개념법학의 폐해를 발견했기 때문이었다.

33) 이 제4부는 양창수 교수에 의해 번역되었다. R. v. Jhering, 양창수 (역), "다시 지상에서: 어떻게 개선할 것인가?", 『서울대학교 법학』 제39권 제3호(1998), 73쪽 아래 참고. 이 책에서는 양창수 (편역), 『독일민법학논문선』(박영사, 2005), 31쪽 아래에 수록된 것을 인용한다.

34) R. v. Jhering, 양창수 (역), 위의 글, 59쪽 아래.

시험이 중심을 차지하기 때문이다. 물론 얼마 전까지만 해도 이러한 시험 이외에 보조자료를 마음껏 활용할 수 있는 논문형 시험(Hausarbeit)이 국가시험의 한 부분으로 포함되었지만 이제 '2003 법조인양성개혁법'에 따라 국가주관 필수과목시험에서는 사라지게 되었다.[35)]

두 번째로 1970년대 전후 독일 법학계를 휩쓸었던 법학교육 개혁 논의를 살펴본다. 1970년을 전후로 하여 당시 독일에서는 학생운동의 열풍이 절정에 이르렀고 이에 따라 기존의 각종 제도와 체계를 이데올로기 비판의 관점에서 접근하는 비판이론이 성장하고 있었다. 이에 발맞추어 법도그마틱의 역량에 매우 회의적인 반응이 등장하였고, 무엇보다도 새롭게 법도그마틱 전반에 '결과지향'(Folgenorientierung)이 대두하였다.[36)] 이러한 측면에서 법학에 관한 사회정책적 논쟁이 진행되었고 사회과학의 방법론을 법학에 수용하는 학문적 분위기가 지배적인 패러다임으로 등장하였다.[37)] 법학교육 개혁에 관한 논의도 이러한 맥락에서 진행되었다. 법학의 학문성을 사회과학으로 뒷받침하고, 법학과 현실 사이의 괴리를 극복하기 위해 법과대학에서 사회과학 교육을 강화해야 한다는 주장이 강하게 제기되었다.

그러나 이러한 개혁 논의는 큰 성과를 거둘 수 없었다. 왜냐하면 비록 논란을 거치긴 했지만 사례 분석을 활용하여 법도그마틱을 교육하는 방식은 그 이후에도 여전히 독일 법학교육의 핵심으로 자리 잡았기 때문이다. 다만 이러한 논란을 겪고 난 이후 법사회학이나 법이론 등이 새로운 기초법학 과목으로 자리를 잡게 되는 변화가 있기는 하였다.

(2) 독일 법학교육 방법의 특징

위에서 언급한 개혁 과정을 거치면서 이제 독일 법학교육은 19세기에 지배적이었던 개념법학적 방법과는 거리를 보인다. 추상적인 강의보다는 실제 판

---

35) 따라서 예를 들어 헤센주에서는 최근까지도 제1차 국가시험이 필기시험 → 논문형 시험 → 구술시험이라는 3단계로 구성되었다.

36) N. Luhmann, 앞의 책, S. 10.

37) N. Luhmann, 앞의 책, S. 9.

례분석을 중심으로 하는 연습이 더 큰 비중을 차지한다. 강의 역시 추상적인 개념이나 법도그마틱을 무미건조하게 전달하기보다는 실제 사례나 판례를 통해 법적 개념이나 법도그마틱이 어떻게 구체화되는지를 교육하는 데 중점을 둔다. 이런 점에서 볼 때 독일의 법학교육은 이익법학이나 평가법학 또는 영미의 법학방법과 유사하다고 말할 수 있다.

물론 그렇다고 해서 독일의 법학교육이 법학 고유의 학문성을 추구하지 않는 것은 아니다. 이미 저학년 때부터 법철학이나 법사학·법이론·법사회학과 같은 기초법학 과목을 공법, 사법, 형사법과 같은 기본 과목과 함께 수강하도록 하고 있다. 또한 고학년에 올라가서는 각종 세미나를 통해 학문적인 능력을 심화하도록 유도한다. 요약해서 말하면 독일의 법학교육은 기본과정을 통해서는 법학의 기본적인 토대를 쌓을 수 있게 하고, 중급 이상의 과정에서는 각종 연습과목을 활용해 사례 해결 능력을 강화하며 동시에 세미나를 이용해 학문적인 논증 능력을 배양한다. 이를 통해 '기본/실무/이론'이라는 법학의 삼박자를 모두 추구하는 것이다.

(3) '2003 법조인양성개혁법'을 통한 법학교육 방법의 변화

이러한 기본적인 특성은 '2003 법조인양성개혁법'이 통과되면서 약간의 변화를 맞게 되었다. 왜냐하면 이 개혁법은 내용적·방법적 측면에서 독일의 법학교육이 "사법적·행정적 및 법률상담적 실무" 그리고 이를 위해 필요한 "문제 해결 능력"을 강조하는 법학교육을 지향할 것을 요청하기 때문이다. 이는 세 가지 측면에서 요약해서 말할 수 있다.

첫째, 종래 판사를 지향하던 독일의 법학교육이 변호사를 지향하는 것으로 방향 전환을 할 것을 요청한다. 둘째, 법과대학 교육 내용에 실무수업 시간을 포함함으로써 실무교육을 강화한다. 이는 종래의 법학교육과 실무 사이에 점점 괴리가 발생하고 있는 것에 관한 반성이라 할 수 있다. 셋째, 새롭게 '중점영역 과목'을 도입함으로써 각자의 전문 영역을 중점적으로 배양할 기회를 확보하며 이를 통해 법학교육의 전문성과 학문성을 확보하고자 한다. 이는 법학교육의 실무 지향성을 강화함으로써 자칫 법학이 법적 기술로 전락하는 것을 억제하는 기능을 수행한다고 이해할 수 있다. 예를 들어 프랑크푸르트 법과대학의 경우는 특히 기초법학(Grundlagen des Rechts)을 세 번째 중점영역으로 설정함으로써 법학교육에서 기초법학의 비중을 강화한다.[38]

이렇게 '2003 법조인양성개혁법'이 지향하는 법학교육 방법의 중점 변화에 관해서는 많은 찬반양론이 전개되었다.[39] 우선 이를 지지하는 견해는 법조인양성개혁법이 한편으로는 중점영역 과목을 활용해 전통적인 법도그마틱과 기초법학을 연계하고 있으며 이를 통해 법과대학 교육의 학문적 성격을 강화한다고 평가한다.[40] 나아가 법조인양성개혁법은 법과대학 졸업생들의 취업 가능성을 개선하고 있으며 법과대학에 더욱 많은 재량을 부여한다고 긍정적으로 평가한다.

이에 반해 예를 들어 길레스·피셔(Gilles/Fischer)는 법조인양성개혁법의 방향을 다음과 같이 비판한다.[41] 개혁법이 추구하는 '변호사 지향'(Anwaltsorientierung)을 과연 단기간에 법과대학에서 실현할 수 있을지 의문을 제기한다. 또한 이 '변호사 지향'과 연결되어 있는 '직업 분야(실무) 지향'(Berufsfeldorientierung) 역시 대학에서 어떤 방식으로 실현할 수 있는지, 이를 위해 교육인적자원을 충분하게 갖출 수 있는지 비판한다. 나아가 '중점영역 과목'에 관해서는 전통적인 법과목의 관계에서 볼 때 이것이 지시하는 점이 그리 분명하지 않고 중점영역 과목을 도입함으로써 자칫 대학에 인적·재정적 부담을 증가시킬 수 있다고 비판한다. 요컨대 길레스·피셔는 법조인양성개혁법처럼 법과대학의 교육을 실무 중심으로 바꾸는 것보다는 오히려 대학의 학문적 기능을 회복하는 것이 더욱 중요하다고 진단한다.

---

38) 참고로 프랑크푸르트 대학은 모두 여섯 개의 중점영역을 개설한다. "법의 국제화와 유럽화"(중점영역 1), "기업과 재정"(중점영역 2), "기초법학"(중점영역 3), "법을 통한 조종"(중점영역 4), "노동과 사회영역에 관한 법"(중점영역 5), "형사법"(중점영역 6)이 그것이다.

39) 자세한 문헌은 방승주, 앞의 글, 191쪽 각주 (28) 참고.

40) M. Burgi, in: *NJW* (2003), S. 2804 ff.; 방승주, 앞의 글, 195-196쪽에서 다시 인용.

41) Gilles/Fischer, Juristenausbildung 2003, in: *NJW* (2003), S. 707 ff.; 방승주, 앞의 글, 194-195쪽에서 다시 인용.

V. 우리 법학교육을 향한 시사점

지금까지 영국의 법률가 양성체계와 독일의 법률가 양성체계를 비교·분석하였다. 이러한 비교법적 작업은 우리의 법학교육 및 법률가 양성체계 논의에 관해 의미 있는 시사를 한다. 아래에서는 결론을 대신하여 영국과 독일의 사례가 구체적으로 우리에게 어떤 시사점을 제공하는지 살펴보겠다.

1. 기본 전제

먼저 우리는 영국과 독일의 사례에서 두 가지 기본 전제를 이끌어낼 수 있다. 첫째는 어떤 완벽한 법학방법이나 법학교육 방법이 선험적으로 존재하는 것은 아니라는 점이다. 둘째는 법학방법과 법학교육은 서로 밀접한 연관관계를 맺는다는 점이다.

(1) 방법다원주의

법학방법론 혹은 법이론의 관점에서 볼 때 유일하게 확고한 방법이 존재하는 게 아니라 각기 다양한 방법이 존재한다는 것은 일반적으로 받아들여지는 주장이다. 이를 방법다원주의로 지칭하기도 한다. 예를 들어 전통적인 삼단논법에 기초한 법학방법론의 설득력이 사라지고 이를 대신해 다양한 양상을 보이는 '법적 논증이론'이 그 자리를 차지하는 점이 이를 예증한다.[42] 또한 법률해석에 관해서도 다양한 해석규칙 사이에 확고한 우선순위는 존재하지 않고 오히려 해석규칙 사이의 다원성을 인정할 수 있다는 점도 이를 뒷받침한다.[43]

이는 법학교육 방법에도 그대로 타당하다. 오직 유일하게 타당한 법학교육 제도나 방법이 존재한다고 말할 수는 없다. 영국의 법률가 양성체계가 잘 보여주는 것처럼 법학교육은 그 사회의 역사적·사회적 맥락과 밀접한 관련을

---

42) 이에 관해서는 김영환, "법적 논증이론의 전개과정과 그 실천적 의의," 한국법철학회 (편), 『현대법철학의 흐름』 (법문사, 1996), 126쪽 아래 참고.

43) 이상돈, 『법철학』(법문사, 2003), 129쪽.

맺으면서 형성 및 제도화된다.

만약 사실이 그렇다면 우리는 우리 사회의 역사적·사회적 맥락과 요청에 가장 상응하는 법학교육 방법을 모색해야 한다. 이러한 맥락에서 우리의 현행 법학교육 제도, 특히 법학전문대학원 제도를 다시 검토할 필요가 있다. 오랫동안 독일식 법과대학 제도를 운영해 왔던 우리에게 미국식의, 그것도 왜곡되어 이식된 로스쿨 제도가 제대로 뿌리내려 운영되고 있는지를 반성적으로 고찰할 필요가 있다. 지금 시점에서 냉정하게 말하면 영국이나 독일처럼 이원적인 법률가 양성체계를 유지하는 것이 우리에게 더욱 적합한 것이 아니었을까? 그중에서도 일원적인 법과대학 교육체계를 갖추면서도 법과대학 교육과정을 통해 '기초·실무·이론'을 모두 습득시키고자 한 독일의 교육체계를 지금 시점에서 재검토할 필요가 있는 게 아닐까?

(2) 법학방법과 법학교육의 연관성

법학방법과 법학교육 사이에는 밀접한 연관이 있다는 점에 그동안 우리 학계는 상대적으로 관심을 기울이지 않았던 듯싶다. 그러나 독일의 경우만 보더라도 법학방법과 법학교육 사이에 밀접한 연관성이 있음을 정확하게 인식한다. 이러한 이유에서 예를 들어 법학공부와 관련한 책을 들춰보면 법학방법의 차원에서 사례 문제에 관해 어떻게 답안을 작성해야 하는지, 리포트(Hausarbeit)는 어떻게 작성해야 하는지, 더 나아가 박사학위 논문은 어떻게 써야 하는지 등을 조언하는 경우를 만날 수 있다.[44] 우리 역시 법학교육의 개선 방안을 논할 때는 이러한 점도 염두에 두어야 하지 않을까?[45]

2. 법학교육 방법의 방향으로서 학문성·전문성·실무지향성의 통합

그렇다면 우리는 법학교육 방법의 방향을 어떻게 모색해야 할까? 영국과

---

44) 이를 잘 보여주는 Thomas M. J. Möllers, *Juristische Arbeitstechnik und wissenschaftliches Arbeiten*, 2. Aufl. (München, 2002) 참고.

45) 역시 이를 의식하는 양창수, "법학교육의 문제점: 민법교수의 입장에서", 『민법연구』 제4권(박영사, 1997), 53쪽 아래 참고.

독일의 사례는 이에 관해 모두 다음과 같은 방향을 제시한다. 법학의 학문성을 유지하면서도 전문성과 실무지향성을 추구해야 한다는 점이다.

(1) 실무지향성의 의미

여기서 주의해야 할 점은 법학의 실무지향성을 강조한다고 해서 그것이 곧 '소장 작성 훈련'과 같은 기술적인 실무교육을 강조해야 하는 것으로 이해해서는 안 된다는 것이다. 물론 여러 실무가가 주장하듯이 법학교육의 실무지향성을 구현하려면 일정 정도 기술적인 실무교육을 해야 할 필요가 있을 것이다.[46] 그러나 법학교육에서 지향해야 하는 실무지향성이란 가령 판례의 태도가 무엇인지 아는 것이 아니라 해당 판례 안에서 어떻게 추상적인 법적 개념이나 원리·법리 등이 녹아내리고 있는지 파악할 수 있는 능력을 키우는 것이라 할 수 있다. 요컨대 실무지향성에 관해 법학교육에서 중점으로 삼아야 할 것은 다양한 법적 소재를 합리적으로 취급할 수 있는 능력을 습득시키는 것이다. 다양한 '내용'을 가르치는 것보다 '방법'을 습득하게 하는 것이 더 필요하다고 생각한다. 기술적인 법률실무교육은 영국의 주요 로펌들이 주장하듯이 법학전문대학원이나 법과대학을 졸업한 후 해당 실무 현장에서 수습과정을 거치면서 획득해도 그리 늦지 않다고 말할 수 있다.

(2) 전문성 획득 방안

법학의 전문성을 어떻게 획득할 것인가에는 독일이 도입한 '중점영역 과목'이 좋은 시사를 한다. 사실 법학의 전문성은 경제법이나 환경법 등과 같은 특별 제정법을 '고립적'으로 공부하는 것으로는 충분하게 획득할 수 없다. 오늘날 사회가 다양한 기능체계로 분화하고 이와 동시에 각 체계가 서로 중첩하는 현상이 발생하면서 '전문법'이라는 새로운 법형식이 성장한다.[47] 이러한 상황을 고려할 때 법학의 전문성은 오히려 다양한 관점이 교차하는 '전문법'을 습득

---

46) 예를 들어 이웅세, "지정토론문 (1)", 『안암법학』 제20호(2005), 113쪽 아래; 이상헌, "지정토론문 (2)", 『안암법학』 제20호(2005), 118쪽 아래 등 참고.

47) '전문법'에 관해서는 이상돈, 『법철학』(법문사, 2003), 단락 [6] "전문법: 이성의 지역화된 실천" 참고.

함으로써 달성할 수 있는 게 아닌가 한다.

(3) 법학의 학문적 자리매김

마지막으로 법학이 법적 기술이 아닌 한, 법학이 전문직업학교에서 교육하는 법률실무가 아닌 한, 법학은 독자적인 학문성을 마련해야 한다. 이러한 법학의 학문성을 우리는 무엇보다도 기초법학에서 찾을 수 있다고 생각한다. 이에 관한 좋은 예를 미국의 법학에서 발견할 수 있다.[48] 만약 사실이 그렇다면 현행 법학교육 현장에서 기초법학을 강화하는 것이 필요하고 또한 시급한 과제라고 말할 수 있다.

48) 박강우, 앞의 글, 358쪽 아래 참고.

제 04 부

법학전문대학원 입학과 변호사 시험

제10장 법학전문대학원 입학

I. 서 론

제10장에서는 법학전문대학원 입학에 관해 살펴본다. 현행 법률가 양성체계에 의하면 변호사가 되기 위해서는 반드시 법학전문대학원에 입학해야 한다. 법학전문대학원이 제공하는 교육과정을 성공적으로 마치고 변호사 시험에 합격해야만 비로소 변호사로 활동할 수 있다. 따라서 법률가가 되기 위한 첫 관문은 법학전문대학원에 입학하는 것이다.

이에 제10장에서는 법학전문대학원에 입학하는 데 가장 중요한 시험인 법학적성시험(LEET)과 면접에 관해 살펴본다. 면접에 관해서는 영남대학교 법학전문대학원이 독창적으로 실시하는 집단면접을 예로 하여 살펴보겠다.

II. 법학전문대학원 입학시험 개관

1. 법학전문대학원 입학시험의 구성

법학전문대학원 입학시험은 크게 2단계로 구성된다. 제1단계는 서류 전형이다. 제2단계는 면접이다.

2. 서류 전형

제1단계 서류 전형은 크게 두 가지 평가 요소로 구성된다. 양적 평가 요소와 질적 평가 요소가 그것이다. 양적 평가 요소는 모든 법학전문대학원에 정형화되어 적용된다. 여기에서는 대학 성적(GPA), 법학적성시험(LEET) 성적, 영어 성적이 양적 평가 요소가 된다. 이 가운데서 보통 법학적성시험이 가장 큰 비중을 차지한다. 질적 평가 요소는 흔히 자기소개서가 된다. 자기소개서를 평가함으로써 지원자가 해당 법학전문대학원에 입학할 만한 자격과 역량을 갖추었는지 평가한다.

3. 면 접

제2단계 면접은 질적 평가에 해당한다. 자기소개서와 같은 서면으로는 평가하기 어려운 지원자의 자격과 역량을 대면으로 평가하는 것이다. 면접은 크게 개별면접과 집단면접으로 구별된다. 대부분의 법학전문대학원은 개별면접을 활용한다. 이에 반해 영남대학교 법학전문대학원은 설립 당시부터 집단면접을 실시하였다. 다만 첫 입시에서는 집단면접과 함께 개별면접도 활용하였다.

Ⅲ. 법학적성시험의 의의와 구성

1. 법학적성시험이란?

법학적성시험 또는 법학교육적성시험(Legal Education Eligibility Test: LEET)이란 법학교육에 관한 적성을 평가하는 시험을 말한다. 이때 법학교육에 관한 적성을 줄여 법학적성으로 지칭하기도 한다. 왜냐하면 법학교육이란 결국 법학적성이 있는 학생을 선발하여 법률가로 양성하는 과정으로 볼 수 있기 때문이다. 그렇다면 법학적성시험에서 가장 중요한 개념 요소는 법학적성이라 할 수 있다. 법학적성이란 무엇일까? 이는 생각보다 대답하기 쉽지 않은 문제이다.

2. 법학적성이란?

(1) 법률가처럼 생각할 수 있는 능력

흔히 제시되는 대답은 법학적성이란 '법률가처럼 생각할 수 있는 능력'(thinking like a lawyer)이라는 것이다. 그러면 '법률가처럼 생각할 수 있는 능력'이란 무엇일까? 이는 법률가가 가장 기본적으로 수행해야 하는 일이 무엇인지 생각하면 그 윤곽을 잡을 수 있다.

법률가가 수행해야 하는 가장 기본적인 일은 법적 분쟁을 해결하는 것이다. 법학방법론의 견지에서 보면 법률가는 흔히 법적 삼단논법에 따라 법적 분쟁을 해결한다.[1)] 이때 법적 삼단논법이란 '사실인정(소전제) → 법규범 탐색 및 해석(대전제) → 사안 적용 및 결론'이라는 세 단계의 논리적 과정으로 구성되는 분쟁 해결 방법을 말한다. 이는 미국 로스쿨에서 흔히 사용하는 'IRAC' 시스템과도 유사하다. IRAC에 따르면 법적 분쟁은 '쟁점 분석(Issue) → 규칙 확인(Rule) → 규칙 적용(Application) → 결론 도출(Conclusion)이라는 과정'을 거쳐 해결된다.

그렇다면 법학적성이란 법적 삼단논법을 성공적으로 구사하는 데 필요한 능력이라고 볼 수 있다. 사실인정에 필요한 능력, 법규범을 탐색하고 해석하는 데 필요한 능력 그리고 해석으로 구체화된 법규범의 내용을 구체적인 사실에 적용하여 결론을 도출하는 데 필요한 능력이 법학적성을 구성한다고 말할 수 있다. 이러한 능력을 구체적으로 말하면 다음과 같다.

(2) 사실인정에 관한 능력

먼저 법적 삼단논법의 첫 번째 단계인 사실인정에 관한 능력을 언급할 수 있다. 이에 관한 능력으로 두 가지가 있다. 독해 능력과 추론 능력이 그것이다.

사실인정을 성공적으로 수행하려면 독해 능력이 필요하다. 사실인정을 수행하려면 법적 분쟁과 관련된 사실 정보를 담은 방대한 분량의 기록을 제한된 시간 안에 효과적으로 읽어낼 수 있어야 하기 때문이다. 이는 언어이해 능력에

---

1) 이에 관해서는 양천수, 『삼단논법과 법학방법』 (박영사, 2021) 참고.

해당한다.

다음으로 당사자의 주장이 사실인지 거짓인지 논리적·경험적으로 판단할 수 있는 능력이 필요하다. 이는 법학적성시험 추리논증 영역과 관련을 맺는 추론 능력에 해당한다.

(3) 법규범 탐색 및 해석에 관한 능력

다음으로 사실인정으로 밝힌 법적 분쟁과 관련을 맺는 법규범을 탐색하고 이를 해석할 수 있는 능력이 필요하다. 이에 관한 능력으로 세 가지를 언급할 수 있다. 추론 능력, 실정법에 관한 지식, 법규범 해석 능력이 그것이다.

첫째, 법적 분쟁을 해결하는 데 필요한 법규범 탐색을 잘 하기 위해서는 문제가 되는 사실관계가 어떤 법적 문제와 관련되는지 파악할 수 있는 능력이 필요하다. 이 역시 추론 능력과 연결된다.

둘째, 법규범 탐색을 잘 하기 위해서는 실정법에 관한 지식을 사전에 충실하게 갖추고 있어야 한다. 추론 능력과 같은 사고능력은 '백지상태'에서 작동하는 것이 아니라 일정한 지식을 전제로 하기 때문이다. 따라서 각 실정법의 개념, 체계, 판례, 학설 등에 관한 지식, 법도그마틱에 관한 지식을 충실하게 가지고 있어야만 원활하게 법규범 탐색을 할 수 있다.

셋째, 관련 법규범을 문법적·체계적·논리적·역사적·목적론적 해석방법을 사용해 해석할 수 있는 능력을 갖추고 있어야 한다. 이때 명심해야 할 것은 법학에서 논의되는 상당수의 학설은 법을 해석함으로써 도출된 결과물이라는 점이다. 따라서 법규범을 올바르게 해석할 수 있는 능력을 갖추면 법학에서 언급되는 학설 역시 제대로 이해할 수 있다. 이러한 능력은 추론 능력의 일종에 속한다.

(4) 사안 적용에 관한 능력

마지막으로 사안 적용에 관한 능력, 즉 해석으로 구체화된 법규범을 사실인정으로 밝혀진 사안에 적용하여 법적 결론을 도출할 수 있는 능력이 필요하다. 이에는 크게 추론 능력과 논증 능력이 요청된다.

사안 적용을 성공적으로 수행하려면 해석으로 구체화된 법규범의 내용과 사실관계를 일치시킬 수 있는 능력이 요청된다. 이는 추론 능력과 관련을 맺는다.

더불어 자신이 결정한 법적 판단이 왜 타당한지 논증할 수 있는 능력이 필요하다. 논증은 글쓰기를 통해 구체화되기에 이는 논술 영역과도 관련을 맺는다.

3. 리트란?

(1) 개 관

리트(LEET)란 법학교육적성시험(Legal Education Eligibility Test) 또는 법학적성시험을 흔히 지칭하는 말이다. 리트는 세 영역으로 구성된다. 언어이해, 추리논증, 논술이 그것이다. 2024년 현재 언어이해는 30문항, 추리논증은 40문항, 논술은 2문항이 출제된다. 언어이해와 추리논증은 오지선다형의 객관식으로, 논술은 주관식으로 출제된다. 언이이해와 추리논증은 표준점수제가 적용된다. 논술은 법학전문대학원협의회에서 공동으로 채점하기도 하고 각 법학전문대학원에서 자율적으로 채점 및 반영하기도 한다. 영남대학교 법학전문대학원은 후자에 속한다.

(2) 언어이해

언어이해는 수능, 즉 대학수학능력시험에서 출제하는 언어 영역의 발전된 형태라 할 수 있다. 다만 수능 언어와 비교할 때 지문이 더욱 길고 난도가 높다. 한 지문당 3개의 문제가 출제되고 모두 10개의 지문이 제시된다. 따라서 총 문항 수는 30문항이다. 90분 동안 30문항을 풀어야 하기에 속독 능력이 필요하다.

지문은 다양한 학문영역에서 출제된다. 법, 철학, 문학, 역사, 경제, 생물학, 컴퓨터공학, 지구과학 등을 예로 언급할 수 있다. 따라서 언이이해를 대비하려면 평소 다양한 방면의 풍부하고 섬세한 독서를 해야 할 필요가 있다. 특기할 만한 점은 법학 영역의 비중이 상대적으로 크다는 점이다.

(3) 추리논증

추리논증은 모두 40문항으로 구성된다. 이에 부여되는 시간은 125분이다. 문항이 더 많은 대신 지문은 언어이해보다 짧은 편이다. 문제의 완성도도 높다. 속독이 우선적으로 요구되는 언어이해보다 지문에 대한 분석 및 추론 능력이 더욱 중요하게 요청된다. 특히 추리논증 영역에서 법학의 비중이 커졌다. 법학전문대학원 입학 전형에서 언어이해보다 더욱 중요하게 평가되는 경향이 있었기에 2019학년도 리트 시험부터 문항이 기존 35문항에서 40문항으로 확대되었다. 그러나 2020년 이후부터는 수험생의 문해력(literacy)이 점점 약해지는 경향이 나타나면서 오히려 언어이해가 수험생들에게 더 높은 진입 장벽이 되고 있다.

(4) 논 술

오지선다형의 객관식 시험인 언어이해, 추리논증과는 달리 논술은 원고지에 논술문을 작성하는 주관식 시험이다. 논술 시험에서는 문제에 관한 분석 및 논증 능력이 주로 요구된다. 어떻게 보면 언어이해와 추리논증 그리고 답안 작성 능력을 종합적으로 평가하는 시험이라 할 수 있다.

논술 시험에서는 크게 두 가지 평가가 이루어진다. 첫째는 글쓰기의 형식적 능력이다. 예를 들어 원고지 작성법이나 원고 분량을 준수하는지가 평가된다. 둘째는 글쓰기의 실질적 능력이다. 여기에서는 문제분석 능력, 지문 요약 능력, 주장 및 논증 능력이 평가된다.

(5) 준비 전략

리트가 평가하고자 하는 법학적성은 단시간에 향상하기 어렵다. 따라서 법학전문대학원에 관심이 있는 대학 학부생이라면 일찍부터 법학적성을 구성하는 언어이해 능력이나 추리논증 능력을 키우도록 노력해야 한다.

이를 위한 가장 기본적인 방법은 자신의 학과 공부를 열심히 하는 것이다. 그렇게 하면 학점도 올리는 동시에 자연스럽게 법학적성에 필요한 능력도 키울 수 있다.

평소 다양한 영역의 책 읽기를 하는 것도 중요하다. 특히 최근 학생들은 책을 잘 읽지 않기에 책 읽기에 조금만 더 신경을 써도 리트를 대비하는 데 큰 도움이 된다. 이때 주의해야 할 점은 수동적으로 책 읽기를 하기보다는 능동적으로 이를 해나가야 한다는 점이다. 예를 들어 책을 읽고 스스로 서평을 써본다든지 독서토론 그룹을 조직해 친구들과 함께 책을 읽고 섬세하게 토론하는 방식을 권할 수 있다.

리트 시험에서 법학의 비중이 커지고 있기에 학부 시절에 법학 공부를 미리 해두는 것도 좋은 방법이 된다. 이때는 시간적 여유가 있으므로 스스로 생각하면서 공부하는 습관을 들이는 것도 좋다.

Ⅳ. 법학전문대학원 면접시험

1. 법학전문대학원 면접시험의 목표와 현실

법학전문대학원 입시에서 면접시험을 보는 이유는 법학적성이 우수한 지원자를 정확하게 선발하기 위해서이다.

그러나 사실 제한된 시간에 진행되는 면접으로 법학적성이 우수한 지원자들을 선별하는 것은 쉽지 않다. 면접에서는 지원자들이 서로 비슷한 능력을 보여주는 경우가 많기 때문이다. 더군다나 각 법학전문대학원의 데이터가 축적되고 분석이 이루어지면서 지원자들의 능력이 점점 균일화되는 요즘 상황에서는 면접에서 지원자들을 변별하는 것이 생각보다 쉽지 않다. 그 때문에 이를테면 일본의 법과대학원(로스쿨) 중에는 아예 면접을 실시하지 않는 경우도 있다.

이러한 상황에서 면접은 사실상 학업 수행 능력이 부족한 지원자를 탈락시키는 역할을 하는 것으로 이용되기도 한다. 면접을 통해 정말 선발되어서는 안 되는 지원자들을 걸러내는 것이다.

그런데도 여전히 면접에 적극적인 기능을 인정할 수 있다고 생각한다. 아주 제한된 시간이지만 면접을 통해 지원자들이 갖고 있는 역량을 점검할 기회를 가질 수 있다. 특히 지원자들의 정량 점수가 비슷해 1단계 전형만으로는 지원자들을 확연하게 변별하기 어려울 때 면접은 합격자를 결정하는 데 중요한 역할을 할 수 있다.

2. 왜 집단면접인가?

영남대학교 법학전문대학원은 집단면접을 채택하여 운용한다. 2008년 첫 법학전문대학원 입시를 치를 때는 개별면접과 집단면접을 모두 시행하였다. 그러나 개별면접의 유용성과 효율성, 공정성에 문제가 제기되면서 개별면접을 없애고 집단면접만을 실시한다.

집단면접만을 시행하는 가장 큰 이유는 개별면접에서 자칫 발생할 수 있는 면접위원의 편향이나 자의성을 막기 위해서이다. 실제로 법학전문대학원 면접에서 면접위원이 정치적으로 편향된 질문 등을 지원자에게 하여 문제가 된 사례가 종종 발생한다. 이는 지원자에게 중대한 불이익이 될 수 있으면서 동시에 법학전문대학원 평판에도 심각한 타격을 줄 수 있다. 이러한 문제를 해소하고자 영남대학교 법학전문대학원은 집단면접만을 시행할 뿐만 아니라 면접이 실시될 때 면접위원은 일체의 질문을 할 수 없도록 한다. 오직 사회자 역할을 맡은 면접위원만이 면접 진행 및 절차에 관한 발언을 할 수 있을 뿐이다.

집단면접은 리트 논술 문제와 유사한 형식의 문제를 대상으로 하여 집단토론으로 진행되기에 지원자들의 문제분석 능력, 논증 능력, 창의력, 의사소통 능력, 인성 등을 종합적으로 평가하는 데 유리하다. 물론 영남대학교 법학전문대학원은 리트 논술 역시 별도로 평가하여 점수에 반영한다. 그렇지만 글쓰기 능력과는 별개로 구술을 이용한 토론 및 논증 능력을 갖추고 있는지 역시 법률가들에게 요구되는 중요한 능력이기에 이를 평가할 수 있는 집단면접은 여러모로 유용하다.

3. 면접 문제

면접 문제는 리트 논술 사례형 문제와 거의 유사하게 출제된다. 다만 리트 논술 사례형보다는 난이도나 분량이 적은 편이다. 그리고 출제자의 성향에 따라 문제에 다소 차이가 나타난다. 출제 문제를 출제자, 면접위원, 지원자가 소지하는 것은 허용되지 않는다.

(1) 문제 예시

문제를 예시하면 다음과 같다.[2)]

1) 문 제

아래 [주장]을 참고하여 [사례]의 문제에 답하시오.

[사례]

이른바 제4차 산업혁명이 진행되는 현대사회에서는 다양한 영역에서 알고리즘이 사용된다. 이때 알고리즘이란 특정한 시스템을 가동하거나 문제를 해결하는 데 적용되는 절차를 뜻한다. 알고리즘은 보통 수학적 이진법에 바탕을 두어 구현된다. 이러한 알고리즘은 빅데이터를 분석하거나 인공지능 로봇을 가동하는 데 사용된다. 알고리즘을 사용함으로써 고객들이 원하는 바를 찾아내거나 사람보다 더욱 뛰어난 실력을 발휘하는 인공지능 로봇을 구현하기도 한다.

A사는 새로운 알고리즘을 적용하여 자율적으로 소설을 창작할 수 있는 인공지능 로봇 '알파'를 개발하였다. 이 인공지능 로봇은 시장에 존재하는 다수의 독자가 좋아하는 요소를 분석 및 선별함으로써 다수가 즐길 수 있는 소설을 쓸 수 있다. A사는 인공지능 로봇이 창작한 몇 편의 소설들을 익명으로 인터넷에 공개하였는데 상당수 독자는 이 소설을 인공지능 로봇이 창작한 것을 인식하지 못한 채 좋아하였다. 일부 독자는 이 소설들을 최고의 인간 작가가 쓴 것으로 인식하기도 하였다. 이에 자신감을 얻은 A사는 이러한 소설들을 창작한 주체가 인공지능 로봇이라는 점을 공개하면서 인공지능 로봇이 쓴 소설들을 상품화하기로 하였다.

---

2) 아래 문제는 기출문제가 아니라 필자가 가상으로 구성한 문제이다.

그런데 B시민단체는 인공지능 로봇 알파가 쓴 소설들이 형식적·내용적으로 우리 사회에 존재하는 특정한 편견이나 사회적 소수자에 대한 혐오 표현을 담고 있음을 발견하였다. 이에 B시민단체는 인공지능 로봇 알파가 쓴 소설들은 한낱 기계가 쓴 소설에 불과하므로 표현의 자유로 보장할 수 없고, 따라서 소설을 출판하는 것을 금지해야 한다고 주장한다. 그뿐만 아니라 인공지능 로봇 알파에 적용된 알고리즘은 윤리적이지 않은 방식으로 설계된 것이므로 이를 아예 적용하지 못하도록 해야 한다고 주장한다. 결국 이들은 두 개를 주장한다. 첫째는 소설 출판을 금지하는 것이다. 둘째는 알고리즘을 윤리에 합치하도록 재설정해야 한다는 것이다.
이에 A사는 다음과 같이 B시민단체의 주장을 반박한다. 첫째, 인공지능 로봇 알파가 쓴 소설도 표현의 자유로 보장되는 저작물에 포함해야 한다는 것이다. 둘째, 인공지능 로봇 알파에 적용된 알고리즘은 인공지능 로봇이 스스로 학습하도록 하는 딥러닝 기술을 적용한 것이기에 인공지능 로봇이 가진 것처럼 보이는 편견이나 혐오 등은 우연적인 산물에 불과하다는 것이다. 따라서 이는 의도된 것이 아니기에 규제해서는 안 된다는 것이다. 이를 규제하게 되면 오히려 인공지능 로봇 기술을 발전시키는 데 장애가 될 것이라고 한다.
이러한 상황에서 당신은 어떻게 판단하는가? 첫째, 인공지능 로봇 알파가 작성한 소설은 표현의 자유로 보장되는 저작물에 해당하는가? 둘째, 특정한 편견이나 혐오 의식을 가진 것으로 보이는 인공지능 로봇 알파의 알고리즘은 윤리에 적합하게 강제적으로 법으로 재설정되어야 하는가?

2) 주 장

[주장]

① 알고리즘이 사회에 미치는 영향을 고려할 때 이를 법으로 규제해야 할 필요가 있다.
② 인공지능 로봇에게도 법적 인격을 부여할 수 있다. 따라서 인공지능 로봇이 창작한 소설도 표현의 자유로 보장되는 저작물로 보아야 한다.
③ 새로운 기술을 규제하는 것은 미래를 규제하는 것이다. 그러나 미래는 우리가 정확하게 예측할 수 없으므로 규제될 수 없다.
④ 저작물은 인격이 표현된 것이다. 그러나 인공지능 로봇은 도구이자 수단에 불과하다. 인공지능 로봇은 인격체가 아니다.

> ⑤ 표현의 자유는 최대한 보장되어야 한다. 설사 특정한 편견이나 혐오 표현을 담고 있다 하더라도 그것이 의도적으로 이루어진 것이 아닌 한 규제되어서는 안 된다.
> ⑥ 알고리즘은 사실적인 절차에 불과하다. 이것이 의도적으로 만들어진 것이 아니라면 이를 법으로 규제하는 것은 타당하지 않다.
> ⑦ 우리 사회나 인간 행동에 특정한 영향을 미치는 것은 모두 규제로 보아야 한다. 따라서 인공지능 로봇에 탑재된 알고리즘 역시 우리 사회나 인간의 행동에 영향을 미치는 규제로 보아야 한다.

(2) 문제 수

문제는 2개를 출제한다. 오전용 1개와 오후용 1개가 그것이다. 이를 각각 A형 문제와 B형 문제로 지칭한다. 무엇을 오전용 문제 및 오후용 문제로 할 것인지는 면접 당일 법학전문대학원 원장이 직접 추첨으로 결정한다. 이는 공정성 및 보안을 유지하기 위한 방안이다.

4. 면접 방식

(1) 집단토론

면접은 집단토론 형식으로 진행된다. 가능한 한 찬반 토론이 분명하게 이루어질 수 있도록 문제를 설계한다.

지원자는 집단토론에서 1인당 모두 3번의 발언 기회를 가진다. 1회 발언은 3분을 초과할 수 없다. 2분 30초가 경과했을 때 진행요원이 알림판을 이용해 발언 시간이 30초가 남아 있음을 알려준다. 3분이 초과되는 때에는 일체의 발언이 금지된다. 이를 엄격하게 구현하기 위해 스톱워치를 이용하고 사회자가 발언 시간을 엄격하게 통제한다.

이러한 방식은 변증법에서 흔히 언급되는 ‘정/반/합 원칙’ 및 ‘3분 스피치 규칙’을 적용한 것이다.

최초 발언에서 자기주장을 개진하고 2회 발언에서는 논박을 전개하며 3회 발언에서는 자기주장을 정리한다.

최초 발언을 어떤 순서로 하는지는 면접의 공정성과 관련하여 민감한 문제가 될 수 있기에 추첨으로 결정한다. 추첨 번호가 최초 발언 순서가 된다.

또한 최근 면접에서는 추첨 번호에 따라 찬성 의견과 반대 의견을 선택하게끔 한다. 예를 들어 홀수 번호를 뽑는 경우에는 찬성 의견으로만, 짝수 번호를 뽑는 경우에는 반대 의견으로만 자기주장을 하게끔 하는 것이다.

면접위원은 일체의 발언을 할 수 없다. 지원자들 사이에 진행되는 토론을 지켜보고 평가만 할 수 있을 뿐이다. 사회자 위원만 면접 진행에 관해 발언을 할 수 있다. 사회자가 면접 진행을 어떻게 하는가에 따라 면접 분위기가 달라질 수 있으므로 보통 사회자 경험이 있는 교수가 사회자 위원을 맡는다. 사회자 위원은 면접 진행만 맡는 것이 아니라 평가도 해야 한다.

(2) 토론그룹 구성

영남대학교 법학전문대학원의 입학정원은 70명이고 1단계에서 5배수를 선발한다. 따라서 350명이 1단계 전형에 합격해 면접에 참여한다. 그리고 가군과 나군에서 동일하게 선발하기에 가군 175명, 나군 175명이 면접에 참여한다.

토론그룹은 1개 조당 5~6명의 수험생으로 구성된다. 오전 2개조, 오후 3개조가 면접에 참여한다.

면접은 하루(토요일)에 진행된다. 가군과 나군 합하면 2번 면접이 진행된다.

(3) 면접위원 구성

면접위원 팀은 6개 팀으로 구성된다.

면접위원은 3명, 즉 사회자 위원 1인, 면접위원 2인으로 구성된다. 사회자 위원은 집단면접을 진행하는 사회자 역할을 한다. 동시에 사회자 위원도 평가에 참여한다.

본래는 5명, 즉 법전원 교수 3명, 타과 교수 2명으로 구성되었다. 그렇지만 교육부 지적에 따라 면접위원을 3명으로 줄이고 법전원 교수 2명, 외부 인사

1명으로 구성한다. 면접의 공정성을 위해 외부 인사는 주로 검사나 판사로 초빙한다. 변호사는 선호되지 않는다. 경우에 따라 다른 학교 교수가 참여하기도 한다.

제11장 변호사 시험과 답안작성

I. 서 론

법률가가 되기 위해 넘어야 할 최종 관문은 변호사 시험에 합격하는 것이다. 현행 변호사 시험은 오지선다형 객관식과 사례형 및 기록형이 함께 출제된다. 이 가운데 사례형과 기록형 시험은 법학전문대학원 학생들이 입학 이후 거의 처음 접하는 시험 유형이다. 그 때문에 이들 시험에 어떻게 대비해야 하는지, 어떤 '방법'으로 사례형 및 기록형 문제를 풀어야 하는지가 큰 도전이다. 그 중에서도 사례형 문제에 어떤 방법으로 답안을 작성해야 하는지가 고민거리가 된다. 기록형 문제의 경우에는 소장이나 공소장처럼 형식이나 기재례가 엄격하게 정형화되어 있는 편이기에 이를 철저하게 익히는 것으로 문제에 대비할 수 있다. 이에 반해 사례형 문제는 출제자나 과목 유형에 따라 답안작성 방법에 차이가 나기도 하고 이를 어떤 방법으로 작성해야 하는지에 명확한 합의도 존재하지 않기에 법학 초심자들은 애를 먹기 마련이다. 이에 제11장에서는 변호사 시험을 포함해 법학 사례형 시험에 관해 어떻게 답안을 작성하는 게 적절하고 필요한지 살펴보겠다. 물론 이에 관해 필자도 정답을 말할 수는 없다. 그렇기에 제11장에서는 법학방법론의 견지에서 답안작성 방법에 접근해 보고 이에 관해 필자가 지닌 주관적 견해를 밝히는 것으로 만족하고자 한다.[1)]

1) 이에 관해서는 양천수, 『삼단논법과 법학방법』 (박영사, 2021)도 참고.

Ⅱ. 법학방법론의 시각에서 접근한 답안작성 방법

1. 법학방법론과 답안작성

(1) 논의 필요성

현행 변호사 시험이나 과거 사법시험과 같은 국가시험에서 수험생이 볼 때 가장 고민이 되는 부분 가운데 하나는 아마도 사례 해결 풀이 방법 또는 이에 관한 답안작성 방법이 될 것이다. 많은 수험생이 사례를 해결할 때 이에 관해 확립된 사례 풀이 방법이 과연 있는지, 만약 있다면 그것은 무엇인지 의문을 품고는 한다. 그 때문에 과거 사법시험 시절에는 각종 고시잡지에 게재되는 교수 혹은 사법연수원생의 사례 풀이에 관심을 기울였다. 또 매년 실시되었던 사법시험 제2차 시험의 채점위원들이 제시하는 '채점소감'에 민감해 하기도 하였다. 그뿐만 아니라 이러한 사례 문제는 비단 국가시험에서만 출제되는 것이 아니라 이제는 법학전문대학원이나 법과대학 등에서 진행되는 법학교육 전반을 지배하는 시험 형식이 되었다. 그 때문에 어떻게 하면 사례를 잘 풀 수 있을까, 어떻게 이를 답안에 담아낼까, 하는 의문은 이제는 단지 고시 수험생에게만 해당하는 고민이 아닌 모든 법학도의 관심사가 되었다. 이러한 문제의식에서 아래에서는 법학방법론의 관점을 활용하여 사례 풀이 방법 또는 이에 관한 답안작성 방법을 살펴볼까 한다.

(2) 법학방법론의 다양한 스펙트럼

그 전에 법학방법론에 관해 잠깐 살펴보겠다. 법학방법론은 쉽게 말해 법학에 적용하는 방법에 관한 이론을 뜻한다.[2] 이러한 법학방법론은 크게 세 가지로 구별할 수 있다. 학문으로서 법학방법론, 실무가에게 필요한 법학방법론, 학생에게 필요한 법학방법론이 그것이다.

먼저 학문으로서 법학방법론은 말 그대로 학자들이 이론으로서 다루는 법

2) 이에 관해서는 양천수, 위의 책 참고.

학방법론이다. 여기에서는 법학을 독자적인 학문(Wissenschaft)으로 전제하면서 법학이 학문으로 자리매김하려면 어떤 방법을 사용해야 하는지에 관심을 둔다.

다음 실무가에게 필요한 법학방법론이란 분쟁을 해결하는 데 필요한 방법에 관한 논의를 뜻한다. 여기에서는 현실에서 발생한 법적 분쟁을 어떤 방법으로 해결해야 하는지에 초점을 맞춘다. 이러한 법학방법론은 달리 법적 방법(juristische Methodik)으로 지칭하기도 한다.[3]

나아가 학생에게 필요한 법학방법론은 법학을 배우는 과정에서 학생이 익혀야 하는 법학방법에 관한 논의를 뜻한다. 이는 두 가지로 나눌 수 있다. 첫째는 법학을 배우는 과정에서 만나는 시험을 풀이하는 데 적용하는 방법론이다. 둘째는 리포트나 논문을 작성하는 데 사용하는 방법론이다. 첫 번째에서는 사례 풀이 방법론이 중심이 된다. 그 점에서 이는 실무가에게 필요한 법학방법론과 연결된다. 하지만 이외에도 논문형 문제나 약술형 문제를 풀어가는 데 활용하는 방법론도 포함할 수 있다. 이러한 방법론은 리포트나 논문을 작성하는 데 활용하는 방법론과 겹치는 부분이 있다. 그 점에서 이 방법론은 학문으로서 의미 있는 법학방법론과 연결된다.

(3) 답안작성 방법의 세 가지 유형

위의 논의를 고려하면 학생이 수행해야 하는 답안작성에 관한 방법도 크게 세 가지로 구별할 수 있음을 알 수 있다. 사례 풀이에 관한 답안작성 방법, 논문형 문제 답안작성 방법, 약술형 문제 답안작성 방법이 그것이다. 첫 번째가 사례 문제 풀이를 전제로 한다면 두 번째는 논문형 문제, 세 번째는 약술형 문제를 대상으로 한다. 아래에서는 첫 번째에 중점을 둔다. 두 번째와 세 번째는 본질적으로 큰 차이는 없다. 약술형 문제를 발전시킨 게 논문형 문제라 할 수 있기 때문이다. 다만 특정한 법적 문제를 포괄적으로 다루어야 하는 논문형 문제 답안작성에 비해 약술형 문제 답안작성에서는 이론적 쟁점이나 특별한 판례를 중점적으로 다루는 게 일반적이다.

---

3) 이러한 예로 Friedrich Müller, *Juristische Methodik* (München, 1997) 참고.

(4) 답안작성 방법과 논문작성 방법

한편 논문형 문제를 풀이하는 데 적용하는 답안작성 방법은 어찌 보면 논문작성 방법과 큰 차이가 없어 보인다. 양자 모두 논문형 문제 제기를 대상으로 하기 때문이다. 차이가 있다면 두 가지를 언급할 수 있을 것이다.

먼저 논문형 문제 답안작성 방법이 시험문제에 적용되는 방법이라면 논문작성 방법은 독자적인 학문적 작업인 논문에 적용되는 방법이라는 것이다.

나아가 좀 더 본질적인 차이로, 논문형 문제에 관한 답안을 작성할 때는 정확한 지식 전달이 필수적이라는 것이다. 기본적인 내용을 모두 정확하게 암기하여 답안에 제시할 필요가 있다. 때에 따라서는 적절한 응용 능력이 필요하다. 그 점에서 이는 실무가에게 좀 더 필요한 능력이라 할 수 있다. 이에 반해 논문을 작성할 때는 물론 정확성도 필요하지만 독창성이 좀 더 부각된다고 말할 수 있다.

2. 확정되어 있는 방법은 없다

아래에서는 사례 풀이에 적용되는 답안작성 방법에 초점을 맞추겠다. 먼저 다음과 같은 질문을 던져보자. 일반적으로 확립된 사례 해결 방법은 존재할까? 필자의 여러 경험에 비추어 볼 때 이에는 아직 부정적으로 답변하는 게 적절하다고 생각한다. 말하자면 우리는 여전히 사례 해결 방법 또는 사례 해결에 관한 답안작성에 관해 확립된 방법을 가지고 있지 않다는 것이다. 그 이유를 여러 측면에서 생각할 수 있다.

(1) 사례 해결 방법에 관한 성찰 부족

첫째, 우리 법학에서는 법학방법론의 견지에서 사례 해결 방법을 다루는 연구가 여전히 부족하다. 우리는 어떻게 법학을 해야 하는지, 법학에서 무엇을 중요하게 여겨야 하는지, 법학전문대학원에서 담당해야 할 법학방법의 내용과 수준은 어떠해야 하는지, 사례 문제는 어떤 방법으로 해결해야 하는지가 여전히 법학방법론의 측면에서 제대로 연구되지 않은 편이다.

물론 필자가 법과대학 학생이었던 1990년대의 법학과 비교할 때 법학방법론에 관한 학문적 연구가 그동안 우리 법학에서 상당 부분 축적되었다.[4] 그렇지만 1990년대는 다른 실정법학에 비해 법학방법론에 관한 연구가 상대적으로 부족하였다. 독일의 공법학자 치펠리우스(Reinhold Zippelius)의 입문서인 『법학방법론』이나 라렌츠(Karl Larenz)와 카나리스(Claus-Wilhelm Canaris)가 학생용으로 출판한 『법학방법론』이 번역된 정도였다.[5] 그외에 법학방법론을 소개하는 논문이 몇 편 있었을 뿐이다. 개별 영역으로 들어가 보면 이론적인 측면에서 심도 있게 논의하는 몇몇 수준 높은 논문들이 있기는 했지만 이러한 성과는 수험생들에게 적용될 수 있는 것은 아니었다.[6]

그런 와중에도 법학방법론의 관점에서 사례 풀이 방법을 다룬 몇몇 예외가 있었다. 예를 들어 민법학자인 김형배 교수는 독일의 사례 풀이 방법론을 원용하여 민사 사례 해결 방법론을 제안하였다.[7] 상법학자인 김정호 교수도 독일의 사례 풀이 방법론을 활용해 상법 사례 해결 방식에 관해 유익한 책을 출판하였다.[8] 대법관을 역임한 민법학자 양창수 교수는 사법시험 채점소감의 형식을 빌려 아주 치밀한 사례 해결 방법론을 제안하였다.[9] 그리고 본격적인 논문 형식을 띤 것으로 로마법학자 최병조 교수가 『민사판례연구』에 게재한 논문을 언급할 수 있다.[10] 형법학에서는 상황이 다소 양호하였다. 독일 형법학에서 확립된 범죄체계론을 중심으로 하여 사례 해결 방법이 어느 정도 정형화되어 마련되었기 때문이다.[11] 그외의 영역에서는 수험용 사례집을 중심으로 하

---

4) 이를 보여주는 대표적인 예로 양천수, 앞의 책; 오세혁, 『법학방법론』 (박영사, 2024) 등 참고.

5) Reinhold Zippelius, 김형배 (역), 『법학방법론』 (삼영사, 1993); 라렌츠·카나리스, 허일태 (역), 『법학방법론』 (세종출판사, 2000) 등 참고.

6) 이를 보여주는 예로 신동운 외, 『법률해석의 한계』 (법문사, 2000) 참고.

7) 김형배, 『민법사례연습』 (법문사, 1999).

8) 김정호, 『상법연습』 (법문사, 2021).

9) 예를 들어 양창수, "법적 사고의 구체적 전개: 사법시험 채점소감", 『민법산고』(박영사, 1998), 355쪽 아래 참고.

10) 최병조, "토지매수인에 의한 지상물철거행위의 법률효과: 판례의 연습사례로의 활용과 민법사례풀이 방법론", 『민사판례연구 XVI』 (1994), 131-166쪽 참고.

11) 이에 관해서는 고 이재상 교수와 김일수 교수의 사례집에 실린 사례 해결 방법을 참고할 수 있는데 이것 모두 독일의 사례 해결 방법론을 원용한 것이다. 이재상, 『형법연습』 (신조사, 2006); 김일수·변종필, 『형법연습』 (두성사, 2004) 참고.

여 간단한 해결 방식이 제시되었을 뿐이었다.

(2) 사례 풀이 방법에 관한 강조점 차이

둘째, 사례 풀이 방법에 관해 교수 또는 채점위원이 강조하는 부분이 반드시 일치하는 것은 아니라는 데서 그 이유를 찾을 수 있다. 지난 제37회 사법시험 제2차 시험의 민법 채점소감으로 실린 양창수 교수와 이은영 교수의 글을 예로 언급할 수 있을 것이다. 가령 양창수 교수는 일반론보다는 사례 그 자체에 담긴 사물 논리(Sachlogik)를 면밀하게 추적할 것을 강조하는 데 반해 이은영 교수는 사례와 관련된 민법 일반론을 충분히 적을 것을 요구한다. 이러한 강조점의 차이는 다른 실정법학 영역에서도 발견된다. 가령 사법시험 문제 자체에 관해 당시 형법학을 대표하던 두 교수가 의견대립을 벌이기도 하였다. 필자는 설득력이 높다고 생각하는 양창수 교수의 사례 풀이 방법에 관해서도 다른 의견이 제시되기도 하였다.[12)]

(3) 출제위원의 스타일 차이

셋째, 답안작성 방법이나 채점 기준에 관해 출제위원 사이에 스타일이 다르다는 점도 영향을 미친다. 예를 들어 어떤 출제위원은 답안 자체의 형식보다는 내용의 논리적인 흐름이나 논점을 파악한 방법에 관심을 기울이는 데 반해 또 다른 출제위원은 답안의 형식이나 다소 비중이 떨어지는 학설대립에 더 신경을 쓰는 때도 있다. 심지어 과거 사법시험 때는 학설대립으로 빚어진 개인적 감정을 채점 과정에 드러내는 듯한 의견이 표명되기도 하였다.

교수 출제위원과 실무가 출제위원 또는 이론 교수 출제위원과 실무 교수 출제위원 간의 시각 차이가 한몫하기도 한다. 예를 들어 이론가들은 판례의 태도 그 자체에 크게 연연해하지 않는 데 반해 실무가들은 판례의 태도를 거의 절대적인 권위로 인정하기도 한다.

---

12) 이러한 예로 송덕수 교수의 민법학을 언급할 수 있을 것이다. 이에 관해서는 송덕수, 『나의 민법 이야기: 한 민법학자의 40년간의 기록』 (박영사, 2022) 참고.

(4) 중간 결론

이 같은 다양한 이유로 여전히 확립된 사례 해결 방법은 존재하지 않는다고 말할 수 있다. 하지만 그렇다고 해서 차선책마저 없는 것은 아니다. 필자는 사례 풀이 방법에 관해 완벽하지는 않지만 어느 정도 통용될 수 있는 방법론은 우리가 이미 갖고 있다고 생각한다.[13] 이를 아래에서 사례 해결 방법 일반론으로 다룰까 한다. 그러나 다시 한번 강조하지만 아래에서 다루는 방법론이 완전한 것은 아니다.

3. 사례 문제를 출제하는 이유는 무엇일까?

(1) 사례 문제의 등장

필자가 법과대학에 입학한 시점인 1990년경만 하더라도 사례 문제가 그리 일반화되어 있지는 않았다. 오히려 당시에는 논문형 문제가 대부분이어서 시험 시즌이 되면 주관식 문제집 등을 참고하여 중요 예상 문제의 목차를 외우는 데 집중해야 했다. 그러나 90년대 중반을 전후로 하여 새로운 법학 교수들이 대거 등장하면서 사례 문제가 헌법, 민법, 형법과 같은 기본 삼법뿐만 아니라 행정법, 상법, 민사소송법, 형사소송법과 같은 후사법의 영역에서도 지배적인 형태로 자리매김하게 되었다.[14] 필자의 경험과 기억으로 말하면 서울대학교 법과대학의 경우에는 1985년에 임용된 양창수 교수가 일찍부터 당시로는 꽤 복잡한 사례 문제를 출제한 것으로 알고 있다.[15] 고려대학교 법과대학의 경우에는 김형배 교수가 선구적으로 사례 문제에 관심을 기울여 『민법사례연습』과 같은 베스트셀러를 내놓기도 하였다.

---

13) 필자는 한때 신림동으로 대변되었던 고시학원의 강사들이 이에 어느 정도 기여했다고 생각한다.

14) 사법시험 시절에는 '기본 삼법/후사법'이라는 구별이 통용되었다. 전자는 법학의 기본이 되는 과목으로 사법시험 제1차 및 제2차 시험의 과목이었다. 이에 대해 후자는 기본 삼법에 토대를 둔 법학으로 사법시험 제2차 시험의 과목이었다. 기본 삼법은 헌법, 민법, 형법, 후사법은 행정법, 상법, 민사소송법, 형사소송법을 지칭하였다.

15) 양창수 교수의 법학방법에 관해서는 양천수, "법학과 방법: 민법학을 예로 하여", 『인권이론과 실천』 제28호(2020), 1-31쪽 참고.

(2) 왜 사례 문제를 출제할까?

그렇다면 사례 문제는 왜 출제할까? 왜 우리는 사례 문제를 풀어야 할까? 이에는 다음과 같은 답변을 할 수 있을 것 같다. 첫째, 사례 문제를 출제하게 되면 한 문제로 해당 법학 전반의 논점을 다룰 수 있다. 둘째, 사례 문제를 통해서는 수험생들이 해당 문제의 영역에 속하는 법적 지식을 단순히 암기하는 데 지나지 않는지 아니면 진정 이해하여 자기 것으로 만들었는지를 더욱 정확하게 평가할 수 있다. 그렇다면 왜 그런 것일까?

논문형 문제의 경우에는 예상 문제를 잘 예측해 정확하게 외우면 때에 따라 높은 점수를 받을 수 있다. 이해보다는 암기가 더욱 중요하게 평가되고 요행이 작용할 수도 있다. 그러나 우리가 법학전문대학원이나 법과대학에서 법학을 공부하는 이유는 기본적으로 법적 지식을 암기하기 위한 것이 아니다. 양창수 교수가 『민법입문』 등에서 지적한 것처럼 실제적인 법적 분쟁을 정확하고 신속하게 해결할 수 있는 능력을 배우는 것이 법학을 공부하는 기본적인 동기다.[16] 마치 의과대학이 의사를 양성하는 것을 목표로 하는 것처럼 법학전문대학원이나 법과대학은 기본적으로 실제적인 법적 문제를 해결할 수 있는 법적 사고를 갖춘 법률가를 키우는 것을 목표로 한다. 이 점은 미국의 로스쿨이나 독일의 법과대학에서도 마찬가지이다. 독일의 법과대학에서도 기본적으로 사례 해결 능력을 키우는 것을 법학교육의 중점으로 삼는다.[17]

(3) 법학교육에 관한 예링의 견해

사실 독일의 경우를 예로 하여 그 배후를 이론적으로 검토하면 현재의 독일 법과대학 교육은 목적법학으로 잘 알려진 루돌프 폰 예링(Rudolf von Jhering)과 밀접한 관련이 있음을 알게 된다. 예링은 19세기 후반 당시 팽배했던 로마법학의 방법(당시 독일에는 아직 통일된 민법전이 없었다)을 개념법학이라고 비판하면서 새롭게 현실에 담긴 사물 논리, 즉 목적에 주안점을 둔 목적법학을 제창하

16) 예를 들어 양창수, 『민법입문』 (박영사, 2023) 참고.
17) 이에 관해서는 양천수, "법률가 양성교육 체제 정립기의 법학방법과 법학교육: 독일과 영국을 예로 하여", 『법철학연구』 제9권 제2호(2006), 31-56쪽 참고.

였다[18] 그러면서 예링은 자신의 구상을 실현하기 위해 당시 프로이센에서 시행되던 논문형 사법시험을 비판하고 대신 사례형 문제를 도입할 것을 주장하였다.[19] 그 후 독일 법과대학은 이와 같은 예링의 주장을 받아들여 사례 문제를 국가시험에 도입하게 되었다.

(4) 사례 문제를 어떻게 풀어야 할까?

이러한 예링의 생각을 음미하면 결국 법 개념은 구체적인 현실과 동떨어져 존재할 수 없다. 법 개념이 지시하는 규범적 내용은 구체적인 현실을 통해 채워진다.[20] 법학은 바로 이러한 법 개념을 다루는 학문이다. 이 같은 법학의 특성은 사례 문제에서 가장 잘 드러난다. 그렇다면 우리가 사례 문제를 푸는 이유는 각 사례에 고유하게 담긴 사물 논리(Sachlogik)나 사물의 본성(Natur der Sache), 달리 말해 법의 목적을 법적 관점에서 면밀하게 추적하여 분석하고 법적 판단에 반영하는 능력을 키우기 위해서라고 말할 수 있다. 말을 바꾸면 사례 문제를 풀 때 가장 중요하게 작용해야 하는 평가 기준은 수험생이 얼마나 일반론이나 이에 결부된 학설대립을 많이 아는지가 아니라 사례에 담긴 사물 논리와 이를 다루는 데 필요한 법적 개념 및 논리를 그 얼마나 정확하게 알고 적용하는지가 된다. 이게 곧 사례 문제를 푸는 목적이다.

그러나 이때 주의해야 할 점은 사례 문제를 푼다고 해서 기본적인 암기를 전적으로 무시해서는 안 된다는 것이다. 특히 법학의 기본 개념은 정확하게 외우고 있어야 한다. 예링 역시 개념법학을 비판하였지만 그렇다고 개념 그 자체를 무시하지는 않았다. 또한 사례와 관련된 실정법 규정과 그 해석론은 장황하게는 아니더라도 정확하게는 알고 있어야 한다.

여기서 잠정적으로 다음과 같이 결론을 요약할 수 있다. 첫째, 사례 문제를 풀 때는 사례에 담긴 사물 논리를 섬세하게 추적 및 고려해야 한다. 둘째, 이와

---

18) 예링의 주요 저작인 『법에서 본 목적』, 『권리를 위한 투쟁』등은 이러한 사상을 잘 보여준다.

19) 이에 관해서는 R. v. Jhering, 양창수 (역), "다시 지상에서: 어떻게 개선할 것인가?", 양창수 (편역), 『독일민법학논문선』 (박영사, 2005), 31쪽 아래 참고.

20) 이를 법해석학의 견지에서 보여주는 경우로는 Arthur Kaufmann, *Analogie und ≫Natur der Sache≪* (Heidelberg, 1965) 참고.

관련된 법적 근거와 개념은 정확하게 암기하고 있어야 한다. 셋째, 사례와 직접적인 관련이 없는 일반론은 장황하게 언급할 필요가 없다.

그러나 이러한 잠정적인 결론은 구체적인 사례를 해결하는 데 턱없이 부족하다. 이는 더욱 구체화되어야 한다. 왜 그런지를 아래에서 계속해서 살펴볼 것이다.

4. 사례 문제의 다양성과 대응 방법

(1) 사례 문제 출제의 어려움

사례 문제를 풀 때는 사례에 담긴 고유한 사물 논리를 섬세하게 고려할 필요가 있다. 예를 들어 형법 사례 문제에서 행위자의 고의나 과실을 판단할 때는 단정적으로 고의나 과실을 인정할 것이 아니라 사례 문제의 어떤 현실적인 징표 때문에 고의나 과실이 인정될 수 있는지 논리적으로 논증할 수 있어야 한다.[21]

그러나 이런 원칙적인 요청은 사례 문제의 불충분성, 즉 완전하게 구성된 사례 문제를 출제하기가 어렵다는 점에서 실현되기가 쉽지는 않다. 예를 들어 대학 시험이나 국가시험에서는 어느 정도 완전한 형태를 띤 사례 문제뿐만 아니라 사례 형식을 띤 논문형 문제, 이른바 준사례 문제가 출제되기도 한다. 그리고 비교적 완전한 형태를 갖춘 사례 문제의 경우에도 현실적으로 시험이 두 시간 정도 진행되고 또 대학 시험에서는 대부분 한 시간에서 두 시간 동안 시행되기에 실제 발생하는 분쟁 사례와 비교할 때 불충분한 때가 많다.[22]

(2) 진정 사례 문제와 부진정 사례 문제

여기서 사례 문제를 다음과 같이 구별할 수 있다. 진정 사례 문제와 부진

---

21) 이에 관해서는 제37회 사법시험과 제41회 사법시험에 관한 양창수 교수의 채점소감 참고.

22) 이와 달리 독일 법과대학에서는 보통 다섯 시간 동안 사례시험을 보기 때문에 비교적 완전한 형태의 사례가 출제된다. 그 예를 김정호 교수가 쓴 『상법연습』에서 찾을 수 있다. 서울대학교 법과대학과 법학전문대학원에서 로마법을 담당했던 최병조 교수는 이 책을 좋은 책이라고 논평하기도 하였다. 그만큼 이 책은 상당히 잘 쓰인 책이다. 최병조, "토지매수인에 의한 지상물철거행위의 법률효과: 판례의 연습사례로의 활용과 민법사례풀이 방법론", 『민사판례연구 XVI』 (1994), 131-166쪽 참고.

정 사례 문제가 그것이다. 진정 사례 문제가 실제 분쟁 사례에 바탕을 둔 것이라면 부진정 사례 문제는 사례 형식을 띤 논문형 문제에 가깝다고 말할 수 있다. 이 같은 구별에 따라 사례 대응 방법도 차이가 난다.

부진정 사례 문제, 즉 사례 형식의 논문형 문제에서는 사례가 담는 현실적 측면보다는 사례와 관련된 법학 일반지식을 논리적이고 정확하게 서술하는 것이 더욱 중요하다. 이 경우에는 관련 부분에서 쟁점이 되는 논점을 분명하게 드러낼 수 있어야 한다.[23] 이에 비해 진정 사례 문제에서는 크게 두 가지 부분에 초점을 맞추어야 한다. 첫째, 복잡한 사례가 가진 현실 사물 논리를 정확하게 추적하여 법적 평가 및 판단에 반영해야 한다. 둘째, 사례가 지닌 다양한 법적 논점을 빠짐없이 논급해야 한다.

(3) 각 대응 방법

이와 같은 사정에서 다음과 같은 결론을 추론할 수 있다.

먼저 수험생은 사례 형식으로 주어진 문제가 과연 진정한 사례 문제인지 아니면 사례 형식을 띤 논문형 혹은 약술형 문제인지 판단해야 한다.

그리고 진정한 사례 문제에 관해서도 출제자가 당해 문제에서 법학 일반론을 서술할 것을 강조하는지, 아니면 다양한 논점을 빠짐없이 그리고 논리적 순서로 해결할 것을 요구하는지 판단해야 한다.

이를 위해 필자가 활용했던 주관적 참고 기준을 제시하겠다.

첫째, 일반적으로 사례에 담긴 논점이 5개 이상일 때는 본격적인 사례 문제로서, 즉 법학 일반론보다는 사례 해결 그 자체에 강조점이 찍힌 것으로 보고 이에 따라 논점을 배분하며 사례를 푼다.

둘째, 논점이 3~4개일 때는 비중 있는 논점의 일반론을 비교적 자세하게 서술하면서 사례를 푼다. 가령 사례에서 책임능력 있는 미성년자의 불법행위 책임과 사용자 책임이 주된 논점이 되었다면 이에 관해 쟁점이 되는 일반론이나 특히 학설대립 등을 정확하게 적시한다.

23) 이는 주로 학설대립의 형식으로 드러난다.

셋째, 논점이 1~2개일 때는 부진정 사례 문제로 보고 법학 일반론을 적시하는 데 치중한다.

더욱 정확한 이해를 위해 예를 들어보겠다. 형법 사례에서는 범인의 행위가 5개 이상의 죄와 관련된 경우라면 각 죄를 빠짐없이 서술하는 게 중요하다. 이때는 각 죄의 구성요건을 간단하게 언급하면서 구체적인 개별 행위를 정확하게 해당 구성요건에 포섭할 수 있어야 한다. 그러나 범인의 행위가 3개 정도의 죄와 관련되고 그중에서 한 개의 죄가 형법총칙의 정당방위와 관련되는 경우라면, 정당방위를 비교적 자세하게 논급할 수 있어야 할 것이다. 그게 아니라 범인의 행위가 오직 형법상 오상방위와 관련을 맺는다면 오상방위 자체를 자세하게 언급할 수 있어야 한다.

그러나 사실 일정한 사례가 과연 어떤 성격을 가지는지 정확하고 신속하게 판단하는 것은 쉽지 않다. 이를 위해서는 결국 많은 연습을 해서 경험과 감을 쌓을 필요가 있다.

5. 사례 풀이의 기본방법으로서 삼단논법

(1) 사례 풀이의 기본방법으로서 삼단논법

본격적인 사례 문제, 달리 말해 진정 사례 문제를 대상으로 할 때 사례 문제는 어떻게 풀어야 할까? 그러나 이 문제에 일률적인 대답을 하기는 어렵다. 왜냐하면 본격적인 사례 문제의 경우에도 문제의 형태에 따라 사례를 푸는 방식이 달라질 수 있기 때문이다.

가령 형법에서 A와 B의 죄책을 묻는 사례 문제가 출제되었다면 각각의 경우에 맞게 구성요건 해당성 → 위법성 → 책임성 → 죄수 등의 순서로 문제를 풀어야 한다.

이에 반해 민법에서 많이 요구되는 것처럼 A, B, C의 법률관계를 묻는 문제가 출제되었다면 이에 상응하게 각각의 법률관계를 살펴보아야 한다. 그게 아니라 청구권 혹은 공격방어방법을 묻는 때에는 이 질문에 맞게 사례를 풀어야 한다.

소송법의 경우에서는 문제형식이 더 다양해질 수 있다. 그 때문에 이처럼 다양한 형태를 갖춘 사례 문제에 일률적인 방법을 제안하는 것은 쉽지 않다. 그러나 비록 추상적인 수준이기는 하지만 이런 와중에서도 어떤 공통적인 방법을 추출할 수는 있을 것이다. 삼단논법이 곧 그것이다.

(2) 법학방법론의 기본방법으로서 삼단논법

삼단논법은 단순히 사례 풀이에만 적용되는 것이 아니라 법학방법론 전반에 걸쳐 적용되는 기본적인 방법이라 할 만하다. 법관 역시 삼단논법에 따라 판결문을 작성해야 한다. 예를 들어 우선 주문에 결론을 제시한 다음 판결이유에서 사실관계를 정리한 후 이에 따른 법률적용을 설시해야 한다.[24] 이런 삼단논법은 과거 대부분의 법과대학생이 주로 법학 입문이나 법학개론 시간에 그야말로 '개론적'인 수준에서 배웠다. 주로 '대전제 → 소전제 → 결론'이라는 3단계 공식을 단순하게 배우는 듯하였다.

이러한 공식은 기본적으로 타당하다. 왜냐하면 이에 따라 사례 풀이 역시 먼저 서론이나 해당 부분에서 주어진 쟁점을 분석하고 근거 법률을 탐색한 후 이 법률의 구성요건을 해석하여 사안에 이 해석론을 적용함으로써 결론을 이끌어낼 수 있기 때문이다.

그렇지만 여기에는 주의해야 할 부분이 있다. 삼단논법을 사례 풀이에 적용한다고 해서 자칫 다음과 같이 사례를 다루어서는 안 되기 때문이다. 가령 먼저 논점을 정리한 후 이 논점과 관련된 해석론 일반을 사례와는 무관하게 장황하게 늘어놓은 후 마지막 부분에서 사안 적용이라는 이름 아래 사례를 기계적으로 판단해서는 안 된다는 것이다. 예를 들어 사례에서 민법상 불법행위가 문제된다고 할 때 본론 부분에서 불법행위에 관한 일반론을 장황하게 적은 후 결론인 사안 적용 부분에서 주어진 사례를 면밀하게 평가하지 않은 채 사례에 관한

24) 이 점에서 시험용 사례 풀이와는 순서가 반대다. 이를 판결서 형식이라고 부른다. 이에 반해 시험 사례 풀이 방식에 적용되는 답안작성 형식을 감정서 형식으로 부른다. 한편 형사판결문의 경우에는 사실관계 판단 이외에 증거 판단을 해야 한다.

결론을 곧바로 내서는 안 된다는 것이다. 이런 해결 방식은 사례에 담긴 사물논리를 면밀하게 고려한다는 일반적인 사례 풀이 목적에 합치하지 않는다.

(3) 삼단논법의 적용 방법

그렇다면 어떻게 삼단논법을 적용해야 할까? 중요한 점은 대전제와 소전제를 서로 유기적으로 결합하면서 문제를 해결해야 할 필요가 있다는 것이다. 대전제 부분인 법률해석론을 추상적으로 다 나열한 후 소전제인 사례를 볼 것이 아니라, 먼저 사례를 면밀하게 분석하여 쟁점을 추출한 후 이에 관한 법적 근거를 선택하여 각 부분을 해석하면서 동시에 여기에 사례의 요소들을 결합하는 방법을 선택할 필요가 있는 것이다.

예를 들어 형법상 인과관계와 객관적 귀속이 사례에서 문제가 된다고 할 때 먼저 사례의 어떤 부분이 인과관계와 객관적 귀속의 문제가 되는지 쟁점을 정리한 후 해당 범죄 구성요건의 객관적 구성요건인 인과관계와 객관적 귀속을 해석 및 설명하면서 이와 동시에 여기에 사례를 적용할 수 있어야 한다.

좀 더 구체적으로 말해 보자. 의사 A가 주어진 검사를 하지 않고 수술을 진행하여 환자 B를 사망케 한 경우에 객관적 귀속이 문제가 될 수 있다. 학설 가운데 위험증대 이론에 따르면 위험을 증대한 경우 객관적 귀속이 인정된다. 사례에서 A가 주어진 검사를 하지 않은 것은 환자에게 위험을 증가시킨 것이라 평가할 수 있고 따라서 B의 사망은 A의 부작위에 객관적으로 귀속된다.

(4) 요 약

사례 풀이의 기본방법인 삼단논법의 순서를 다음과 같이 요약할 수 있다.

먼저 사례의 쟁점을 분석한다.

다음 쟁점에 따라 관련 법규를 탐색한다.

나아가 법규의 해석론을 전개하면서 동시에 사례를 섬세하게 분석 및 평가한다. 이때 해석론 전개와 사례 분석 및 평가 사이에는 유기적인 관계가 있어야 한다.

마지막으로 결론을 도출한다.

6. 사례 풀이를 결정하는 논점 파악

(1) 논점 파악의 중요성

지금까지 사례 풀이에 관한 개괄적인 일반론을 이야기하였다. 이것으로 법학 초년생은 사례 풀이가 대강 어떤 것인지 감을 잡았을 것으로 추측해 본다. 그러나 이런 개괄적인 설명만으로는 여전히 어떻게 실전에서 사례를 풀어야 하는지에 충분한 대답이 될 수는 없다. 더욱 구체적으로, 무엇보다도 헌법, 민법, 형법 등 개별법 영역에 걸맞은 구체적인 사례 풀이 방법을 제시할 필요가 있다. 따라서 아래에서는 개별법 사례에 적합한 사례 풀이 방법을 살펴보고자 한다. 그렇지만 그 전에 다소 기술적인 답안작성 방법을 언급할 필요가 있다.

우선 사례 풀이에서 논점 파악이 차지하는 중요성을 언급할까 한다. 사실 이것은 굳이 말하지 않아도 거의 모든 학생이 알고 있을 것이다. 답안의 첫머리에서 보통 '쟁점 정리'라는 이름으로 시작되는 논점 파악은 사례 풀이의 절반 이상을 결정할 정도로 아주 중요한 과정이다. 바로 여기서 능력 있는 법학도와 그렇지 않은 법학도가 판가름 난다. 물론 파악된 논점을 논리적으로 해결하는 것도 아주 중요하지만, 그 전에 논점 자체가 파악되지 않는다면 그 답안은 높은 점수를 받을 수 없다. 같은 사례에 관해 어느 학생은 7개의 논점을, 다른 학생은 5개의 논점을, 또 다른 학생은 3개의 논점만을 찾는 경우가 있을 수 있다. 그렇게 되면 아무리 답안을 잘 쓴다 하더라도 논점을 3개밖에 찾지 못한 경우에는 높은 점수를 받기 어렵다.

예를 들어 형법 각론 사례 풀이에서 출제자가 사례에 담긴 죄를 모두 거론하기를 바랐는데 수험생이 그중에서 일부만을 찾았다면 그가 아무리 답안을 논리적으로 쓰고 또 학설대립과 판례를 충실하게 썼다 하더라도 높은 점수를 받기 어렵다. 학문과는 달리 시험, 특히 사례 풀이에서는 가능한 모든 논점을 찾아 다루는 게 그 무엇보다도 중요하기 때문이다.[25] 일반적으로 소송 의뢰인은 실제 법적 분쟁에서 가능한 모든 논점을 풍부하고 정확하게 다룰 수 있는 변호사를 원하지, 독창적인 변호사를 원하지는 않는다.[26]

(2) 논점을 파악하는 방법

어떻게 하면 논점을 잘 파악할 수 있을까? 그러나 이에 어떤 분명한 대답을 하기는 어렵다. 그 이유는 논점을 파악하는 능력은 일종의 직관적인 것이기 때문이다. 그것은 법률가가 갖게 되는 직업적 선이해(Vorverständnis)에 해당한다.[27] 그리고 많은 경우 이 능력은 이미 주어지는 때가 대부분이다. 하지만 그렇다고 해서 우리가 이 능력을 완전히 키울 수 없는 것은 아니다. 필자는 다음과 같은 훈련으로 이 직관을 키울 수 있다고 생각한다.

첫째, 가능한 한 많은 사례를 직접 다루어보아야 한다. 이 경우 마치 수학문제를 푸는 것처럼 풀이를 보기 전에 자기 스스로 그 사례의 논점을 파악하는 훈련을 해야 한다.

둘째, 반복을 하는 것도 중요하다. 자기가 한 번 놓친 논점은 다음에도 또 놓치는 경우가 많다. 마치 객관식 시험을 볼 때 한 번 틀린 문제는 또 틀리는 것처럼 말이다.

셋째, 사례 풀이를 볼 때도 단순히 풀이 과정이나 추상적인 법명제를 무작정 암기하는 것이 아니라 구체적인 사례와 연관지어 종합적으로 음미할 필요가 있다.

넷째, 주위에서 발생하는 실제 사건들을 법적 관점에서 분석하는 훈련을 수시로 하는 것도 도움이 된다.

이렇게 함으로써 우리는 직업적 선이해를 어느 정도 향상할 수 있을 것이다.

---

25) 이와 달리 학문으로서 법학에서는 기존에 해결되지 않은 문제를 독창적으로 해결하는 것이 중요하다. 따라서 굳이 이미 해결된 모든 문제를 다룰 필요가 없다. 그 점에서 시험 답안을 작성하는 방식과 논문을 작성하는 방식에는 차이가 있다.

26) 물론 그렇다고 해서 독창적인 변호사가 필요 없는 것은 아니다. 예를 들어 기존의 판례를 변경할 필요가 있는 때에는 변호사의 독창성이 중요한 역량이 된다.

27) 여기서 선이해는 법해석학(juristische Hermeneutik)에서 중요한 개념이다. 법해석학에 관해서는 양천수, 『법해석학』 (한국문화사, 2016) 참고.

7. 논점과 시간 배분

(1) 논점과 시간 배분 문제

사례 문제를 받고 빠른 시간에 논점을 파악했다면 그다음에는 이렇게 파악된 논점을 그 중요성에 따라 배분하고 이에 맞춰 시간도 안배해야 한다. 이때 전체 시험시간 중에서 논점 파악에 어느 정도의 시간을 배분해야 하는지 의문이 들 수 있다. 이에는 획일화된 답변을 내놓기 어렵다. 그 이유를 세 가지로 말할 수 있다.

먼저 사람에 따라 순발력의 정도에 차이가 있을 수 있다.[28] 그래서 어떤 사람은 불과 5분 안에 상당수의 논점을 파악할 수 있는 반면, 다른 사람은 신중하게 고민하여 20분이 되어서야 논점을 제대로 파악하는 경우가 있다. 물론 수험생이 공부를 많이 하고 또 많은 훈련을 했다면 이 시간은 그만큼 짧아질 수 있을 것이다. 그러나 논점을 파악하는 시간이 너무 짧으면 자기 자신만의 선입견에 빠져 문제 자체를 오독하거나 함정에 빠질 위험도 있다.

나아가 글씨 쓰는 속도가 사람에 따라 다른데 이것은 사례 문제를 풀거나 답안을 작성할 때 정말 무시할 수 없는 요소로 작용한다.[29] 글씨를 빨리 쓸 수 있는 사람은 신중하게 시간을 들여 논점을 파악하더라도 자신의 빠른 글씨로 주어진 시간 안에 모든 논점을 쓸 수 있다. 그러나 글씨가 느린 사람은 이 경우 논점을 파악하는 데 시간을 많이 투자하면 그만큼 자기가 파악한 논점을 모두 쓰지 못할 위험이 있다.

마지막으로 문제의 난이도도 논점 및 시간 배분에 중요한 요소로 작용한다.

그러므로 수험생은 자신의 공부 정도, 사례 풀이 경험, 순발력, 글씨 쓰는 속도, 문제의 난이도 등을 감안하여 논점 배분 시간을 결정할 필요가 있다. 보통 한 시간이 주어지는 대학 시험에서는 5~10분이 적절하고 두 시간 정도가 주어지는 변호사 시험 등에서는 10~20분 사이가 적절한 것 같다.

---

28) 그러나 순발력이 모든 능력을 결정하는 것은 아니다.

29) 다만 최근 변호사 시험에서 CBT(Computer Based Test) 방식이 도입되면서 글씨 쓰는 속도가 상당히 해소되었다.

(2) 논점과 시간 배분 방법

어떻게 논점을 배분하고 시간을 조절할까?

먼저 논점 배분에 관해 살펴보자. 논점 배분은 앞에서도 말한 사례 문제의 성격과도 관련을 맺는다. 만약 주어진 사례가 부진정 사례 문제 혹은 준사례인 경우에는 논점이 많아야 3개 정도이므로 이 논점을 배분하는 데 그리 어려움이 없을 것이다. 그러나 논점이 5개 이상인 진정 사례 문제인 때에는 사정이 달라진다. 이 경우에는 각 논점에 따라 강약을 주어 분량과 시간을 조절할 필요가 있다. 이런 문제는 주로 진정 사례가 출제되는 민법이나 형법에서 많이 등장하는 것 같다. 가령 민법에서는 계약법과 민법총칙, 부당이득, 불법행위 등이 결합해 출제되는 경우가 있는데 이때 어떻게 각 논점을 배분할 것인지 문제가 된다. 그리고 형법에서는 공동정범과 공범, 미수 그리고 형법각론의 문제가 결합해 출제되는 경우가 많다. 이 경우에도 마찬가지 문제가 등장한다.

이때는 우선적으로 출제자의 의도가 문제를 해결하는 기준이 된다고 말할 수 있다. 그렇다면 출제자의 의도는 어떻게 추론할 수 있을까? 사실 이 문제는 정말 쉽지 않은 문제이다. 법학방법론이나 법해석학 등에 관해 어느 정도 지식을 가진 사람이라면 입법자의 의도를 원래 그대로 추적하고 재현하는 게 그 얼마나 어려운 일인지 알 것이다. 마찬가지로 출제자의 의도는 출제 의도가 미리 공간되어 있지 않은 한 이를 원래대로 추론하는 게 쉽지 않다.[30] 또한 동일한 사례를 두고도 출제위원 사이 또는 교수들 사이에 견해가 대립하는 경우도 종종 있다.[31] 그렇다면 결국 우리는 개연적으로만 출제자의 의도를 나름대로 추측하여 논점을 배분할 수밖에 없다.

이 경우 다음과 같은 논점이 기준으로 작용할 수 있다. 학설대립이 이루어지는 논점, 중요한 대법원 판례가 있는 논점, 모든 논점에 결정적인 역할을 하는 논점,[32] 최근 연구가 많이 진행되는 논점 등이 출제자의 의사를 추론하는

30) 만약 공간된다면 그것은 이미 시험이 아니다.

31) 과거에 출판된 사법시험 채점소감을 주의 깊게 읽어보면 정말 그런 경우가 발견되는 때가 있다.

32) 예를 들어 민법의 부동산 이중양도에서 제2 양수가 무효인지에 따라 나머지 결론이 달라지는

데 기준점으로 작용할 수 있다.

이를 통해 논점의 강약을 조절하였다면 그에 따라 답안지 분량과 시험시간을 안배해야 한다. 이때 분량과 시간은 항상 결합해서 작용하는 변수라는 점 그리고 여기에는 다시 글씨 쓰는 속도가 중요하게 작용한다는 점을 놓쳐서는 안 된다. 따라서 수험생은 자신의 글씨 쓰는 속도를 감안하여 전체 답안지의 분량을 가늠하고 이에 따라 논점을 배분한 후 각 논점을 풀어야 한다. 자신의 글씨 쓰는 속도를 무시한 채 그리고 자신에게 주어진 시간의 한계(두 시간은 정말 짧은 시간이다)를 무시한 채 모든 논점을 제대로 쓰고자 한다면 결국 주어진 것을 절반 이상 쓰기도 어렵게 될 것이다.

(3) 요 약

이를 요약하면 다음과 같다. 수험생은 논점을 파악한 후에는 논점에 강약을 부여하여 시간과 답안 분량을 배분해야 한다. 이때 출제자의 의도와 자신의 글씨 쓰는 속도가 중요한 변수로 작용함을 주의해야 한다. 출제자의 의도는 학설대립, 판례의 존재, 논리적 방향의 기준이 되는 논점, 최근 연구 동향 등에 힘입어 추론할 수 있다. 글씨 쓰는 속도는 평소 모의시험 등을 통해 체크할 수 있다. 참고로 아래에서 다시 한번 말하겠지만 글씨가 느린 수험생은 간결한 문체를 사용함으로써 자신의 약점을 어느 정도 극복할 수 있을 것이다.

8. 사례 문제에서 말하는 일반론

(1) 문제점

앞에서 사례 문제의 유형을 논하면서 일반론과 사례 분석에 관한 문제를 잠시 언급한 적 있다. 이를 다시 간단하게 반복하면 진정 사례 문제에서는 일반론보다는 사례에 담긴 사물 논리를 면밀하게 고려해야 하는 데 비해 부진정 사

경우 등을 들 수 있다. 형법에서는 공범 관계에서 공동정범 성립 여부가 나머지 논점을 결정하는 논점이 될 수 있다. 그 때문에 가령 형법학자인 김일수 교수는 사례 문제를 풀 때 '정범개념의 우위성'을 강조하기도 한다.

례 문제에서는 논술형 문제처럼 일반론에 비중을 두어 답안을 작성해야 한다는 것이다.

그런데 이런 주장을 다시 한번 면밀하게 뜯어보면 두 가지 문제가 등장함을 알 수 있다. 첫째, 사례에 담긴 사물 논리를 면밀하게 고려한다는 것은 무엇일까, 둘째, 도대체 법학 답안에서 말하는 일반론이란 무엇을 지칭하는가, 하는 문제가 그것이다. 첫째 의문에는 비교적 간단하게 말을 한 것 같다. 되풀이해서 말하면 사물 논리란 사례 자체가 가진 규범 논리라 할 수 있을 것이다.[33] 그렇지만 일반론이 무엇인가는 아래에서 좀 더 언급해야 할 필요가 있을 것 같다.

(2) 일반론의 의의

법학에서 말하는 일반론이란 무엇일까? 이에는 일단 도그마틱(Dogmatik)을 대답으로 제시할 수 있다. 그렇다면 도그마틱이란 무엇일까? 법이론이나 법해석학의 측면에서 보면 이 도그마틱이라는 개념은 한마디로 정의하기 쉽지 않은 개념임을 알게 된다.[34] 그렇지만 법학 답안의 측면에서는 도그마틱을 다음과 같이 정의할 수 있을 것 같다. 도그마틱이란 실정법 규정에 관한 체계적 해석론이라는 것이다. 우리가 이처럼 도그마틱을 정의할 수 있다면 여기에서 다음과 같은 개념 요소를 추출할 수 있다. 법적 개념, 법적 요건, 법적 효과, 이러한 개념·요건·효과에 관한 상세한 해석이 그것이다.[35] 그렇다면 법학 답안에서 말하는 일반론이란 곧 법적 개념, 요건, 효과, 개념·요건·효과에 관한 해석으로 구성됨을 알 수 있다.

그런데 이 밖에도 우리는 흔히 학설대립이나 판례 등을 접하게 된다. 그리고 제도적 취지나 연혁, 구제 수단 등도 만난다. 그렇지만 이런 요소들은 모두 법적 개념 및 요건, 효과 등과 관련된 것임을 알 수 있다. 우선 학설대립은 보통 법적 개념이나 요건을 해석하는 과정에서 발생하는 의견대립이라는 점을 알

33) 가령 고의로 사람을 살해하는 경우와 과실로 사람을 죽게 하는 경우는 직관적으로 볼 때 달리 평가해야 한다는 것을 사물 논리의 예로 언급할 수 있을 것이다.

34) 도그마틱에 관해서는 Thomas Vesting, *Rechtstheorie* (München, 2007) 참고.

35) 이는 일반적으로 법규범이 '요건/효과'라는 구별로 구성된다는 점과 관련을 맺는다.

수 있다. 판례 역시 이러한 학설대립에 관해 법원, 특히 대법원이 취하는 태도임을 간취할 수 있다. 그리고 제도적 취지는 특정한 법적 규정이나 제도 등의 발생 근거와 관련되고 연혁은 이 규정이 성립하게 된 역사적 전개 과정을 말한다. 그리고 구제 수단은 법적 효과에 해당하는 부분이라고 말할 수 있다.

이를 통해 법학 답안에서 말하는 일반론이란 법적 개념, 요건, 효과, 이러한 개념·요건·효과를 해석하는 데 발생하는 학설대립, 판례 등을 말할 수 있음을 알 수 있다. 이를 앞에서 살펴본 삼단논법과 관련지어 생각하면 법적 개념, 요건, 효과, 학설대립과 판례는 곧 삼단논법의 대전제에 해당함을 확인할 수 있다.

(3) 법학 답안에서 일반론의 취급

이상의 논의를 정리한다. 우리는 사례 문제를 풀 때 삼단논법의 대전제에 해당하는 일반론을 언급할 필요가 있다. 이때 일반론은 법적 개념과 요건, 효과, 학설대립, 판례로 구성된다고 말할 수 있다. 답안작성자는 이 점을 염두에 두어 각 개념이나 요건, 효과, 학설대립이나 판례를 정확하게 언급할 필요가 있다. 특히 법적 개념은 정확하게 기억할 필요가 있다. 예를 들어 형법각론 사례에서는 각 개념, 예를 들어 상해나 폭행, 협박이나 강요, 공갈이나 절도, 강도, 사기, 횡령, 배임 등의 개념을 정확하게 암기할 필요가 있다. 그러나 사례가 진정 사례로서 다양한 논점을 포함하고 있을 때는 요건을 간단하게 언급할 필요가 있다. 불필요한 학설대립을 장황하게 언급하는 것도 피해야 한다. 또 판례가 없는 데도 있는 것처럼 답안을 작성해서는 안 된다.[36]

그 밖에도 제도적 취지나 연혁, 구별 개념, 구제 수단 등을 언급할 필요가 있는데 이런 경우는 보통 부진정 사례 문제로서 논술을 강조할 경우가 된다.

---

36) 거짓말을 해서는 안 된다.

9. 학설과 판례란 무엇인가?

(1) 논의 필요성

법학을 공부하게 되면 곳곳에서 학설대립과 판례를 만난다. 그리고 이와 같은 학설대립과 판례는 법학을 학문답게 만드는 것으로 생각하게 된다. 그러나 법학, 무엇보다도 도그마틱에서 자주 접하는 학설은 자연과학에서 말하는 이론과는 많이 차이가 있음을 느낄 때가 많다. 왜냐하면 법학에서 말하는 학설은, 전통적 의미의 객관성이라는 견지에서 보면, 이론처럼 보이지 않을 때가 많기 때문이다. 그 때문에 법학에는 정답이 없는 것처럼 보인다.

그 이유는 무엇일까? 법학의 학설은 거의 상당수가 특정한 법적 개념이나 요건, 효과에 관한 해석이기 때문이다. 그것은 일종의 해석론이다. 예를 들어 형법에서 상당한 비중을 차지하는 공동정범의 판단기준에 관한 견해 대립은 형법이 규정하는 '공모' 개념을 어떻게 해석할 것인가에서 비롯한다. 또한 중지미수에 관한 학설대립은 형법이 규정하는 '자의성' 개념을 어떻게 해석하고 구체화할 것인가에서 등장한다.

물론 학설대립이 반드시 해석론을 둘러싸고 발생하는 것은 아니다. 어떤 제도의 근거에 관해 견해가 대립할 때도 있다.[37] 또 법률에 흠결이 발생했을 때 이를 어떻게 보충할 것인지에 관해 견해가 대립할 때도 있다. 예를 들어 민법에서 태아의 법적 지위가 언제 부여되는가, 라는 문제를 민법이 명확히 규정하지 않아 정지조건설과 해제조건설이라는 학설대립이 나타난다.

(2) 학설대립의 구조

학설대립을 잘 살펴보면 이런 대립이 크게 몇 가지 범주를 벗어나지 않음을 알게 된다. 형법에서 곧잘 등장하는 주관설과 객관설이라는 대립도 그중 하나이다. 이것은 법학에서 말하는 학설이, 법학방법론에서 말하는 해석방법, 즉 문법적·체계적·역사적·목적론적 해석방법과 긴밀하게 연결되기 때문이다.

---

37) 이는 형법에서 많이 보인다.

물론 형법에서 전개되는 주관설과 객관설의 대립은 이러한 해석방법뿐만 아니라 '행위자/행위', 즉 '주관적 요소/객관적 요소'라는 구별과도 관련을 맺는다. 그러나 이러한 대립은 형법 규정이 이 문제를 구체적으로 규정하지 않아 등장한 것으로, 서로 다른 목적을 지향하는 목적론적 해석방법의 범주에 해당하는 것이라 말할 수 있다.

더욱 자세하게 말해 보겠다. 예를 들어 민법총칙에서는 재단법인에 대한 출연재산의 귀속시기에 관해 견해가 대립한다. 이에 관해 민법 제48조의 규정에 충실하게 이를 민법 제186조의 예외로 보는 견해가 있는가 하면, 이와 달리 이 경우에는 법률의 흠으로 이해하면서 민법 제186조를 적용하려는 견해가 대립한다. 이 가운데 전자의 견해는 민법 규정의 문언을 기준으로 하여 해석을 한 것이고(문법적 해석), 후자의 견해는 민법, 더 자세히 말해 물권 변동 체계를 중시하여 해석을 한 것이다(체계적 해석). 요컨대 전자는 문법적 해석방법을, 후자는 체계적 해석방법을 사용한 것이라 말할 수 있다.

또한 형법에서 객관적 귀속을 인정할 것인지에 관한 견해 대립은 우리 형법이 과연 객관적 귀속을 명문으로 인정하는지와도 관련해서 발생한 것이다. 객관적 귀속을 인정하는 견해는 형법상 인과관계 규정을 목적론적 해석방법에 의지해 재구성하고 있는 셈이다.[38)]

물론 목적론적 해석에서는 목적 개념을 어떻게 설정할 것인지에 따라 다시 견해가 구별된다. 그 목적을 행위자의 측면에서 볼 것인가(주관설) 아니면 행위의 측면에서 볼 것인가(객관설)에 따라 견해가 달라진다. 말하자면 같은 목적론적 해석방법을 사용하는 때에도 행위자의 관점을 중시할 것인가 아니면 행위의 측면을 중시할 것인가에 따라 주관설과 객관설이 구별되는 것이다. 또한 형사소송에서 피고인의 인권 보장을 강조할 것인가 아니면 형사소송의 효율성을 더욱 중시할 것인가에 따라 형사소송의 목적이 달리 해석될 수 있다.

여기서 학설대립을 다음과 같이 정리할 수 있다. 학설대립은 주로 법규범

38) 이 문제에 관해서는 양천수, "객관적 귀속 재검토: 형법철학의 관점에서", 『성균관법학』 제30권 제4호(2018), 319-346쪽 참고.

의 요건이나 효과 또는 법적 개념을 해석하는 과정에서 출현한다. 이때 해석론은 주로 문법적 해석, 체계적 해석, 역사적 해석, 목적론적 해석에 바탕을 두어 전개된다. 이때 목적론적 해석은 목적 개념을 둘러싸고 견해가 다시 구별된다.

(3) 판례의 구조

판례 역시 이와 유사한 구조를 지닌다. 차이가 있다면 판례는 대법원이 내린 해석론이라는 점이다. 이런 해석론이 대법원에 의해 일관되게 원용될 때 비로소 판례라는 의미를 획득하게 된다.[39)]

(4) 답안작성에서 학설과 판례의 의미

이 같은 학설과 판례의 구조는 답안작성에 어떤 의미가 있을까? 크게 두 가지 의미를 지적할 수 있다.

첫째, 이렇게 학설의 구조를 파악함으로써 기존의 학설대립을 더욱 체계적으로 이해할 수 있다. 그렇게 되면 기존의 학설을 더욱 잘 기억할 수 있으리라 생각한다. 부정설, 긍정설, 절충설이라고 그냥 외우는 것보다 그 학설이 어떤 근거에 의해 제시되었는지 이해하게 되면 그만큼 학설을 더 잘 기억하리라 생각한다.

둘째, 답안을 쓸 때 학설대립이 있는 것은 알지만 그 상세한 논거가 생각나지 않을 때 위에서 말한 학설의 구조를 파악하면 자기가 독자적으로 논거를 구성할 수 있다. 이 경우 대부분은 정답에서 벗어나지 않고 때에 따라서는 독창적으로 보일 수도 있다. 이런 점에서 학설과 판례의 구조를 되새기는 것은 의미가 있다.

그러나 학설대립이나 판례가 없는 데도 마치 있는 것처럼 쓰거나 너무 장황하게 써서 답안의 균형을 잃는 것은 극력 피해야 할 일이다.

---

39) 이 점에서 일회적인 재판례와 일반화된 판례는 구별할 필요가 있다.

10. 학설과 판례를 어떻게 쓸 것인가?

(1) 학설 작성 방법

이번에는 좀 더 기술적인 문제로 학설과 판례를 답안에서 어떻게 쓸 것인가를 알아보겠다. 공부한 학설이 생각나지 않을 때나 학설을 미처 공부하지 못한 경우에는 어떻게 해야 하는지 앞에서 언급하였다. 다시 반복하면 이 경우에는 학설을 크게 긍정설과 부정설 혹은 제1설과 제2설이라는 항목으로 나눈 후 문법적·체계적·역사적·목적론적 해석방법을 사용해 그 내용을 채우면 될 것이다.

예를 들어 민법상 대상청구권에 관한 학설대립이 문제가 되었을 때는 우선 학설을 부정설과 긍정설로 구별한다. 그리고 나선 부정설은 우리 민법이 명시적으로 대상청구권을 규정하지 않는다는 점을 근거로 하여 내용을 채운다. 문법적 해석방법을 활용하여 민법에 흠결이 있음을 강조하는 것이다. 이에 반해 긍정설은 채권자의 이익을 보장한다는 목적을 근거로 하여 그 내용을 채운다. 이는 목적론적 해석방법과 흠결 보충에 의한 법형성을 활용한 것이다.[40]

좀 더 기술적으로 말해 학설은 어떻게 쓸 것인가? 학설은 크게 결론(주장)과 논거로 구성된다. 결론은 어떤 문제에 긍정 혹은 부정이라는 형식으로 표현된다. 논거는 이 결론의 타당성을 뒷받침한다. 일반적으로 교과서나 문제집을 보면 알 수 있듯이 각 논거는 보통 2－3개의 세부 논거로 구성된다. 따라서 학설을 쓸 때는 단순히 결론만을 써서는 안 되고 그 결론을 뒷받침하는 논거를 정확하게 그리고 풍부하게 쓸 필요가 있다.

그러나 사실 답안의 가치를 높이는 것은 기존의 학설을 장황하게 쓰는 것이 아니라 자기 자신의 견해를 설득력 있고 풍부하게 쓰는 것이다. 그러므로 만약 자신이 공부한 교과서에서 어떤 학설에 관해 논거를 세 개 정도만 소개하고 있다면 일단 두 개 정도만 기존의 학설을 소개하는 데 사용하고(예: 논거－①,

---

40) 법형성 문제에 관해서는 양천수, “법률에 반하는 법형성의 정당화 가능성: 이론적－실정법적 근거와 인정범위 그리고 한계”, 『법과 사회』 제52호(2016), 107－142쪽 참고.

논거-②), 검토 또는 자신의 결론에서는 그 나머지 한 개를 덧붙임으로써(예: 논거-①, 논거-②, 논거-③) 답안의 참신성을 돋보일 수 있다.

보통 사례 풀이 답안은 견해 대립이라는 항목 아래 다음과 같은 형식을 보인다.

① 학설

이에 관해서는 긍정설과 부정설이 대립한다.

② 판례

이에 관해 대법원은 ~라는 이유로 긍정하는 태도를 취한다.

③ 검토

부정설은 ~라는 점에서 타당하지 않다. ~라는 점에서 볼 때 긍정설이 타당하다.

이때 '검토' 부분을 풍부하고 독창적으로 그러면서도 설득력 있게 쓸 필요가 있다.

(2) 판례 작성 방법

판례는 어떻게 쓸 것인가? 판례의 경우는 판례번호까지 쓸 필요는 없지만, 단순히 판례의 결론만을 쓸 것이 아니라 판례가 어떤 이유에서 그런 결론을 취하는지를 정확하게 쓰는 것이 바람직하다. 이 경우에는 특히 판례가 쓴 용어나 문장을 그대로 외워서 답안을 쓰거나 판례가 어떤 사례에서 그런 결론을 냈는지 외워서 쓸 수 있다면 답안을 아주 그럴듯하게 만들 수 있을 것이다.[41] 요컨대 판례는 대충 아는 것만으로는 부족하고 그 판례의 논거나 논증 방식에서 사용된 중요한 용어 등을 정확하게 외워 그대로 쓸 수 있도록 하는 것이 필요하다. 특히 고득점을 바랄 때 이렇게 할 필요가 있는 것 같다.

이렇게 본다면 결국 시험을 위한 공부를 할 때는 단순히 어떤 문제를 이해

41) 예전 신림동 학원 강사의 전언에 따르면 과거 사법시험 시절 수석을 배출했던 서울대학교 법과대학 스터디팀들이 이렇게 공부했다고 한다.

하는 것을 넘어 그와 관련된 학설과 판례를 정확하게 외우는 것이 중요한 관건임을 알게 된다. 외우는 것이 절대적인 것은 아니지만 그렇다고 외우는 것을 경시해서는 안 된다.

11. 사안 적용을 어떻게 쓸 것인가?

(1) 사안 적용의 중요성

여러 번 언급한 것처럼 사례 문제를 푸는 이유는 사례에 담긴 현실적인 사물 논리를 정확하게 포착해서 이를 법적으로 해결하는 능력을 평가하는 데 있다. 그런데 이런 능력은 추상적인 일반론에서 나타나는 것이 아니라 논점을 파악하는 과정이나 대전제에 해당하는 일반론을 사안에 적용하는 과정에서 드러난다. 그러므로 사안 적용을 정확하고 설득력 있게 전개하는 것은 사례 문제 답안의 가치를 높이는 데 핵심적인 역할을 한다. 그렇다면 어떻게 사안 적용을 다루어야 할까?

(2) 사안 적용과 무관한 일반론

우선 사안과 무관한 일반론을 장황하게 언급하는 것은 피해야 한다. 예를 들어 다음과 같은 형법 사례를 생각해 보자.

"A는 자기 아내가 바람을 피웠다는 것을 알고 화가 난 나머지 야구방망이로 아내를 때려 전치 6주의 상처를 입혔다."

이 사례에서는 A의 가해행위와 아내의 상해 결과 사이에 인과관계와 객관적 귀속이 명확하다. 따라서 이 사례에서는 객관적 귀속이 비중 있는 논점이 될 수 없다. 그런데도 답안에서 인과관계와 객관적 귀속에 관한 학설과 판례를 장황하게 서술하고 나서 사안 적용에 간단하게 "따라서 이 사안에서는 인과관계와 객관적 귀속을 인정할 수 있다."고 하는 것은 바람직한 사안 적용 방법이 될 수 없다.

(3) 사안 적용과 일반론의 유기적 연결

나아가 일반론과 사안을 유기적으로 연결하지 않고 사안 적용을 마무리하는 것도 바람직하지 않다. 예를 들어 "A는 자전거를 타고 가다가 횡단보도 앞에서 전방을 주시하지 않아 횡단보도를 건너던 행인 B를 치어 상처를 입힌" 민법 사례를 생각해 보자. 단순히 이 사례를 민법의 불법행위 문제로 보고 민법상 불법행위 요건을 서술한 다음, 이 일반론과는 무관하게 사안 적용 부분에서 "따라서 이 경우에는 과실과 위법한 가해행위, 손해와 가해행위 사이에 인과관계가 인정되므로 불법행위가 성립한다."고 결론을 내는 것은 바람직하지 않다. 이 경우 구체적으로, 예를 들어 왜 민법상 과실이 인정되는지 그 이유를 논증해야 한다. 가령 "이 사례에서 A는 자전거 운전자로서 이행해야 할 의무, 즉 전방주시 의무를 게을리하여 횡단보도를 건너던 행인 B를 발견하지 못하였기에 과실이 인정된다."고 하는 게 더 적절하다.

(4) 사안 적용 쓰는 방법

결국 사안 적용을 할 때는 사례에 담긴 법적 쟁점이나 고유한 사물 논리 혹은 상황을 충분히 음미한 다음 이와 관련된 일반론을 필요한 한도에서 그리고 구체적인 논거를 통해 사안에 적용할 수 있어야 한다.

그러나 현실적으로 보면 이런 요청을 완전하게 충족하기가 쉽지 않다. 그 이유를 사례 문제의 불충분성에서 찾을 수 있다. 독일과 같은 경우에는 국가시험이 다섯 시간 동안 치러지기에 사례는 A4 한 장을 거의 가득 채운 상태에서 출제된다.[42] 따라서 이런 경우에는 진정한 의미의 사안 적용을 할 수 있다. 그러나 과거 우리의 사법시험은 두 시간 동안 대부분 사례 두 문제가 출제되고 따라서 각 사례 문제는 비교적 짧게 출제될 수밖에 없었다. 이런 경우에는 완전한 형태의 사안 적용을 하기가 어렵다. 예를 들어 민법에서 과실이 전제되어 있거나 형법에서는 고의가 전제되는 경우가 많았다. 다만 현재 변호사 시험에서는 사례가 더욱 길게 출제되기에 진정한 의미의 사안 적용을 시도할 가능성

42) 그 예를 김정호 교수의 『상법연습』에서 발견할 수 있다.

이 높아졌다.

여하간 이렇게 사례 문제가 완전하지 않아 본래 의미의 사안 적용을 수행하기가 쉽지 않다. 하지만 그렇다고 해서 일반론에서 결론으로 곧장 나아가는 식으로 답안을 작성해서는 안 된다. 예를 들어 민법상 부진정 연대채무 문제에서 부진정 연대채무 개념과 요건을 설명한 후 곧장 "따라서 이 경우에는 부진정 연대채무가 인정된다."라고 써서는 안 된다. 그러면 어떻게 해야 할까? 이 경우에는 일반론과 사안 적용(결론) 사이에 중간단계를 마련해야 한다.

예를 들어 형법상 행위자 A의 고의가 문제되는 때에는 ① 형법상 고의란 객관적 구성요건을 인식하고 의욕한 주관적 상황인데, ② 사안에서 A는 자기 아내에 대한 상해행위를 인식하고 의욕했다고 보인다. ③ 따라서 A에게 상해 고의가 인정된다는 식으로 ②라는 중간단계를 마련해야 한다.

여기서 중간단계는 보통 일반론에서 제시한 개념의 구체적인 내용을 사안에 적용하여 표현되는 방식으로 마련된다는 점을 발견할 수 있다.

12. 형법 사례 풀이 방법

(1) 개별법 사례 풀이 방법

지금까지 주로 일반적인 사례 풀이 방법을 살펴보았다. 아래에서는 개별법의 고유한 특성에 따른 사례 풀이 방법을 살펴보도록 한다. 그 예로 개별법 가운데서 사례 풀이 방법이 가장 정형화된 형법 사례 풀이를 다루겠다.

형법, 특히 형법총론은 처음에 배울 때는 정말 난해한 법이지만 일단 그 기본적인 구조에 익숙해지면 다른 개별법, 예를 들어 민법이나 상법보다는 접근하기가 쉬운 법이라고 생각한다. 그 이유를 다음과 같이 말할 수 있을 것이다. 형법은 기본적으로 '구성요건 해당성 → 위법성 → 책임'이라는 범죄체계론에 토대를 두기에 이 기본 틀만 잘 익히면 사례를 다루는 방식도 훨씬 용이해진다는 것이다. 여기서 형법 사례를 풀기 위해서는 무엇보다도 범죄체계론의 기본 구조를 정확하게 파악할 필요가 있음을 알게 된다.

(2) 형법 사례 풀이의 기본 토대로서 범죄체계론

범죄체계론의 기본 구조는 각자가 교과서를 통해 습득해야 하는 일반론에 해당한다. 따라서 여기서는 이를 상론하지 않겠다. 다만 범죄체계론을 공부할 때 유념해야 할 기본 골격은 잠시 언급하고자 한다. 이 기본 골격은 사례 문제를 푸는 데도 유용하기 때문이다.

첫째, 형법상 범죄체계론 또는 범죄론에 접근할 때는 단순히 교과서를 무작정 따라가기보다는 시간 순서에 따라 이를 입체적으로 이해하는 것이 도움이 된다. 말하자면 범행의 진행 과정에 따라 범행 결의 → 예비·음모 → 미수 → 기수 단계로서 구성요건 해당성 → 위법성 → 책임성 → 기타 가벌·소추조건 등 → 죄수라는 시간적 도식을 머리 안에 넣어둘 필요가 있다. 물론 이때 범행 결의는 범죄가 되지 않고 예비나 음모, 미수는 개별적으로 형법이 규정할 때만 처벌된다는 것에 주의할 필요가 있다.

둘째, 모든 형법 도그마틱은 크게 객관적 요건과 주관적 요건으로 나누어짐에 주의해야 한다.[43] 예를 들어 구성요건은 객관적 구성요건과 주관적 구성요건으로 나누어지고 위법성을 조각하는 정당화 사유 역시 객관적 정당화 사유와 주관적 정당화 사유로 구별된다.[44] 책임 역시 주관적 책임 표지와 객관적 책임 표지로 나누어진다.[45] 이 점은 미수나 공범 관계에서도 마찬가지로 나타난다. 이 점을 염두에 두면 사례 문제를 풀 때 일반론으로 무엇을 언급해야 할지 대충 파악하게 될 것이다.

셋째, 형법 구성요건은 기본적으로 객관적 요소로서 '행위주체(행위자)/행위객체(대상)/행위와 결과/양자 사이의 인과관계와 객관적 귀속' 및 주관적 요소로서 '고의/과실'로 구성된다는 점을 알아둘 필요가 있다. 그런데 이런 구별, 그러니까 주체나 객체, 행위, 결과, 인과관계 등은 단순히 형법 도그마틱에만 적용되는 것이 아니라 모든 법도그마틱에서 관철된다는 점 역시 주의해야 한다.

43) 사실 이는 형법뿐만 아니라 모든 법 영역에서 타당하다.
44) 물론 주관적 정당화 사유가 필요한지에는 견해가 대립한다.
45) 주의해야 할 점은 객관적 책임 표지는 이미 구성요건을 통해 규정되는 경우가 많다는 것이다. 가장 대표적인 경우가 영아살해죄에서 말하는 책임 표지이다.

예를 들어 민법상 채권법에서 행위주체는 채권자로, 객체는 채무자로, 행위는 급부나 손해배상 청구권 등으로 구체화된다. 헌법상 기본권 도그마틱에서 행위주체는 기본권 주체, 객체는 기본권을 침해하는 국가나 제3자, 행위는 기본권 행사 등으로 대변된다.

이러한 기본 전제를 머리 안에 넣어둔 후 형법 사례를 대하면 우리는 더욱 수월하게 형법 사례를 취급할 수 있다.

13. 답안작성과 글씨

마지막으로 아주 형식적인 듯한 문제이기는 하지만 답안작성과 글씨에 관해 간략하게 언급하기로 한다. 사례 문제를 풀 때뿐만 아니라 일반 논문형 문제를 풀 때도 글씨는 여러 측면에서 영향을 미칠 수 있다.[46] 일단 두 가지 점에서 글씨는 답안작성과 관련을 맺는다. 첫째, 글씨의 속도라는 점에서, 둘째, 글씨의 모양이라는 점에서 그렇다. 이 두 가지 관련성은 어찌 보면 사소해 보이지만 꼭 그렇지만은 않다. 그 이유를 아래에서 말하겠다.

먼저 글씨 속도는 논점을 배분하거나 답안 분량을 조절하는 데 중요한 변수가 된다. 글씨가 빠른 사람의 경우에는 이런 문제가 발생하지 않겠지만, 글씨가 느린 사람의 경우에는 여러 가지를 복잡하게 고려해야 한다. 논점 파악 시간뿐만 아니라 이렇게 파악된 논점을 적절하게 골고루 쓰기 위해 자신의 글씨 빠르기를 최대한 고려해야 한다.

글씨가 느린 사람을 위해 한 가지 조언을 할 수 있다. 가능한 한 자기 나름대로 간결한 문체를 개발하라는 것이다. 물론 간결한 문체를 만들라는 것이 곧 꼭 필요한 부분마저 삭제하여 글을 쓰라는 것은 아니다. 꼭 들어가야 할 핵심 개념 등은 반드시 포함해야 한다. 그러면서도 답안에 그리 중요하지 않은 부사어나 형용사, 강조어 등은 생략하고 문장은 단문으로 구성하는 게 좋다. 채점자는 문장의 아름다움을 그다지 음미하지는 않기 때문에[47], 건조하더라도 간결

46) 다만 변호사 시험에 CBT 방식이 도입되면서 이러한 문제는 한결 줄어들었다.
47) 물론 때로는 문장을 잘 쓴 경우 가점을 하는 경우도 없지는 않다. 예를 들어 민법학자인 이은

하고 명쾌하게 그리고 군더더기 없게 문장을 쓸 필요가 있다.[48]

다음 글씨의 모양이 답안작성에 영향을 미칠 수 있다. 글씨가 악필인 경우는 덩달아 글씨가 느린 경우가 많고, 글씨가 악필이면 심리적으로 위축되어 자신감 있게 답안을 작성하지 못할 위험이 있으며, 또 많은 답안을 채점해야 하는 채점위원에게 나쁜 인상을 주어 본래 받아야 할 점수를 받지 못할 염려가 있다. 물론 필자의 답안 채점 경험을 고려하면 글씨가 좋다고 해서 점수가 반드시 좋은 것도 아니었고, 글씨가 나쁘다고 해서 점수가 반드시 나빴던 것도 아니었다. 그렇지만 노안에 시달리면서도 채점하느라 짜증이 나는 채점위원들에게 가능하면 좋은 인상을 줄 필요가 있다.[49] 더군다나 답안지 채점은 답안에 아무것도 적을 수 없는 상황에서 상당히 빠른 시간에, 가령 5~10분 이내에 완료해야 하기에 답안의 형식적인 문제 때문에 자신의 노력이 헛되이 될 수 있다.

그렇지만 사실 글씨 모양이라는 것은 어느 정도 타고나는 점이 있어 고치기가 쉽지 않다. 또한 시험장에서는 극도로 긴장해서 자신이 열심히 연습한 글씨체가 나오지 않는 경우가 많다. 그렇다 하더라도 평소 그리고 일찍부터 자신의 글씨를 진단하여 고치려고 노력하는 것은 의미가 있다고 생각한다. 이것은 심리적인 측면에서 보더라도 많은 도움이 된다.

Ⅲ. 변호사 시험 답안 작성법

1. 서 론

답안작성법이란 어찌 보면 아주 기술적인 문제일 수 있다. 그 때문에 법학방법론적인 성찰은 별로 필요하지 않은 대상으로 보일 때도 많다. 그렇지만 변호사 시험과 같은 법학 과목의 시험문제를 어떻게 풀어야 하고 이를 어떻게 답

영 교수는 과거 사법시험 채점평에서 문장을 잘 쓴 경우 가점을 했다고 말한 적 있다.

48) 이에 관해 과연 무엇이 법학에서 아름다운 문장인지 의문을 제기할 수 있을 것이다. 한편 문장을 간결하게 쓰는 대표적인 예로 김재형 전 대법관의 문장을 들 수 있다.

49) 실제로 과거 사법시험의 수많은 채점소감이 이렇게 말하였다.

안지에 담아내야 하는가와 같은 문제는 단순히 기술적인 문제에 지나지 않는 것이 아니라 방법론적 성찰이 필요한 법적 논증에 관한 문제이다. 아래에서는 법학방법론의 측면에서 어떻게 변호사 시험 답안을 작성해야 하는지에 관해 시론적으로 개관해 보겠다. 일단 결론부터 말하면 변호사 시험 답안을 작성하는 과정은 그 자체 아주 중요한 법적 논증의 한 부분을 이루고 따라서 철저하게 법적 삼단논법의 틀 안에서 이루어져야 한다.

2. 일반론

(1) 법적 논증으로서 답안작성

변호사 시험 답안을 작성하는 과정은 법적 논증의 일부분이다. 그러므로 답안을 작성하는 과정은 법적 논증의 기본 구조를 갖추어야 한다. 그러면 '법적 논증'이란 무엇일까?[50] 법적 논증은 다음과 같이 구성된다.

– 법적 논증 → 주장 + 논거

모든 법적 논증은 주장과 논거로 구성되어야 한다. 이는 아주 간단해 보이지만 실제 시험에서 이를 실천하는 것은 쉽지 않다. 수험생들이 답안에서 주장만 제시하고 논거를 제시하지 않는 경우가 아주 많기 때문이다. 논거가 없는 주장은 단순한 주장에 불과할 뿐 법적 논증이라고 말할 수 없다. 따라서 수험생들은 언제나 주장에 대한 설득력 있는 논거, 즉 근거를 제시하고자 노력해야 한다. 그러면 논거란 무엇일까? 보통 법학에서 논거는 다음과 같이 구성된다.

– 논거 → 법조문(실정법), 학설, 판례

수험생이 원용해야 하는 가장 대표적인 논거는 실정법, 즉 법조문이다. 대부분의 법적 주장은 법조문만 정확하게 원용해도 설득력 있는 법적 논증이 될 수 있다. 이는 우리 헌법상 기본원리인 법치주의에 따른 당연한 결론이다. 법률

50) 법적 논증에 관해서는 우선 로베르트 알렉시, 변종필·최희수·박달현 (공역), 『법적 논증 이론』 (고려대학교출판부, 2007); 김성룡, 『법적 논증의 기초』 (경북대학교출판부, 2006) 등 참고.

가, 특히 법관은 실정법에 엄격하게 구속되어야 하기 때문이다(법률에 대한 법관의 구속 원칙).

이외에 학설이나 판례가 중요한 논거가 될 것이다. 학교에서 보는 중간고사나 기말고사에서는 담당 교수가 취하는 학설이 결정적인 논거(?)가 될 수도 있겠지만 변호사 시험에서는 가능한 한 다수가 수용할 수 있는 논거, 대표적으로는 판례를 원용할 필요가 있다. 왜냐하면 판례야말로 가장 권위적인 유권해석이자 '현재 있는 법' 또는 '살아 있는 법'이라고 말할 수 있기 때문이다.[51] 물론 판례가 없는 경우를 대비해서 평소 자신이 어떤 학설을 논거로 활용할 것인지를 결정해 둘 필요가 있다.

판례나 학설을 논거로 원용할 때는 그 결론만을 언급해서는 안 되고 그 이유 역시 구체적으로 제시해야 한다. 판례나 학설 역시 논증의 구조를 갖추고 있으므로 판례·학설의 주장뿐만 아니라 이에 대한 논거 역시 구체적으로 제시해야 한다. 논거를 제시하지 않은 채 판례나 학설의 결론만을 언급하는 것은 좋은 점수를 받을 수 없는 답안작성이다. 이를 정리하면 다음과 같다.

- 법적 논증 → 주장 + 논거
- 논거 → 법조문, 학설, 판례
- 학설·판례 → 주장 + 논거

(2) 법적 삼단논법의 과정으로서 답안작성

1) 법적 삼단논법의 기본 구조

모든 법학 시험 답안은 법적 삼단논법의 틀에 따라 작성되어야 한다.[52] 법

51) 판례가 과연 법원이 될 수 있는가에 관해서는 여전히 견해가 대립하지만, 초국가적 법다원주의를 긍정하는 필자는 판례 역시 독자적인 법원이 된다고 생각한다. 판례의 법원성에 관한 최근의 연구로는 심준보, "판례변경의 의의", 『민사판례연구』 제36권(박영사, 2015); 송민경, "법해석의 문제: 법리의 준거와 원리의 논거", 『형법해석의 문제와 과제: 2017년 대법원 형사법연구회·한국형사법학회 공동학술대회 자료집』 (2017), 65쪽 아래 참고. 초국가적 법다원주의에 관해서는 양천수, "초국가적 법다원주의: 개념적 차원과 규범적 차원을 중심으로 하여", 『법철학연구』 제11권 제2호(2008), 391-426쪽 참고.

52) 법적 삼단논법에 관해서는 김정오 외, 『법철학: 이론과 쟁점』 제2판(박영사, 2017), 238쪽 아래 참고.

적 삼단논법에 따라 답안을 작성해야 한다는 것은 법적 주장에 대한 논거가 철저하게 실정법에서 출발해야 한다는 점을 의미한다. 이는 위에서 지적한 것처럼 '법관의 법률에 대한 구속 이념'을 반영한 것이다. 법적 삼단논법은 다음과 같이 구성된다.

- 제1단계: 소전제 확정 단계 → 사실인정
- 제2단계: 대전제 탐색 및 확정 단계 → 관련 법규범 탐색 및 해석
- 제3단계: 결론 → 사안 적용 → 주장 + 근거 → 주문 + 이유

변호사 시험 답안작성은 이러한 법적 삼단논법의 틀에 따라 이루어져야 한다. 이를 구체적으로 살펴보면 아래와 같다.

2) 제1단계로서 사실인정

먼저 수험생은 시험문제(법적 분쟁)의 전제가 되는 사실관계를 확정해야 한다. 보통 사례형 문제에서는 사실관계가 확정된 것으로 주어진다. 따라서 수험생은 별도로 사실관계를 확정해야 할 필요는 없다. 그렇지만 이 경우에도 수험생은 사실관계에 담겨 있는 법적 쟁점을 가능한 한 많이 그리고 정확하게 추출해야 한다.

이와 달리 기록형 문제에서는 수험생이 다양한 기록을 읽으면서 사실관계를 정확하게 확정해야 한다. 실제 재판에서는 이 과정이 매우 중요하고 또한 쉽지 않다. 왜냐하면 법관은 한정된 정보(가령 직접증거는 없고 간접증거만 있는 경우) 및 거짓된 정보(위증하는 경우)와 씨름하면서 사실관계를 확정해야 하기 때문이다.[53] 다행스러운 것은 변호사 시험에서 주어지는 기록은 증거능력과 증명력의 측면에서 문제가 없는 경우가 많으므로 실제 재판의 경우보다 손쉽게 사실관계를 확정할 수 있다는 것이다.

---

53) 바로 이 때문에 실제 재판 과정에서 '실체적 진실'을 발견할 수 있을지 의문이 제기되기도 한다. 이에 관해서는 양천수, "형사소송법상 실체진실주의와 적정절차원칙에 대한 비판적 고찰: 법철학의 관점에서", 『경남법학』 제23집(2008), 125–146쪽 참고.

3) 법규범 탐색 및 해석

그다음으로 수험생은 사실관계가 담고 있는 각종 법적 쟁점들과 관련이 있는 법규범을 탐색한 후 이를 구체화(해석)해야 한다.

① 법규범 탐색 방법

답안작성을 손쉽게 하기 위해서는 짧은 시간 안에 쟁점과 관련이 있는 법규범을 탐색할 수 있어야 한다. 이 과정에서 그동안 축적된 법적 직관과 법학지식 그리고 리걸 마인드가 발휘된다. 법규범 탐색에 관한 구체적인 방법은 아직 정립되지 않았지만 대략적이나마 다음 두 가지 지침은 활용할 수 있다.[54]

ⓐ 체계적 인식관심

수험생은 평소 법학 공부를 할 때 각 실정법의 전체 체계를 머릿속에 넣어두어야 한다. 달리 말해 각 실정법의 숲을 알고 있어야 한다. 그러면 문제의 쟁점을 파악할 때나 이 쟁점에 관한 법규범을 찾을 때 도움이 된다. 한정된 시간 속에서 전체 체계를 일별할 수 있으면 쟁점이나 관련 법규범을 놓치는 실수를 적게 할 것이다.

ⓑ 이론적·실무적 인식관심

평소 학설대립이 있는 경우이거나 대법원 판례가 있는 곳은 이론적으로나 실무적으로 아주 중요한 부분이므로 실제 시험에서도 이러한 부분이 출제될 가능성이 높다. 평소 공부를 통해 이러한 이론적·실무적 인식관심을 확고하게 갖추고 있으면, 쟁점을 찾거나 관련 법규범을 탐색하는 데 도움이 될 것이다. 이를 위해서는 평소 각 실정법의 주요 쟁점을 전체적·체계적으로 숙지하고 있어야 한다.

② 법규범 해석방법

관련 법규범을 찾았으면 그다음에는 해당 법규범을 해석해야 한다. 물론

54) 아래의 내용은 이상돈 교수가 제시한 "분과별 인식관심", "체계적 인식관심", "이론적 인식관심"을 발전시킨 것이다. 이에 관해서는 이상돈, 『로스쿨을 위한 법학입문』 (법문사, 2009), 151-154쪽 참고. 한편 '인식관심'(Erkenntnisinteresse)이라는 용어는 독일의 사회철학자 하버마스가 제시한 개념을 원용한 것이다. J. Habermas, *Erkenntnis und Interesse* (Frankfurt/M., 1971) 참고.

해석이 필요하지 않은 경우도 있지만 시험에서는 주로 해석이 필요한 법규범이 관련되는 경우가 많다. 그러면 법규범 해석은 어떻게 해야 할까? 이는 그리 어려운 것이 아니다. 널리 알려진 문법적 해석, 체계적 해석, 논리적 해석, 역사적 해석, 목적론적 해석을 활용해 법규범을 해석하면 된다.[55] 학설이나 판례는 대부분 이러한 해석방법을 사용하여 특정한 주장을 한다. 잘 들여다보면 대부분 특정한 해석방법을 사용하여 결론을 이끌어낸다.

수험생이 답안을 작성할 때는 독자적으로 법규범을 해석해야 할 필요가 많지는 않다. 왜냐하면 그동안 공부한 판례나 학설을 원용하면 되기 때문이다. 판례나 학설 그 자체가 법규범을 해석함으로써 도출된 결과물이므로, 이를 원용하는 것만으로도 법규범을 해석한 것이라고 볼 수 있다. 요컨대 수험생은 그동안 축적된 '법도그마틱'을 원용하는 것만으로도 법규범을 해석하는 작업을 대신할 수 있다.[56]

③ 법규범 형성의 경우

때에 따라서는 관련 법규범이 없는 경우, 즉 법규범이 흠결된 경우도 있다. 이러한 경우에는 법규범을 새롭게 형성하여 문제를 해결해야 한다.[57] 판례 가운데는 이러한 경우도 상당수 있다. 물론 죄형법정주의가 지배하는 형사법 영역에서는 유추금지원칙에 따라 법원이 법형성을 하는 것이 금지된다. 그렇지만 민사법에서는 법원이 유추를 통해 법형성을 하는 경우가 많다.[58] 그러므로 수험생은 판례를 원용할 때 해당 판례가 법규범을 해석한 것인지, 아니면 법규범을 새롭게 형성한 것인지 주의 깊게 살펴보아야 한다.

---

55) 이에 관해서는 K. Larenz, *Methodenlehre der Rechtswissenschaft*, Sechste, neu bearbeitete Auflage (Berlin u.a., 1991), S. 316 ff. 참고.

56) 법도그마틱에 관해서는 양천수, "개념법학과 이익법학을 넘어선 법도그마틱 구상: 루만의 법도그마틱 구상을 중심으로 하여", 『성균관법학』 제18권 제1호(2006), 575-601쪽 참고.

57) 이에 관해서는 김형배, "법률의 해석과 흠결의 보충: 민사법을 중심으로", 『법률행정논집』 제15집(1977) 참고.

58) 민법에서 인정되는 '대상청구권'이야말로 법원이 법형성을 통해 인정하는 대표적인 권리라고 말할 수 있다.

4) 사안 적용(결론)

마지막으로 수험생은 사안에 법규범을 적용해 결론을 이끌어내야 한다. 이러한 결론은 다시 논증의 구조를 갖추어야 한다. 결론의 주장이 있어야 하고, 이에 대한 근거가 있어야 한다. 고득점을 받기 위해서는 먼저 결론이 정확해야 하지만, 이뿐만 아니라 근거가 구체적이고 설득력을 갖추어야 한다. 주장만이 있고 근거가 빠진 경우에는 법적 논증이라 할 수 없으므로 아무리 그 주장이 정답이라 할지라도 고득점을 받을 수는 없다.

3. 개별적인 문제와 방안

(1) 사례 문제가 어려운 이유

법적 사례 문제를 푸는 것은 어려운 일이다. 특히 변호사 시험이 도입되고 그 이전에는 없었던 기록형 시험이 새롭게 추가되면서 사례 문제를 푸는 것은 더욱더 어려운 일이 되고 있다. 사례 문제가 어려운 이유는 사례의 사실관계를 확인하면서 다음과 같은 문제를 풀어야 하기 때문이다.

- 사실관계가 무엇인가(특히 기록형 시험의 경우)?
- 법적 쟁점이 무엇인가?
- 법적 쟁점들을 어떤 순서로 풀어야 하는가?
- 법적 쟁점들에 대한 시간 배분을 어떻게 해야 하는가?
- 관련 법규범은 무엇인가?
- 판례의 태도는 무엇인가?
- 사안 적용을 어떻게 해야 하는가?

(2) 문제가 묻는 것이 무엇인가?

답안작성의 출발점은 출제자가 무엇을 묻는 것인지 정확하게 파악하는 것이다. 이를테면 법률관계를 묻는 것인지, 구제 방안을 묻는 것인지, 죄책을 묻는 것인지, 양형을 묻는 것인지를 정확하게 확인한 후 이에 대응해야 한다. 출제자는 포괄적인 답안을 요구하는데, 핵심 쟁점만 간략하게 쓴다면 당연히 고득점을 받을 수 없다.

(3) 사실관계 확정 방법

이에 대한 뾰족한 방법을 찾는 것은 어렵다. 현재로서는 평소 기록형 문제를 직접 많이 풀어봄으로써 이에 대한 감을 키우는 방법밖에 없다.

사례형 문제의 경우에는 주어진 사실관계를 최대한 객관적으로 그러면서도 출제자의 의도를 추측하면서 읽어 내려가야 한다. 이 과정에서 수험생의 선입견이 섣부르게 개입하는 것을 최대한 억제해야 한다. 특히 주어진 사실관계가 자신이 알고 있는 판례나 기출문제의 그것과 비슷하다고 속단해서는 안 된다. 자신이 만약 출제자라면 이 문제를 어떻게 출제한 것인지 숙고해 보는 것도 좋은 방법이 될 수 있다(관점 교환의 필요성).

(4) 법적 쟁점의 추론 및 체계화에 관해

수험생은 사실관계를 확정 혹은 파악하면서 이와 동시에 관련되는 법적 쟁점을 추론하고 체계화해야 한다. 이 과정에서 수험생의 법적 능력이 유감없이 발휘된다. 승패의 50% 이상이 이 과정에서 결정된다. 그런데 과거의 사법시험과는 달리 현재의 변호사 시험에서는 문제에서 법적 쟁점을 한정하는 경우가 많다. 그 때문에 과거에 비해 수험생이 법적 쟁점을 추론해야 하는 부담이 한결 적어졌다. 그래도 여전히 법적 쟁점을 정확하게 그러면서도 최대한 많이 추론하는 능력은 필요하다. 이를 위해서는 두 가지 능력이 필요하다.

1) 확산적 사고

첫째, 확산적 사고가 필요하다. 수험생은 법적 직관과 지식 그리고 상상력을 발휘하여 관련되는 법적 쟁점을 최대한 많이 추출해야 한다.

2) 수렴적 사고

둘째, 수렴적 사고가 필요하다. 수험생은 확산적 사고를 통해 최대한 많이 추출한 법적 쟁점을 사실관계에 적합하게 정돈하고 체계화해야 한다. 쟁점을 두서없이 나열한다고 해서 좋은 답안이 될 수 있는 것은 아니기 때문이다. 각 쟁점 사이에 유기적 연관성, 논리성, 체계성을 갖출 수 있도록 정리해야 한다. 이 과정에서 사실관계와 관련이 적거나 비중이 적은 쟁점들을 배제하거나 간략하게 검토해야 한다. 다시 말해 쟁점 사이의 우선순위를 체계적으로 명확히 해야 한다.

이는 특히 시간 배분과도 관련된다. 시간은 아주 한정되어 있기에 수험생은 효율적으로 쟁점을 다루어야 한다. 만약 수험생의 글씨 속도가 빠르지 않다면, 좀 더 과감하게 쟁점을 정돈하고 강약에 따라 선택해야 한다. 배점이 미약한 법적 쟁점들은 아주 간략하게만 다루어야 한다.

(5) 판례를 원용하는 방법

판례를 원용할 때는 두 가지 점에 주의해야 한다. 첫째는 판례의 주장을 정확하게 인용해야 한다는 점이다. 판례의 태도를 오해하는 것만큼 위험한 것도 없다. 때에 따라서는 교과서 저자들이 판례의 태도를 오해하기도 하는데,[59] 이를 방지하기 위해서는 평소 중요한 판례는 전문을 직접 읽어보는 훈련을 해야 한다.

둘째는 판례가 사용한 논거를 정확하게 적시하는 것이다. 이를 위해서는 판례를 이해한 후 판례가 사용한 논거를 정확하게 '암기'하는 것도 필요하다. 판례가 사용한 개념이나 표현, 예 등을 답안지에 적시하는 것만큼 채점자에게 좋은 인상을 주는 경우도 드물다.

(6) 사안 적용 방법

사안 적용을 정확하면서 구체적이고 설득력 있게 하는 것은 정말 쉽지 않다. 필자가 볼 때는 전문가인 교수나 법관들도 이를 제대로 하는 것이 쉽지 않다. 심지어는 가장 완성된 법률가인 대법관들도 이를 제대로 하는 것이 쉽지

59) 이를 지적하는 양창수, 『민법산책』 (박영사, 2006), 337쪽 아래 참고.

않다는 점을 각종 대법원 판례에서 읽을 수 있다. 사안 적용, 즉 결론을 내릴 때는 다음과 같은 점에 주의해야 한다.

첫째, 이미 언급한 것처럼 사안 적용 자체가 논증적 구조를 갖추어야 한다. 다시 말해 주장과 근거의 구조로 이루어져야 한다.

둘째, 주장은 정확해야 한다.

셋째, 근거는 객관적이고 구체적이어야 한다.

넷째, 독자적인 근거를 만드는 것이 쉽지 않다면, 판례가 사용한 근거를 외어 사용하는 것도 좋은 방법이다. 판례가 사용한 사안 적용례를 외워 이를 사안 적용에 활용하는 것이다.

다섯째, 주요 개념을 정확하게 외워 이를 사안 적용에 활용하는 것도 좋은 방법이 된다. 예를 들어 사례에서 전자문서가 형법상 문서위조죄의 문서 개념에 해당하는지가 문제되는데, 이를 정확하게 판단하기 위해서는 형법에서 말하는 문서의 개념을 정확하게 제시한 후 전자문서가 이 개념에 합치하는지를 판단하면 된다.[60]

4. 기 타

(1) 답안작성의 형식으로서 판결서 방식과 감정서 방식

답안을 작성할 때는 두 가지 방식을 사용할 수 있다. 먼저 결론을 내리고 이에 대한 이유를 제시하는 판결서 방식과 이와 반대로 가설을 설정하고(쟁점 정리), 이에 대한 논증을 한 후 결론을 내리는 감정서 방식이 그것이다. 대부분의 법학 답안은 감정서 방식을 채택한다. 먼저 결론을 내리기보다는 쟁점을 정리하면서 가설을 제시한 후 법적 삼단논법에 따라 논증을 하여 맨 마지막에 결론을 내리는 것이다. 그러나 최근 들어 변호사 시험, 그중에서도 특히 민사법의 경우에는 판결서 방식을 요구하기도 한다. 이때에는 먼저 결론을 정확하게 제시한 후 이에 대한 근거를 작성해야 한다. 이러한 두 방식 중에서 어떤 방식을

60) 이 문제에 관해서는 우선 최호진, "정보통신기술발전에 따른 형법상 문서개념 변화의 필요성: 스캔한 컴퓨터이미지파일을 중심으로", 『형사법연구』 제25권 제1호(2013) 참고.

선택해야 하는가는 실제 문제를 정확하게 읽고 출제자의 의도를 파악함으로써 결정해야 한다.

(2) 글씨에 관해

글씨를 잘 못 쓰는 수험생들은 자신의 글씨에 스트레스를 받는 경우가 많다. 그러나 자신의 글씨를 바꾸는 것은 쉽지 않고 시험을 목전에 둔 시점에서는 더더욱 어렵다. 또한 의식적으로 글씨를 좋게 바꾼 경우에도 시험 당일에는 긴장 때문에 다시 본래의 악필로 바뀌는 경우도 허다하다. 따라서 글씨에 너무 스트레스를 받지 말고 편안하게 마음을 먹는 것이 오히려 좋은 방법이다. 필자의 여러 경험에 따르면, 채점자들은 대부분 글씨가 악필인 경우에도 성의를 다해 답안을 읽고 평가한다. 글씨가 악필인 경우에는 더 열심히 읽으려 하기 때문에 답안을 정독하고는 한다. 그러니 너무 글씨 때문에 걱정하지 않는 것이 좋다.[61)]

문제는 글씨가 악필인 경우에는 글씨 속도도 느린 경우가 많다는 점이다. 이 경우에는 최대한 간결하게 답안을 작성해야 한다. 불필요한 수식어를 가급적 배제해야 한다. 다행인 것은 과거의 사법시험과는 달리 현행 변호사 시험에서는 답안지 분량이 상대적으로 적기 때문에 글씨 속도가 큰 문제가 되는 것은 아니라는 점이다. 글씨가 느리더라도 간결하고 정확하게 답안을 작성하면 주어진 시간 안에 합격할 정도의 답안을 작성할 수 있을 것이다.

(3) 필기구에 관해

필기구는 글씨와 상관관계가 있는데 평소 자신에게 맞는 필기구를 선택한 다음 이를 시험 기간 중에 바꾸지 않도록 해야 한다. 도중에 필기구를 바꾸게 되면, 손의 감각이 달라져 답안을 제대로 쓰지 못할 수도 있다. 사실 답안은 머리로 쓰는 것이라기보다는 손으로 쓰는 것이어서 이미 자기 손에 익숙한 필기구를 시험이 끝날 때까지 사용하는 것이 바람직하다.

61) 다만 답안 글씨가 좋은 경우에는 무미건조한 답안 채점으로 지친 채점자에게 긍정적인 인상을 줄 수 있으므로, 만약 시간이 충분하다면 자신의 악필을 개선하고자 노력하는 것도 필요하다. 다행인 것은 최근 변호사 시험이 CBT 방식을 도입하여 이러한 문제가 한결 줄었다는 점이다.

(4) 시험 전날

시험 전날에는 모두 잘 알고 있는 것처럼 자신의 기본서를 일 회독 할 수 있도록 해야 한다. 시간이 없다면 그냥 넘겨보는 것만으로도 효과가 있다. 우리 뇌는 대단한 잠재력을 갖고 있어 그냥 넘겨보는 경우에도 급박한 상황에서는 이를 기억해 내기도 한다.

(5) 시험 도중

시험 도중에는 자신이 본 시험에 대해 품평하는 시간을 절대 갖지 말아야 한다. 인간은 완벽할 수 없기에 그 누구도 완벽한 답안을 쓸 수가 없다. 따라서 시험을 본 이후에는 언제나 불만족스러운 점이 있을 수밖에 없다. 그런데도 만약 여기에 신경을 쓰면 다음 시험을 제대로 준비할 수 없다. 그러니 어떤 경우에도 지난 시험을 되돌아보는 일은 절대적으로 피해야 한다. 만약 친구가 그런 일을 하고자 한다면 친구를 피해 다른 곳에서 책을 읽는 것이 더 좋은 방안이다. 그 순간에는 친구를 배려하는 것보다 시험을 잘 보는 것이 더욱 중요하기 때문이다.

5. 맺음말

지금까지 두서없이 법학방법론의 관점에서 변호사 시험 답안작성에 관해 말해 보았다. 이 글이 변호사 시험을 비롯한 각종 법학 관련 시험을 준비하는 수험생에게 얼마나 도움이 될지 모르겠다. 그러나 최소한 수험생 여러분들에게 마음의 위안이 되었으면 좋겠다. 아주 이상적인 바람이기는 하지만 수험생 여러분 모두가 좋은 결과를 얻기를 기원한다.

찾아보기

(ㅇ)

(ㅈ)

(ㅊ)

(ㅌ)

(ㅍ)

(ㅎ)

[저자 약력]

양 천 수

고려대학교 법과대학을 졸업하고 같은 대학교 대학원에서 이상돈 교수의 지도로 법학석사 학위를 취득하였다. 태광그룹 일주학술문화재단의 장학금을 받고 독일로 유학을 떠났다(11기). 독일 프랑크푸르트대학교 법과대학에서 클라우스 귄터(Klaus Günther) 교수의 지도로 2006년 2월에 법학박사 학위를 취득하였다. 2006년 9월 1일부터 영남대학교 법학전문대학원에서 기초법 전임교수로 학생들을 가르친다.

40여 권의 저서와 190여 편의 논문을 집필하였다. 그 가운데 『부동산 명의신탁』(2010), 『법과 진화론』(공저)(2016), 『법해석학』(2017), 『법학방법론』(공저)(2017), 『법학에서 위험한 생각들』(공저)(2018), 『법의 딜레마』(공저)(2020), 『인공지능 혁명과 법』(2021), 『삼단논법과 법학방법』(2021), 『데이터와 법』(공저)(2021), 『법의 미래』(공저)(2022), 『인권법이론』(2023)이 문화체육관광부, 대한민국학술원, 세종도서 등 우수학술도서로 선정되었다.

제1회 북악법학학술상, 단국대학교 『법학논총』 최우수논문상, 제1회 한국법학교수회 학술상, 조선대학교 『법학논총』 우수논문상, 한국법학원 법학논문상 등을 수상하였다.

로스쿨과 법학교육

초판인쇄 2025년 3월 5일
초판발행 2025년 3월 10일

지은이 양천수
펴낸이 박노일

총괄기획 최준규
편 집 이상민

펴낸곳 pnc publishing and culture 피앤씨미디어
경기도 고양시 일산동구 강송로 153 310-1501
등록 제396-2012-000203호
전 화 070)7550-3758 팩 스 02)6280-3758
홈페이지 www.pncmedia.co.kr 이메일 pnc@pncmedia.co.kr
ISBN 979-11-5730-982-5 93360

정 가 15,000원